伍先华 编著

峨山千军 历史与文化

中国文史出版社

图书在版编目（CIP）数据

峨山千军历史与文化／伍先华编著. —北京：中国
文史出版社，2023.2

ISBN 978-7-5205-4016-2

Ⅰ. ①峨… Ⅱ. ①伍… Ⅲ. ①村史-芜湖 Ⅳ.
①K295.45

中国国家版本馆 CIP 数据核字（2023）第 018962 号

责任编辑： 方云虎
封面设计： 新成博创

出版发行：**中国文史出版社**

社　　址：北京市海淀区西八里庄路 69 号　　　邮编：100142

电　　话：010-81136630

印　　装：廊坊市海涛印刷有限公司

经　　销：全国新华书店

开　　本：710 毫米×1000 毫米　　1/16

印　　张：17　　　　插　页：1

字　　数：240 千字

版　　次：2023 年 3 月北京第 1 版

印　　次：2023 年 3 月第 1 次印刷

定　　价：89.00 元

峨山千军历史与文化

顾　　问：盛翠红　汪　鹏

策　　划：汤行本

编　　著：伍先华

资料征集：汤炳良　夏成道　汤家恒　施镜澄

　　　　　刘承桃　刘鸿来　汤家旺　王　斌

资料审阅：吴文楷　汤明余　汤行本　高　婷

文字校阅：汤家玉　王　斌

前　言

　　好一个城山冲，无柴无米过三冬。

　　城山冲，坐落在芜湖市繁昌区峨山镇的千军村，以前就叫城山村。历史上有如此美好的俚语，曾经让周围四乡八邻的百姓羡慕不已。

　　如今，时过境迁，作者走进千军村这个普通的丘陵山冲，对这个具有代表性的江南乡村进行探访，发现这座山冲柴、米早已不是简单的富裕标志，这里已经成为一座具有现代化气息的社会主义新农村。

　　千军城山冲，山清水秀，景色优美。物产丰富，人杰地灵。这座偏僻山村过去的美好生活，并非神仙金口玉言所赐，而是先民们靠勤劳的双手，坚持传统农耕。用精湛的编织、加工手艺，将山林资源变成各种竹器。这些竹器，不仅是当时人们生产生活必备用具，也是琳琅满目的工艺商品，深受广大消费者喜爱，并为千军村村民换取了丰厚的经济收入。他们用坚实宽厚的肩膀，挑起生产、生活的重担，能将200多斤一捆的毛竹、木料驮到山下；从山外挑来砖瓦、石灰，建成一幢幢粉墙黛瓦。他们每天翻山越岭，用脚步丈量人生道路的遥远、体验生活的艰辛。他们千百年来生产、生活方式的改变和习俗变化，是典型的江南农村的缩影。

　　这里不仅有丰富的历史文化遗存，还有红色资源。在抗日战争初期，铜陵、南陵、繁昌等地区第一个党支部就在这里诞生，在抗日战争的和解放战争期间，这里有多位先烈为革命事业壮烈牺牲，他们大无畏的革命精神，是千军人民的宝贵财富。

　　改革开放以后，千军城山冲的年轻人走出大山，奔向祖国四面八方，闯荡大千世界，涌现出许多优秀人才，在各自岗位上展示风采、书写辉煌。他们中间有"全国十佳少年"、高级人才博士后、全区优秀共产党员、繁昌好人，还有许多创业成功人士。拥有如此众多出彩人物的山村难能可贵。

他们的事迹令人感动、敬佩，他们是弘扬社会正能量的典型，是人们学习的榜样，应该载入史册。

作者历时 3 年时间，对千军村历史文化进行考证，对流传于民间的各种传说故事，生产、生活、娱乐等习俗进行挖掘、整理，以该村历史为主线，以经济发展为主题，以传统文化为血脉，将人民物质文化生活水平提高作为标志，分类归纳，编纂形成《峨山千军历史与文化》这本书。主要记录新中国成立后，特别是改革开放 40 年来农村发展的变化，记述人民生活水平由贫困、温饱，迈入小康社会的过程。展示党中央为全面建成小康社会，实施乡村振兴战略，开展新农村建设所取得的新成就。

编写出版这本书，是乡村文化建设工程的重要内容，旨在发挥存史、资政、育人的作用，是党史学习教育的补充教材，也是一本农村基层社会发展的乡土志，是繁昌党史、地方志、文史资料的重要补充；为研究中国农村生产关系变革、农业生产和农村经济发展、农村人口流动、农业产业转移的历史，提供最原始的基础资料。

这本《峨山千军历史与文化》的公开出版发行，实现了千军村各位年高德劭前辈们的久久期待、千军村"两委"及广大村民的心愿，同时也弥补了作者村级历史文化研究的缺憾。

编　者

2022 年 10 月

序

　　伍先华先生新作《峨山千军历史与文化》，是为峨山镇乡村文化建设奉献的佳作，让我欣喜。书稿图文并茂，将一个村的历史文化系统记述得如此清楚。我虽在乡镇和区直部门工作多年，见过许多历史文化研究书籍，但繁昌村级历史文化专著还是第一次，又出自芜湖市史志专家之手，确实难得。

　　伍先华先生热衷于党史、文史研究，我早有耳闻。他勤勤恳恳专注繁昌历史文化研究几十年，史料文稿常见网络、报刊，几部繁昌文史专著亦成为宝贵资料。我与他工作联系始于我到繁昌县文化旅游体育局工作时期，曾经请他帮助编写《繁昌县革命历史布展大纲》《渡江第一船历史文化研究报告》。他为人热情，处事严谨，工作认真负责。查找资料、采访调查，很快写出翔实、规范的大纲和研究报告，为繁昌历史文化研究作出了贡献。

　　我调到峨山镇党委工作，又逢东岛村申报创建"醉江南"项目，其中红色文化不能缺少。我又想到伍先华先生，便电话请他帮助查找峨山红色历史文化资料。伍先华先生一口应允毫无推辞。没过几天，四五千字的汇编资料就发到了我的手机上，让我很是感动。他认真钻研的学术态度、助人为乐的奉献精神，令人敬佩。如今，他又热心帮助峨山镇千军村挖掘整理，编著《峨山千军历史与文化》一书，填补峨山镇乃至全区村级历史文化研究的空白，其意义不言而喻，其资料更为珍贵。

　　伍先生历时3年时间所编写《峨山千军历史与文化》，有着浓郁的乡土气息，用原汁原味的群众语言书写"好一个城山冲"的故事；将许多口口相传的民间故事，整理成文字，不让其失传；对千军村历史沿革进行认真考证梳理，让后人了解历史脉络；千军人民的农耕、竹器加工和生活习俗，将被后人牢记。特别是抗战期间，新四军三支队民运工作队来到繁昌，首先在千军村发展农民党员，建立"中共金汤支部"，这是中共铜南繁中心县委成立后建立的第一个基层党组织。革命的火种从千军向繁昌及周边各县燎原，无数革命英烈曾在这块土地上顽强战斗，英勇献身。这一幕幕革命历史，正是通过伍先华先生发掘、寻找、整理才得以昭示后人，让我们共同传承。

峨山镇编制的"十四五"乡村振兴发展规划，就是要激活山水基因，赋能乡村振兴。《峨山千军历史与文化》，是一本难得的宝贵资料，正是峨山镇"十四五"乡村振兴发展规划中特色文化彰显的重要内容。我们要编写好乡村历史文化，让历史遗存与当代生活共融，让村落景观与人文内涵共生，让传统文化与时代精神共鸣，赋予峨山古村落以新的生机和活力。在此，我代表峨山镇党委和政府，对伍先华先生为峨山历史文化研究付出的辛勤劳动表达感谢和敬意！

峨山镇人杰地灵、文化底蕴丰厚，愿更多人参与峨山镇历史文化研究，书写峨山镇乡村历史文化研究的新篇章，为峨山镇乡村振兴发展增光添彩！

是为序。

繁昌区峨山镇党委书记

2022 年 10 月

目　录

第一章　千军概况

　　繁昌，一座美丽的山城，犹如一颗明珠镶嵌在群山之中。在繁城东侧蜿蜒围绕的群山中，有一处较大的山冲。山冲离不开山，山上有茂密的树木竹林，山下有良田可耕，更有潺潺泉水滋润。不知何时，有先民在此扎下根，烟霭相生，赓续繁衍，风雨日月细细打磨成了一个响亮的名字——城山冲。

　　城山冲，三面环山，南高北低。南靠五华山脉，西侧山岭连着浮山，连接处的山岭，叫千军岭。千军，应为拥千人之军队，却成了地名。有说元末从一彪将军聚千人军队在此练兵被民间俗称；亦说是明朝廷御林军千人捉拿太子，夜宿于此而得名。

　　横贯千军岭下的沿江高速公路，在此修建人车休息的服务区，并以"千军"冠名，千军之名从此享誉全国。千军成为芜湖市繁昌区仅有的与高速服务区同名的行政村。

　　千军村的位置就在城山冲。城山不是城中之山，也不是山名。山冲第一珍贵的是多处常年流淌的山泉，灌溉良田、人畜饮用之余，顺着山冲的涧沟由南向北，之行曲折，潺湲而下入千军山河，再流经峨溪河、漳河，注入长江流向大海。

　　城山冲的山民们，不仅要耕种冲内的田地，还要经常肩挑手提着山货，迎着晨曦，翻山越岭，赶往漳河沿岸的马仁、黄墓、新淮、峨桥，那些柴火，即使是圩乡人家灶头的急需，也要讨价还价。那些精美适用的竹器、山禽走兽猎物，更吸引圩乡人的眼球。山民们并非"投其所好"，而是为了挣点小钱，买点针头线脑、日用百货，捞几块豆腐、称点猪肉，甚至驮一袋粮食回家。山里人起得早、挑得重、驮得沉、走得远；那一挑一驮的产物，是山里人劳动汗水的结晶。这样的交易不知持续了多少年、多少代。山里人艰辛的日子过得普普通通，外面人都羡慕"好一个城山冲，无柴无米过三冬"，却很少关注山民们砍毛竹、伐树木、烧柴炭、翻山越岭肩挑背驮的艰辛。还有，油灯下他们用粗糙的双手编织加工出各种精美的竹器。

改革开放后，城山人在党的富民政策指引下，不再完全依赖几块耕地、几片山，不再单纯依靠传统农耕和竹木加工手艺吃饭，而是冲破传统束缚，奔向祖国四面八方，务工经商，融入全国经济发展的大潮，用智慧和汗水换取先人不敢想象的收获。别墅、轿车不再只是城山冲的风景，而是许多山里农家的"标配"。如今的千军已不同往日，不再是靠山吃山、只需"柴米"就能满足生活的城山冲了。

一、地理位置　气候条件

峨山镇千军村，位于芜湖市繁昌区，城区向东 10 千米处。全村区域面积 9.6 平方千米。其中，山林面积有 6800 多亩，约合 453 公顷。东面与平铺镇官塘村相连，西接东岛村，南靠寨山山脉与平铺镇茶冲村毗邻，北面与国家水电设施浮山响水涧蓄电站相靠。2007 年建成的沿江高速经千军村，掘隧道穿过千军岭，并在此设立高速公路服务区，名为"驿达千军"服务区。

沿江高速的"驿达千军"服务区

千军村所处地域城山冲，除西北冲口通向峨山沈弄村以外，其余周围都是山岭。东跨"香岭古道"入平铺官塘村的荷花岭，南过"诸侯岭"是平铺新林村，翻过寨山是平铺茶冲村，西越"尖山岭古道"进入东岛村。北边的浮山，以山脊为界，山下千军岭与三山经开发区峨桥镇相连。

1998年，安徽省人民政府在千军岭上"玉笥庵"门前竖立一座三面界桩。界桩三面分别标注"峨山""浮山"和"新林"三个乡名，此处为"一点分三乡"。界桩坐标，北纬31°05′56″，东经118°17′18″。

一座界桩三个乡（由于受阳光照射角度不同，三面颜色也不同）

千军村所在繁昌，属江南丘陵地带，北亚热带季风气候北缘。全年气候温和，雨量充沛，空气湿润，四季分明。冬夏长、春秋短，日照充足，无霜期长，全年无霜期为230天左右。千军村所处城山冲的气温比山外略偏低且温和，特别是盛夏季节，早晚气温相对较低，山泉清澈，环境优美，适宜人类居住。

航拍千军村城山冲一角

山冲周围群山环抱，山岭土壤肥沃，森林茂密，翠竹连片。丰富的山林资源，是城山百姓赖以生存、取之不尽、用之不竭的宝贵财富。自古以来，世世代代居住在城山冲的居民"靠山吃山"，过着相对温饱而富足的生活。古有俚语称之"好一个城山冲，无柴无米过三冬"，令山外的人们羡慕不已。

千军村有丰富的森林资源，在山冲平坦之处，自古被先民们开垦耕种，适宜各种粮食作物和经济作物生长。山冲耕地中的水田，多属于"冷清田"，种植水稻产量略低于山外，山冲南段的门楼、金村、汤村、毛园等村民组，人均耕地相对较少，粮食单产相对较低，粮食一直不能自给，需要依赖外购补充。

山冲水资源丰富。本地降水多集中在夏季，由于山上植被茂盛，土壤水分蕴含量高，山间泉水长年流淌不断，滋养万物。各路泉水汇集进入沟渠，在汤村汇入涧沟。这条古老的山涧，自汤村顺山冲而下经胡门桥注入千军山河。这条长达3.5千米的涧沟，自古就是城山冲防洪排涝、抗旱浇灌农田的水利设施，为保障农业生产发挥重要作用。

每当遇到持续暴雨，山洪暴发，部分农作物被洪水淹没，农业生产就会遭受损失。大旱之年，泉水量相对减少，用水量增加，干旱缺水又会造成农作物减产，甚至饮用取水困难。

"水利是农业的命脉"①。自20世纪50年代开始，全国掀起水利建设的高潮。全县山区丘陵地带，凡适宜建造水库的地方，各级政府都组织大量民工和机械施工，修筑水库防洪蓄水，灌溉农田。始建于1966年，坐落在诸侯岭、香岭脚下的"东风水库"，于1972年建成后，不仅挡住了暴雨洪水，还使水坝以下70多亩农田旱涝保收。由于库容量小于10万立方米，达不到"小二型"水库标准，规范名称应该叫"东风塘"。但本地村民仍然习惯称为"东风水库"。

东风水库　　　　汤永林/摄

与"东风水库"一样，还有坐落在千军村村民组的"千军水库"和叶村村民组的"叶村水库"，由于地理位置限制，库容量都没有达到"水库"库容量标准。全村另有20口当家水塘，在防汛抗旱中也发挥着重要作用。

2013年，政府投资将千军村叶村（水库）大塘进行了清淤扩容，清淤扩挖面积达30多亩，增加库容量4万立方米以上。这些塘坝，主要是以蓄水灌溉农田为主，三座"水库"由村民承包，发展水产养殖。其他水塘容积较小，水位不稳定，不能作为固定的水产养殖塘口。

沟渠水闸

近年来，贯穿山冲的沟渠山涧，经过治理改造，分段建筑水闸，调节水位，让上游来水自然流入农田进行灌溉，使山冲旱涝保收农田面积大大增加。

① 引自毛泽东主席1934年1月，《我们的经济政策》一文中的著名论断。

二、历史沿革

据《繁昌县志》记载:"从将军寨(在千军岭),将军名一彪,元末倡议练兵于此。今官塘冲从氏。"① 上千人军队聚集在此,被后人称为"千军岭",关于千军岭地名来历,还有其他传说。

千军行政村,地处城山冲,历史上一直沿用"城山"作为地名。城山是一个历史悠久古老的山冲,地理位置特殊,东屹诸侯岭,西挺尖山岭,南耸寨山,北矗浮山,群山环抱,犹如一座山城,以"城山"为地域命名,可谓形象、贴意。

在城山冲流传的一些姓氏古代宗谱中记载,六七百年以前此处地名就是"城山","城山"作为地名由来已久。在城山冲周围的山峦标注的山岭名称有"浮邱""尖峰""寨巅""栢家山"等,为我们今天重新认识、标注千军村周围的山峦名称提供了重要历史依据。

抗日战争初期,城山冲设立有金汤保、城山保(村级行政机构),曾经属新林区、新林乡、接晏乡等管辖。1945年抗战结束,全县

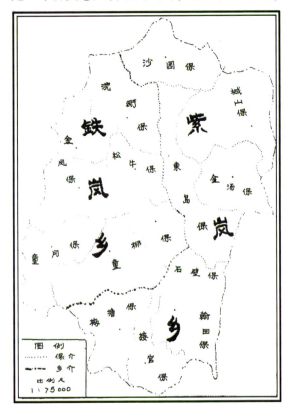

1940—1947年,峨山行政地图

设4镇16乡173保,此处城山保和相邻东岛保隶属平沟区紫岚乡。

---

① 《繁昌县志》道光版"舆地志"52页,黄山书社2010年10月版。

中华人民共和国成立后，繁昌各乡、镇、村的行政区划多次调整，地名也几经变动。

1949 年 5 月 5 日，中共繁昌县委、县政府成立，全县区、乡行政机构设置仍沿用旧制。1950 年 1 月至 2 月区划调整：将 5 区 16 乡 3 个镇划为 8 个区。分别是城厢，驻地城关，辖 4 个乡镇；孙村区，驻地黄浒，辖 9 个乡镇；荻港区，驻地荻港镇，辖 4 个乡镇；旧县区，驻地旧县镇，辖 4 个乡；横山区，驻地横山桥，辖 4 个乡；保大区，驻地三山镇，辖 2 个乡；峨桥区，驻地峨桥，辖 6 个乡；新林区，驻地平铺，辖 7 个乡。全县共计 161 个行政村。千军属**东城**村，"东城"二字取东岛和城山首字集合为新地名，隶属新林区。

1950 年下半年，8 个区又改用序号命名，新林为第八区，东城村属第八区的一个行政村。1952 年 8 月，区划调整，将全县 8 区 161 个行政村，划分为 83 个乡，5 个镇。东城为乡建制，即**东城乡**，属新林区。东城乡驻地在千军村的胡门自然村。

1956 年 1 月，全县撤区并乡。将原 88 个乡镇并为 5 镇 24 乡，原东城乡和紫岚乡合并为华壁乡，东城改为村建制，隶属华壁乡。[①]

1958 年 10 月 1 日，全县重新调整区划，建立人民公社。将 5 镇 24 乡合并成立 8 个人民公社，其中，

1952 年东城乡属新林区

---

① 《繁昌县志》35—37 页，南京人民出版社 1993 年 10 月版。

东方红公社后改为峨山公社，东城村改东城大队隶属之。东城大队辖：铜冲、东周、西周、范冲、东岛、徐岭、张门、东门、荷山、毛塘、仙桥、陆冲、叶村、李湾、高塘、浮山、姚村、董村、下施、上施、王村、下蒋、上蒋、毛园、汤后、汤前、门楼和金村28个生产队。1961年，调整缩小人民公社管辖范围，全县调整为18个人民公社，成立东岛生产大队和城山生产大队，隶属峨山公社。城山与东岛以胡门桥为界：城山大队辖叶村、李湾、高塘、浮山、姚村、董村、下施、上施、王村、下蒋、上蒋、毛园、汤后、汤前、门楼和金村16个生产队。

1976年年底，城山大队辖金村、门楼、汤前、汤后、毛园、上蒋、下蒋、王村、上施、下施、千军、浮山、高塘、叶村、东湾、西湾共16个生产队。1978年，峨山公社辖14个大队，城山属之。由于城山冲的里冲外冲地域物产和生产经营方式有所不同，1978年年底，城山大队撤分为两个大队，外冲为"东风大队"，里冲仍为"城山大队"。1982年3月，东风大队以境内千军岭名为大队名，即"千军岭大队"。[①]

1978年年底，分开后的城山大队辖金村、门楼、汤前、汤后、毛园、上蒋和下蒋7个生产队；东风大队辖王村、上施、下施、千军（姚杨董）、浮山、高塘、叶村、东湾和西湾9个生产队。

城山大队拆分前的1976年年末，16个生产队的耕地面积为1496.69亩（老亩），折合2494.5亩，约166.3公顷，其中水田占86.15%。

1983年4月1日，县委研究决定进行农村经济体制改革试点，分别建立镇、乡党委和人民政府。大队改为行政村，生产队改为村民小组。

1984年3月底前，按照省、市的统一要求，各人民公社管理委员会一律改为乡（镇）人民政府，农村生产大队改为行政村。峨山人民公社改名峨山乡，城山大队易名城山村。耕地423亩，人口1148人；千军岭大队易名千军岭村，耕地933亩，人口1365人（时点数为1983年年底）。各生产队改为自然村民组。城山村辖下蒋、蒋家村、白杨涝、毛竹园、汤村、门楼和金村7个自然村。千军岭村辖上施、姚杨董家、浮山蒋、高塘、李湾、胡门、下施、王村和叶家村共9个自然村。[②]

---

① 《安徽省繁昌县地名录》58页，安徽省繁昌县地名办公室编，1985年1月刊印。
② 《安徽省繁昌县地名录》58页，安徽省繁昌县地名办公室编，1985年1月刊印。

耕　地　面　积

此表为城山大队上报的1976年农业生产统计年报。　　负责人：杨玉林　　制表人：骆臣雪

(76)农年2表

单位：市亩

| 单位名称 | 一、上年末耕地面积 | 二、当年增加 | | 三、当年减少 | | | 四、年末耕地 | 其中 | | | | 其中： | | | 当年能机耕面积 |
		小计	其中：开荒	小计	其中：国家基建	其中：水利		国营或集体经营	水田	旱地	社员自营	水田	旱地	菜园地	
合计	1496.69						1496.69	1377.89	1288.26	88.63	115.7				860
全村	65.63						65.63	61.53	56.83	4.71	101				20
门楼	101.84						101.80	93.80	88.13	1.7	8.				40
汤市	101.36						101.36	92.76	87.06	6.12	8.6				40
连花	37.6						37.6	31.67	34.47	6.44	6.03				20
社区	38.33						38.33	34.70	34.80	5.70	3.12				15
上骛	38.69						38.69	37.19	32.41	45.28	2.13				20
下碓	98.41						98.41	92.41	81.88	105.83	25..				20
王村	90.41						90.41	81.70	73.51	7.63	6.				70
上池	100.						100.	89.22	36	3.22	8.67				70
下堂	133.46						133.46	115.6	105.6	3.	105.78				70
千湾山	142.6						142.6	134.72	128.72	9.	18..				80
冯计	89.6						89.6	82.18	78.85	3.	7.68				100
叶村	106.81						106.81	100.88	91	9.76	7.12				60
东注	147.62						147.62	139.28	128.28	1.9	6.6				5
田汪	128.						128.	122.1	119.1	3.	7.24				80
											5.9				80
															1000

注：1. 基建占地，包括兴修水利、公路建设和房屋建设等。2. 当年减少耕地一律要经县以上单位批准方可减少。

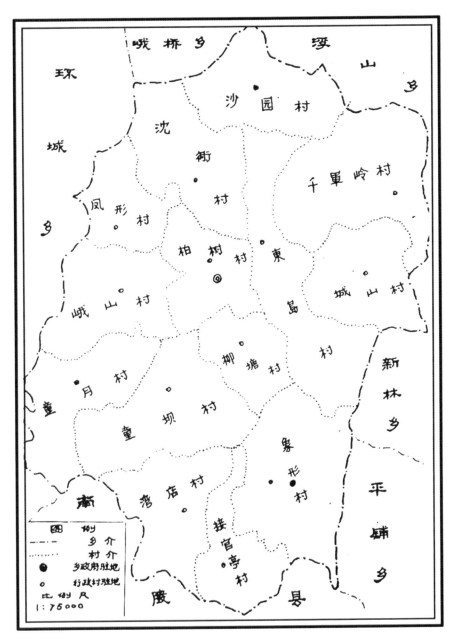

1984 年 4 月峨山乡区划图

　　2003 年 12 月 16 日，县政府印发《繁昌县乡镇行政区划调整工作实施方案》，自 2004 年 4 月 3 日开始，全县村级区划调整开始，全县设 6 镇 1 个办事处，仅保留峨山乡。将全县 213 个行政村合并为 121 个行政村。5 月 15

日，经峨山乡党政联席会议研究决定：千军岭村、城山村合并成立千军村。形成《峨山乡村级区划调整机构及组织人事工作意见》上报县政府，随后批复正式合并为千军村。村部沿用位于下施村的原千军岭村部，城山村部另作他用。2021年年底，千军村属繁昌区峨山镇，分浮山、千军、王村、汤村和门楼5片。辖李湾、叶村、高塘、浮山、下施、千军、上施、王村、下蒋、上蒋、毛园、门楼、汤后、汤前和金村，共15个村民组。

三、人口和自然资源

据民间族谱及史料记载：早在明朝以前就有居民定居城山冲，只是人丁稀少，绝大多数是外来人口。自明朝洪武元年（1368），蒋氏始祖明朝开国勋帅蒋益公敕葬尖峰之麓，其五子为守墓而卜居城山冲。后又有汤氏于明朝成化三年（1467）、金氏于明朝万历年间（1573—1620）迁至城山冲，随着人口迁入不断增加，城山冲充满生机活力，人们世世代代在山冲居住，繁衍生息，薪火相传，生生不息。

千军村的城山冲，周边青山环绕，宛如围城。涧沟依山，溪水长流，山冲分布着大小不等的村落，住户或八九户或十几户，或二三十户，最多五六十户。

据 1976 年农业生产年报统计，城山大队年末 447 户，总人口 2350 人。劳动力人口 803 人，整劳力 480 人，其中，74 人参加公社办和大队办企业生产劳动。2020 年年末，千军村辖 15 个村民组，年末户籍登记人口 2882 人，男 1552 人，女 1330 人，少数民族 19 人。近几十年，由于大量人口外出务工经商，部分村民已经在外地购房定居，但户籍管理仍在本村，本村常住人口大量减少。2020 年 11 月 1 日全国人口普查时，千军村常住人口仅为 1091 人，占户籍人口的 38%。

峨山镇千军行政村各村民组人口、耕地面积

序号	村　　名	1981 年底户籍人口与耕地		2020 年底户籍人口与耕地	
		户籍人口	耕地（亩）	户籍人口	耕地（亩）
	千军村（现行政村）	2513 人	—	2882 人	1878
	城山村	1148 人	423	—	
1	下蒋组	16 户 85 人		107 人	
2	上蒋组（蒋家村）	27 户 138 人		206 人	
3	毛园组	22 户 128 人		135 人	
4	汤前组	57 户 320 人		228 人	
5	汤后组			155 人	
6	门楼组	49 户 271 人		303 人	
7	金村组	41 户 197 人		242 人	
	千军岭村（东风大队）	1365 人	933	—	
8	上施组（村委驻地）	29 户 127 人		153 人	
9	千军组（姚杨董家）	42 户 237 人		294 人	
10	浮山组	35 户 188 人		219 人	
11	高塘组	22 户 111 人		117 人	
12	李湾组	48 户 244 人		266 人	
13	胡门（现属李湾）	8 户 40 人		—	
14	下施组	22 户 128 人		133 人	
15	王村组	40 户 151 人		167 人	
16	叶村组	24 户 117 人		165 人	

1985 年年底千军岭村 312 户，1378 人；城山村 226 户，1141 人。

农村人民公社组织情况

此表为1976年度坡山大队上报的农业生产统计年报，负责人：杨玉林　制表人：骆臣雪

(76)农年1表　　单位：个、户、人

单位名称	队数		总户数		农业人口	人口			农业人口		半劳动力	赴合计中参加：		大队农业科研机构		
	生产大队	生产队	总计	农业户	农业人口	总计	其中男	女	合计	整		赴工业的劳动力	大队办工业劳动力	队外非农业生产	职工人数单位个数	试验场地(亩)
合计		447	447	2850	2850	1209	1141	803	480		25	49				
金村		37	37	177	177	96	81	25	23		1	3				
门楼		43	43	262	262	133	129	100	26		3	3				
路沿		35	35	188	188	92	96	53	39		5					
后花		31	24	151	151	63	68	55	23		3	4				
元商		26	26	126	126	64	62	30	18			3				
志南		14	14	108	108	79	49	50	34		1	3				
上屯		40	40	83	83	45	38	24	17			5				
王村		21	21	155	155	78	77	73	62		2	7				
上范		19	17	110	110	49	61	47	36		1	3				
下苍		22	29	113	113	117	61	45	25		6	5				
小湾		17	17	210	210	94	100	60	40		3	3				
高沟		21	21	176	176	92	82	68	44			7				
汁村		28	28	98	98	52	46	30	20		1	4				
茅洼		29	29	106	106	60	46	40	24							
茅洼				108	108	70	78	47	24		3	4				
				133	133	60	73	48	25							

附记：生产大队基本核算单位　　个，生产队基本核算单位 16 个。

植物资源 千军村处于山冲腹地，耕地面积相对较少，人均耕地面积低于全县平均水平。山林面积大，盛产竹木，特别是毛竹资源十分丰富。毛竹的生长周期短，不仅可以直接销售，还可加工成各种竹器进入市场，获得更多的收入。

城山冲曾经是繁昌重要的桂花产地，每年的桂花收获季节，忙碌的城山人，又有了一份可观的经济收入。山冲境内山野树林和毛竹林下，百草丛生，有着众多的野生茶叶、中草药材，如蝉蜕、蝉花、明党参，等等。早年一直有药农从事中草药采挖销售，亦可获有较好的收益。在千军村的浮山村民组所辖浮山南麓的树林中，曾发现生长着珍稀的药材——灵芝。说明此处环境适宜灵芝生长，如果获得灵芝的栽培技术，实行人工栽培生产，也是很好的生财之道。竹林下可以集中圈养"竹林鸡"或其他禽类，为村民发展家禽养殖业提供广阔的空间，这些都是有待开发的自然山林资源。分布在山冲的水库、塘坝，可发展水产养殖和水禽养殖。

动物资源 千军村周围的山峦与浮山、五华山相连接，与皖南山区及丘陵地带相通，只要有茂密的丛林，就是野生动物的天堂。据山冲村民回忆其前辈讲述：以前山冲人口稀少，山上树木竹林茂密，山林里活动着猴、鹿、麂、獐、獾、豹、野猪等，还有穿山甲、野兔、山鸡和各种蛇类等。猴子和鹿的消失时间较早，20世纪50年代到70年代城山还能见到猎取的麂子、獐子、獾子、豹子等，现在很少发现其活动踪迹了。

猴 古代，五华山就有猿猴活动的记载，在五华山桂月峰上就有"猴子洞"。北宋著名现实主义诗人梅尧臣曾在《隐静遗枇杷》诗中写道："五月枇杷实，青青味尚酸。猕猴足撩乱，欲待熟更难。"记录猕猴偷采枇杷的情景，而猕猴何时消失没有记载。

鹿 鹿科哺乳纲，偶蹄目。体形大小不等，为有角的反刍类。其特征是生有实心的分叉的鹿角。一般仅雄性有一对角，雌性无角。

麂子 哺乳纲，偶蹄目，鹿科。成年体重16~25千克，体长75~115厘米。腿细而有力，善于跳跃，皮很软可以制革。通称"麂子"，因其天性胆小，有点风吹草动就反应过激。

獐 是偶蹄目、鹿科的哺乳动物，是一种小型的鹿，比麝略大，体长91~103厘米，尾长6~7厘米，体重14~17千克。两性都无角，雄獐上犬齿发达，突出口外成獠牙。无额腺，眶下腺小。耳相对较大，尾极短，被臀部的毛遮盖。毛粗而脆。幼獐皮毛有浅色斑点，纵行排列。栖息于树林草丛处。独居或成双活动，最多 3~5 只在一起。行动时常为蹿跳式，迅速。生性胆小，两耳直立，感觉灵敏，善于隐藏，也善游泳，人难以近身。雄性是领地性很强的动物，会用尿液和粪便来标记自己的领地。主食杂草嫩叶，多汁而嫩的植物树根、树叶等。

野猪　野猪又称山猪，是杂食性的动物，只要能吃的东西都吃。现今人类肉品食物主要来源之一的家猪，也是由野猪所驯化而成。野猪不仅与家猪外貌极为不同，成长速度也远比家猪慢得多，体重亦较重。千军周围山上都有，经常出没于山林、农田和菜地。

獾　又称"獾子"，分为"狗獾"和"猪獾"，狗獾只有十几斤重，猪獾较大，重达四五十斤。是一种哺乳动物，毛灰色，善掘土，穴居山野，昼伏夜出，属于食肉目鼬科。目前，在五华山脉两种獾都有活动踪迹，数量极少。

豹　在四种大型猫科动物（其余三种为狮、虎及美洲豹）中体形最小，平均全长 2 米左右，平均体重 50 千克。奔跑时速可达 70 千米。体呈黄或橙黄色，全身布满大小不同的黑斑或古钱状的黑环。豹可以说是敏捷的猎手，身材矫健，动作灵活，奔跑速度快。既会游泳，又会爬树。性情机敏，嗅觉、听觉、视觉都很好，智力超常，隐蔽性强，长长的尾巴在奔跑时可以帮助豹保持平衡。它亦是少数可适应不同环境的猫科动物。活动在本地的豹为"金钱豹"，多指亚洲的亚种，栖息于森林灌丛和丘陵地带。大约在 1970 年，金村生产队山上有一只豹子，经常到村庄猎食村民家的牲畜，为了防止豹子伤人，生产队就到外地租借一只大铁笼子，放在豹子经常出没的地方，里面放家禽做诱饵，十几天才将其捕获。由于当时没有公路无法运出去，无奈只好将其宰杀，豹子肉被村民们瓜分吃了。

野兔　野兔是指兔属下的动物及粗毛兔属与岩兔属中四个物种的合称。野兔十分灵活，千军周围山上的野兔多为草兔，数量较多。野兔是有狩猎经济价值的动物。冬天，经常有山区农民趁雪后脚印，捕猎野兔，是很好的野味佳肴。冬天获取的野兔皮毛也有一定的经济价值。

穿山甲　穿山甲，是对穿山甲科穿山甲属的统称，共 8 个物种。地栖性哺乳动物，体形狭长，全身有鳞甲，四肢粗短，尾扁平而长，背面略隆起。早年在山上偶然发现，现在较少。

野鸡　又叫山鸡、雉鸡。性情活泼，善于奔走而不善飞行，喜欢游走觅食，奔跑速度快，高飞能力差，只能短距离低飞并且不能持久。食量小，食性杂，胃囊比较小，容纳的食物也少，喜欢吃一点就走，转一圈回来再吃。

山鸡是杂食鸟，喜欢各种昆虫、小型两栖动物、谷类、豆类、草籽、绿叶嫩枝等。人工养殖山鸡，可以大群饲养。山鸡具有较高的经济价值，肉质细嫩鲜美，野味浓，其蛋白质含量高。雄山鸡的羽毛艳丽，具有观赏价值，标本可供教学、科研和展览用，还可以作为高雅贵重的装饰品。

除以上介绍的动物外，山上还曾有刺猬、黄鼬（黄鼠狼）、白面、松鼠及各种蛇类、飞禽等动物。

在新中国成立以前及20世纪六七十年代，城山冲有专业持枪猎户，经常猎杀山鸡、野兔及野猪、麂子等动物，拿到市场销售，换取生活用品。特别是冬天大雪封山后，獐子、麂子等动物下山觅食时，是人们捕获、猎取的最好时机，村民们在雪地发现动物脚印跟踪追击一般就能捕捉到，吃一顿山珍野味大餐，非常惬意。吃不完，可以腌制晒干招待贵客。冬天这些动物皮毛可以卖个好价钱，20世纪60年代，供销社采购组专门收购，调运到城市作为加工皮草服装的原材料。

在抗日战争及解放战争期间，城山冲周边森林资源曾几次遭到严重破坏。中华人民共和国成立后，由于人口快速增长，燃料消耗大，山上的一些灌木、乔木、毛草、野竹，都被人们砍伐作为燃料。一些山外的居民，要步行几千米甚至10多千米上山打柴，连山上的松针、松果、死树根都被他们视为宝贝取回家作燃料，导致当时山林里空荡荡的，野生动物无处躲藏，甚至销声匿迹。近几十年，由于电力供应充足，电器灶具和天然气、液化气的普及使用，清洁能源逐步替代以柴烧水做饭的传统，山上的植被得以快速恢复生长。树林和竹林下，到处覆盖着灌木和刺丛，给野生动物的生长和繁衍提供了良好的环境，加以国家颁布法令对野生动物进行保护，野生动物得到快速恢复和增加。现在山林里经常看到野猪、獐子、麂子活动的足迹，山鸡、野兔在山林中更为常见。特别是野猪生长繁殖速度快，经常下山到农田啃食庄稼，吃竹笋，对农田庄稼和竹林造成危害。

2021年9月12日早晨，千军村民组的彭益凤，在其住宅不远处的板栗树上，发现疑似猴子在摘食成熟的板栗，并用手机拍下了照片，该动物受惊后立即逃进山林。

四、自然景观

整个千军村，特殊的地理位置，造就了独特而不可复制的自然景色和文化遗存。

春天，晴朗的天空，蓝天白云，青山绿水。清晨，山冲初醒，有时云雾出岫，乳白色的云纱，时而飘游山腰，时而覆盖山顶，犹如仙娥起舞。时至傍晚，夕阳映照重峦，霞光倾泻，转眼日落，霞光消退。在暮色降临山野的苍茫中，峰巅却凝聚着一片片彩霞，慢慢退去。漫山翠竹根系上，一棵棵春笋在深土中孕育，蓄势待发，准备适时破土而出。收获春笋，是山里人忙碌的季节，他们穿梭在竹林之中，将难以蓄养成竹的竹笋采集回来，再集中准备对外销售。如果想卖个好价钱，就要进行剥壳，卤制烘烤，待干燥后就成为"烘笋"，那是餐桌上的山珍佳肴。

初夏温暖的城山冲，装饰得格外俊俏，长空澄碧，山脊淡蓝，林梢黛绿。千朵万朵野山花飘撒在山岭、山间，撒满了山间小径。山泉在小溪、沟渠中欢快地流淌。经过烈日的暴晒，骤雨的洗涤，那草木就蹿枝拔节，快速成长起来，变得葱茏青黑。

山间田野中的水稻，积聚村民的精心投入，正苗壮成长，寄托着丰收的希望。站在高处遥望山冲，像一幅彩色斑斓的毡毯铺满山冲，富有诗情画意。

秋天是收获的季节，山上的橡子、板栗成熟，山冲桂花飘香，沉甸甸发黄的稻谷等待收割。当你跟在收割机后面，看着收割机流淌出的金黄色的稻谷，闻着稻谷散发出来的特有芳香，那种喜乐、那种陶醉，非一般文辞可以概括。

冬天的城山冲，安静祥和。偶而一场飞雪，会给山冲披上银装。雪不能太大，否则会将毛竹压弯甚至折断。常绿树的枝叶上所堆着的雪与落叶树很有差别。前者因为有叶子衬托之故，雪片堆积得特别大块，远远望去，如开满的白色水棉花。这时候，村民们没有闲着，他们围着火盆，加工竹器，老人用废弃的竹丝捆扎大的、小的竹扫帚，等待春天销售……

到千军村，不去走走山岭古道，你就体会不到大山的神秘和幽静。不找一条小路攀登到山顶，你就看不到大山以外的另一番景致。当你走进金村西侧的尖山岭和村东边的香岭古道，时光隧道会将你带到原始徒步的时空。山林中鸟儿的鸣啼，昆虫的叫声窸窸窣窣无尽无休、不绝于耳。

天气晴朗，如果你从门楼村穿过，到达五华山脉的寨山峰顶，可以眺望芜湖大江，繁昌、南陵均在视野之中，那是清清楚楚，一目了然。

千军北端的浮山，是原繁昌境内面积最大的一座山，虽然区划调整，但山体西南部分仍属于繁昌，南端山脊以下属千军村区域。浮山海拔高度431.6米，有山路通向山顶。当你登上山顶，环视周围，有难以数得清的诸峰，一座峰就是一个凸［本地方言读（pào）炮］，一个凹处一个崂［本地人读（lào）］，传说浮山有九十九个凸、九十九个凹。神话传说是秦始皇用神鞭，从远方将山赶来浮在这里，所以叫"浮山"。早在1971年，社会上的电视机使用处于开始阶段，国家投资在浮山顶峰建设了一座电视差转台，也是当时皖南地区骨干电视转播台，受益人口超过百万。城山冲的年轻人率先攀登到浮山电视转播台观看过电视节目。现在成为"繁昌广播电视发射中心"，职能转变为地面数字无线信号转播发射台。

在千军村上蒋自然村的栢山头，是块高于山下平地近百米、面积达百亩的大平台，传说上面曾经有百余户村民居住生活过，现在这块高台平顶，已经长满了翠竹。遥想古人在栢山头筑围墙居住，犹如一座山寨，生活其中，感觉不仅是居高临下，而且优雅、独立、安全。

姚杨董村边的千军岭上，有名胜古迹千军炮台、玉笋庵。此岭上，还流传着许多神话传说。

关于千军的村庄景色，施镜澄、程占柏、刘承桃、汤家恒等先生，各自创作咏赞千军村景的诗词多首，描述家乡山水、田园、遗迹美景。诗词中蕴含的意境，犹如一幅幅精美的画面，展现给读者（详见第七章）。

五、道　路

千军村所辖城山冲，地形呈"J"形，南端及两侧均是山峦。自古以来，整个城山冲没有一条像样的大路，都是人行小道。晴天尘土跟脚飞，雨天泥泞路难行。特别是处于山冲南端内侧的门楼、金村、汤村、毛园、上蒋等自然村的居民，出行三个方向都需要翻山越岭。最频繁出行的地方就是到繁昌县城或是到公社（乡政府）办事，为了超弯走近道，一般都要翻越尖山岭，经过东岛村再翻越徐岭头，到达位于原柏树村"四大站"的公社（乡政府）所在地，后再走 10 多里路才到县城，徒步行走需要两个多小时。村民外出销售土特产品和加工的竹器，多数依靠人力肩挑背驮，运到山外销售，再带回粮食、日用品和生产资料。特别是村民们建房的每一块砖瓦、每一担石灰、沙子都是从徐岭脚下甚至从"四大站"（柏树村）挑到家里，那种辛苦是难以想象的。一旦遇到雨雪天气，道路湿滑，行走困难，负重前行更加艰难。村里的孩子们从上初中开始，每天早上都要翻过尖山岭、过东岛村再翻徐岭头，到童坝或位于柏树村的"五七"中学读书。山里人第一难就是"出行难"。

改革开放以后，经济快速发展，"要想富，先修路"成为千军村村民最大愿望。随着农业机械化的进步，为了让拖拉机开到村头田边，村民们开始修筑简易的机耕路，逐步改善出行和运输条件，拖拉机、农用运输车开始承担一定的运输活动。

航拍千军乡村公路

2002 年，县政府开始投资帮助千军村进行乡村道路基础建设，将村内主干道原有机耕路进行拓宽、取直、加固，逐步完成砂石公路建设。2004 年

8月，县政府投资146.25万元，修建了从千军村胡门桥至城山公交车站的水泥乡村道路硬化工程，长2.5千米，宽4.5米；2008年10月，从上施至千军的村级水泥混凝土道路建成，这条道路宽3米，长1千米，造价33万元；2015年9月以后，政府又分两次投资42.9万元，将宽3米的水泥混凝土硬化村级道路由城山公交车站延伸至汤村、金村、门楼自然村，长达1.1千米。至此，全村水泥混凝土公路干线和支线总长度达5千米，总投资220多万元。2022年又将村部至胡门桥路段进行扩宽，并铺设柏油。这些公路沿着山谷，穿过村庄，辐射到每一村民组。绕过塘坝，伴着山涧，下穿沿江高速公路。从空中俯看，犹如一条浅黑和白色的飘带，沿着山冲一直向北延伸，越过胡门桥，延伸到方冲。其中，从城山至方冲"千军路"，全长6.3千米为310乡道，经"浮峨路"到达繁昌城。

有了公路，村民家里农业机械转移，无须再挖"机耕路"；有了公路，农业生产资料的运输和农副产品的外调，无须肩挑背驮。

2003年10月1日，县环通公交公司开通的7路公交车由沙园延伸至千军村毛园村民组，设立"城山站"，每天都有公交车往来于县城金峨路农贸市场，并在千军村境内设立8个站点，极大地方便了人们出行。从此，城山人外出不再需要翻山越岭。乡村公路不仅是致富之路、小康之路，更是幸福之路。

千军岭隧道

2004 年 6 月开工建设的沿江高速公路芜繁段，径千军村，双向 2 条隧道在千军岭下穿过，于 2007 年 6 月 28 日通车。在峨山乡千军服务区举行隆重的通车典礼，省、市、县领导参加通车典礼。竣工的 G50 沿江高速公路"千军"服务区，坐落在千军村境内，内设加油站、修车区、餐饮处和住宿馆舍等设施，形成一条完整的服务体系，为千军的村民提供许多就业岗位。服务区内，人来车往，川流不息。车辆加油、饮食服务昼夜不停。每到夜晚，灯火通明，灯光四射。从空中俯视，犹如镶嵌在千军美丽山冲的一颗璀璨明珠。

六、乡村振兴

改革开放 40 多年来，千军村经济和社会发展变化巨大，人民生活水平大幅度提高，已经进入小康。村中道路、水利设施、自来水和公共卫生等基础设施建设有了很大改进，村容村貌焕然一新。

目前，千军村正积极响应党和政府号召，按照峨山镇"十四五"乡村振兴发展规划并结合本村实际情况，充分利用上级各种政策扶持，推进乡村振兴发展。

第一，做好生态振兴。发展生态循环农业，实行耕地、山林保护，禁止违法侵占耕地、山场，不发展破坏生态的产业，推进农作物秸秆、人畜禽粪污的资源化利用。

2021 年，上级政府投资 107 万元，在门楼村开展村居环境整治，建设美丽乡村，得到广大村民热烈欢迎和积极支持，大家不计较个人利益得失，主动配合村庄道路拓宽、场地整治建设，使得美丽乡村建设能够快速推进，2021 年年底完成整治和建设任务，并通过上级检查验收。

第二，做好文化振兴。组织开展新时代文明实践活动，加强精神文明建设，鼓励开展形式多样的农民群众性活动，提供公共文化服务，挖掘千军红色历史文化、保护本村"秧歌灯"这一非物质文化遗产。保护和传承千军村竹器加工特色工艺，活跃繁荣文化市场。

第三，组织和人才方面振兴。千军村在上级党委的领导下，通过提名、选举配备了党总支和村民委员会领导班子，成为联系和服务千军广大党员和

美丽乡村门楼村一角　　　　　　　　　　汤行本/摄

人民群众的骨干力量。从 20 世纪 90 年代开始，千军村大量人口外出务工经商，很多人事业有成，但仍然心系家乡的建设和发展。历年来，千军村许多有志青年考入各类院校学习深造，他们既是国家的人才，也是千军村的人才，加强与他们的联系，发挥他们各自的资源和潜能，成为促进千军村发展的人才队伍。还要动员和组织千军村有志创业者，参加各级人民政府组织开展的职业技能培训，培养创新创业带头人，服务乡村振兴发展。

　　乡村振兴主要是产业振兴。由于千军村地理位置偏僻，基础设施建设相对滞后，耕地相对较少，常住人口不足户籍人口的一半，正在发挥留村农民的主体作用，推进产业结构调整，加强科技创新，发展特色农林产业，探索产业振兴的方向和途径。

第二章 历史文化

一、红色历史文化

1. 红色记忆

千军村的城山冲，南端连接五华山脉，镶嵌在崇山峻岭之中，周边有茂密山林，人员在其中秘密隐蔽、转移不易被发现。由于山冲特产丰富，百姓生活基本温饱，这里历代都是兵家必争之地。抗日战争时期，日本侵略者经常到城山冲进行"扫荡"抢劫，掠夺这里的竹木资源。

1938 年 12 月，新四军三支队来到繁昌抗日前线后，随即派遣民运工作队奔赴全县农村，宣传中国共产党抗日主张和政策，宣传新四军抗日的行动与战果，发展党组织，发动广大人民群众参加抗敌救亡活动，组织农抗会、妇抗会、青抗会和猎户队抗日民间组织。在 1939 年，城山冲抗敌组织经常为新四军、游击队筹粮、捐款、收集废旧铜铁、做军鞋、做袜底等，支援抗战。

1939 年 1 月，新四军三支队民运工作队的王剑、李铁民、郭显等一起来到五华山北侧的接晏乡城山冲开展民运工作，发动群众，组织抗敌救亡活动。他们一到这里，就与人民群众结下鱼水之情。为了宣传抗日，他们与农民交朋友，与人民群众同吃同住，如果遇到敌情为了不给群众添麻烦，夜间就住宿在森林里。还秘密发展常光富等 3 人为党员，并成立第一个党小

1939 年 2 月，铜南繁地区抗战时期第一个基层党组织——中共金汤支部

组——金汤党小组。① 2 月，金村、汤村和上蒋村共产党员增加到 6 人，分别是常光富、张守玉、汤天庚、李义祖、李德清、蒋贤祥，他们 6 人都是农民。② 民运工作队随即帮助他们组织起来建立了党支部，即"中共金汤支部"，书记常光富，到次年年底党员就发展到 45 名。这是抗战时期新四军三支队来到繁昌后，中共铜南繁中心县委成立以来建立的第一个基层党组织。几任支部书记先后由常光富、李德清、蒋贤祥担任。③ 经过一段时间工作，4 月又成立了中共城山支部，书记先后由蒋玉荣、高春发担任。到 1946年，金汤支部共发展党员 44 人，其中女党员 4 人；城山支部发展党员 22人，其中女党员 1 人。④ 城山冲还成立了各种抗敌协会，当时，城山冲金汤保就有 10 人参加了猎户队，适龄青年积极报名，踊跃参加新四军，其中有几位热血青年在与敌人战斗中光荣牺牲。

随后，李铁民同志又在紫岚乡、新林乡、平沟乡、小淮乡发展党员建立党支部。他自己经常住在五华山脚下，夜间经常就住宿在森林里。从那以后，城山冲就成为中共地下党组织的重要活动区域和游击根据地，城山冲的

---

① 峨山乡 1986 年编写的《峨山乡志》（未出版），第 67 页。

② 《繁昌党史资料通讯》1989 年第 2 期（总第 31 期），第 14 页。

③ 《中国共产党安徽省繁昌县组织史料》，第 21 页，县委组织部、党史办、档案局 1992 年 12 月编印。

④ 峨山乡 1986 年编写的《峨山乡志》（未出版），第 6 页。

地下党组织活动成为常态化。1940年3月的一天上午，当时的县委组织部部长李铁民、宣传部部长王文石和新林区委书记罗义从东岛翻山来到城山冲，首先向金汤支部的同志介绍国际国内形势，传达上级指示。中午又赶到浮山口找到城山支部前书记蒋玉荣调查情况。下午到千军岭，让城山支部书记高春发立即召集党员到山上开会，传达上级指示，宣布组织决定，布置隐蔽斗争工作。由于当时这里属于敌前国民党统治区，由国民党川军防卫，日军经常进山"扫荡"，土顽也常来骚扰，地下党组织和游击队的活动非常艰难。①

1941年1月5日，在新四军撤离繁昌后的第二天，日军就来到城山冲"扫荡"，因1名日军小队长被游击队击毙，便疯狂报复，杀人放火，烧毁汤氏宗祠。

1944年3月，皖江区党委指示，繁昌游击区要与芜湖、南陵打通，使皖南与苏南连片，繁昌县委书记陈云飞带领一支精干武装进入五华山、东岛、城山一带，准备从南芜地区青弋江一线向宣城和苏南地区发展。同时，开辟南芜地区，建立区乡政权。原繁昌平沟区，先叫五华区，后叫新林区，区委书记是罗起，区委有丁仁一和强硕仁（丰湖乡人），专做党的秘密工作。还有古渐平以行医和教私塾为名，在平沟乡一个党员家里落脚，进行党的秘密工作。那时，党的工作虽处于秘密状态，但能起到战斗堡垒作用。

1944年5月，中共南繁芜县委迁驻城山、东岛，7月又迁到红花山区②。

1944年6月下旬，川伪军张昌德率部队进犯新林区城山冲，占领东岛我军南繁芜县委机关所在地。③搜捕新四军游击队员和地下党干部。并将山上竹木砍光，扎成竹筏木排，密密连连，从峨溪河运至芜湖渔港，络绎不绝。许多竹木葱茏的青山绿岭，变成了荒山秃岭。1944年秋后，南繁芜党政机构临时驻进新林区的城山冲，不久又被迫转移。城山冲地下党员杨兴旺，以打铁为掩护做伪川军士兵策反工作，搞出一支马拐步枪，交区警卫连，后被敌人发觉，惨遭敌人杀害。④

---

① 罗起：《回忆李铁民同志》，《繁昌党史资料通讯》1984年第5期（总第11期），第23页。

② 峨山乡1986年编写的《峨山乡志》"大事记"（未出版）。

③ 《繁昌党史资料通讯》1985年第5、6期合刊，第96页。《红花山风云录》第112页，安徽人民出版社1994年版。

④ 丁仁一：《繁昌保大、新林游击根据地回忆》，《繁昌党史资料通讯》1984年第1期（总第七期），第9页。

1945 年 11 月，国民党繁昌县地方武装再次对南繁芜党政机构人员活动地区进行军事"清剿"。月底，数百名国民党军队袭击红花山游击队驻地，敌人扑空后将游击队所居住的山棚烧光。县委决定放弃孙村中心区，并将县委机关从红花山转至南繁交界的五华山区，① 城山、东岛就成为繁昌党政机关主要活动区域。

1947 年 7 月上旬，芜湖顽军两个中队，由石硊过河进入繁昌境内，直扑浮山、千军岭、城山进行"清剿"，进逼铜山附近的湾子店、接官亭、徐村。② 东河区游击队在罗义的带领下，活动在东岛李、城山、寨山、五华山、滴水岭等山地。他们采取隐蔽的方式，不断转移阵地，以避开敌人的"清剿"。平时在敌包围圈内不露头，不让敌人发现目标。当敌人包围搜山最紧张时，便以突然动作跳出包围圈，钻到敌人后方活动，使敌人疲于奔命，处处扑空。③

1948 年，国民党新编十三旅旅长许午言，采取昼夜不停"清剿"的疲劳战术，捕捉游击队主力，同时编组保甲，组织地方武装，设立各种岗哨，进行砍山并村。强迫东岛、城山冲的散居群众迁出，全部被赶到山外，搭棚集中居住，进行监视。当时，山林砍光，田园荒芜，人民群众遭受到空前浩劫！④ 城山这一红色游击根据地遭到严重破坏。半年后，国民党"清剿"失败，村民们返回城山，游击队又重新回到这里开展活动，直至大军过江，繁昌解放。

2. 革命英烈

在千军这块红色的土地上，无数革命先烈，为了民族的解放、人民的幸福，不惜抛头颅、洒热血、赴汤蹈火、舍生取义，用他们宝贵的青春和热血，谱写了可歌可泣的壮烈篇章。

千军，作为早期革命老区，从建立第一个"中共金汤支部"开始，革命的火种就在千军这块土地上点燃并向周边燎原。吴昌棋、汤天鑫、李义

① 《繁昌县党史资料通讯》1986 年第 7 期（总第 29 期），第 1 页。
② 王安葆：《"南繁芜地区三次反'清剿'斗争"》，《繁昌党史资料通讯》1983 年第 6 期，第 1 页。
③ 《"解放战争时期'清剿'与反'清剿'"》，《繁昌党史资料通讯》1986 年第 7 期（总第 29 期），第 22—42 页。
④ 《繁昌文史资料选辑》第四辑，县文史办 1986 年 12 月版，第 126 页。

祖、李德清、汤天庚、汤一恕、鲁可富、徐氏等众多英豪，为争取自由、民主进行了不屈不挠的斗争，用鲜血和生命换来我们今天和平、安定、幸福的生活。英烈虽逝，精神犹存，他们的英雄事迹将彪炳史册，万古流芳，永远活在千军人民的心中。

（1）抗日战争时期牺牲的革命英烈

抗日战争时期，千军城山冲的人民群众，响应共产党抗日救国的号召，与全国人民一道踊跃投入抗击日寇的人民战争之中。广大人民群众积极组织起来，成立农民抗敌协会，有土枪的村民组织起"猎户队"配合新四军和共产党领导的游击队，抗击日本侵略者。一些优秀青年，积极参加新四军，成为革命队伍中的坚强战士。他们在与敌人的战斗中，冲锋陷阵，不怕牺牲，本村的吴昌棋、李义祖、汤天鑫等先烈，就是在抗日战争中血洒疆场、光荣牺牲的革命烈士。

吴昌棋，男，千军高塘村人，1902 年出生。生前系新四军老三团战士，1941 年在南陵八都何村的一次战斗中牺牲。

李义祖，男，千军毛园人，生于 1903 年，1939 年参加革命。1944 年，时任新四军皖南支队游击队排长。同年，被叛徒出卖，在繁昌县城关被敌人杀害。

汤天鑫（又名汤光叨），男，千军汤村人，生于 1914 年，1939 年 9 月参加新四军，新四军五团三营九连四班战士。皖南事变后回乡，任保大区某乡乡长。1942 年 5 月被伪军三战区逮捕，牺牲于浮山东形冲。

丁仁一①在《繁昌保大、新林游击根据地回忆》中写道："1943 年春，当时区乡机构处在游击环境，机关经常转移，人员分散活动。乡政府只有三四个人，如乡长、乡队副、办事员、通讯员，办公无固定地址，手提竹篮，

---

① 当时新林区委委员，1944 年 7 月任新林区委书记。

带着印章，就是乡政府。办事员汤光明（汤天鑫）拟任副乡长，不幸被顽二区便衣武装捕去，在浮山脚下东形冲遭杀害。"①

（2）解放战争期间牺牲的革命烈士

1945 年 8 月，抗日战争结束以后，蒋介石国民党统治集团一面加紧准备发动内战，一面玩弄和谈阴谋。在重庆谈判中，毛泽东代表共产党对国民党做出一些让步，并发出"江南部队北撤"的指示。9 月 27 日，正式下达北撤的命令。

9 月 29 日，最后一批六七千人从繁昌渡江北上，繁昌仅秘密留下了原南繁芜县委委员王文石所率领的三个班（37 人）武装干部，携 29 支步枪和 7 支驳壳枪，在繁昌山区隐蔽坚持斗争。繁昌民主政府及武装人员北撤以后，国民党反动派立即恢复保甲制度及各种反动组织。利用保甲实行"五户连坐法"，严密控制群众，断绝人民群众与游击队的联系，并到处抓人，严刑逼供，强迫抗日时期的基层干部、共产党员、农抗、青抗、妇抗等会的会员、民兵以及北撤时隐蔽下来的党员干部办自首登记。对繁昌的革命力量进行疯狂镇压，繁昌立即处于白色恐怖之中。

当时的千军城山冲，仍然是留下的地下党和游击队活动的重要区域，引起敌人重视，不仅安排特务监视，还经常派兵到城山抓捕地下党员和游击队，就连掩护游击队的革命群众也遭到迫害。

徐氏，王村自然村村民许仁宏之妻，生于 1898 年，原为新四军游击队地下交通员，支前民工。经常为新四军送信、送饭。1948 年的一天，地下党游击队在她家接头，由于叛徒告密，住在东岛村的国民党独立十三旅保安团来此围剿。她站在门口菜园地里望风。当她发现一列保安队员从上施向王村奔来，这时，两名游击队员也向她家匆匆赶来，情急之中，她高举一手，口中高呼撵鸡的声音，发出立即撤离信号。可是，那两名游击队员不知是撤离信号，仍向她家奔来。她急中生智吩咐童养媳秋香赶去阻拦。秋香一边跑一边大喊："快跑，有人来了！快跑，有人来了！"敌人发现有人在跑，连忙开枪射击。两

---

① 《繁昌党史资料通讯》1984 年第 1 期（总第 7 期），第 9 页。

名游击队员瞄准机会钻涧沟从前山撤离转移。敌人慌忙向香岭追去，扑了个空。敌人折回来，穷凶极恶地把年仅13岁的童养媳秋香活活摔死。然后，将徐氏捆绑到东岛村，敌人酷刑拷打、逼问，她咬紧牙关，从未吐露只言片语。丧心病狂的敌人将烧红的铜钱从她颈脖往下灌，残忍地剜下双乳，并在腹部捅了一刀，见其还未死，气极败坏地又补了一枪。在敌人面前，她英勇顽强、坚贞不屈，表现出共产党人的浩然正气。真可谓临难不苟且，正然巾帼气。

汤天庚，男，生于光绪甲辰年腊月廿四日（1905年1月29日）。1939年2月，他是抗战时期繁昌重建党组织时期，最早接收的农民党员之一，为党工作奋斗多年，并于1947年把堂弟汤天胜发展成为一名中共党员。他出生在城山汤氏门楼的一个大家庭里，家居一座正八间大房子，常常为新四军游击队提供吃喝住宿，成了地下交通站。久而久之，已是公开的秘密。当国民党反动派疯狂剿杀共产党人时，他早就被敌人盯上了。1948年6月初的一天，国民党独立十三旅保安团一行几人来到汤家，不容分说将兄弟俩五花大绑要带走，他义正词严地说："所作所为我一人承担，与我堂弟无关，快把他放了，我跟你们走！"老人们苦苦哀求和经人保释，汤天胜才幸免于难。汤天庚被逮捕到平铺，敌人用尽了酷刑，他大义凛然，坚贞不屈。敌人无奈将他与另外13位共产党人于1948年6月27日一同枪杀。

汤一恕，男，千军汤村人，生于 1914 年。早年加入中共城山地下党，为党做地下秘密工作。1948 年期间，国民党独立十三旅和下辖的保安团驻扎在平铺，东岛驻一营部，一个连部设在城山。此时，游击队长李辉庭已经叛变

投敌。6 月里的一天，李辉庭打发保安团里的汤某某递一张字条，叫汤一恕送到东岛营部，他不识字，不知是个圈套。当他送字条到东岛营部时，就被秘密诱捕。同年 6 月 27 日，在平沟铺英勇就义。

李德清，男，生于 1913 年，1937 年参加乐平风地下党组织，后任地方党支部分支书记。1948 年 6 月 7 日，国民党独立十三旅保安团一行 5 人来城山将其逮捕到东岛，后转押到平沟铺。6 月 11 日，他趁看守不备，破窗越狱，跑到南陵长山头一户人家换衣服时，又被追上来的敌人逮捕。同年 6 月 27 日，在平沟铺被杀害。

鲁可富，男，生于 1922 年，中共地下党员。1948 年年初，由于叛徒出卖，中共城山地下党组织遭到严重破坏，他被迫转移到保大圩继父家隐蔽继续进行秘密工作。1948 年 6 月，终因叛徒告密指认，国民党保安团劫持其继父，严刑拷打胁迫。为了救出继父，他从容地挺身而出，被逮捕到平沟铺。同年 6 月 27 日惨遭杀害。

3. 红色传承

"成千成万的先烈，为着人民的利益，在我们前头英勇牺牲了，让我们高举起他们的旗帜，踏着他们的血迹前进吧！"① 无论是在抗日战争和解放战争血雨腥风的年代，还是在抗美援朝保家卫国的战斗中，英勇不屈的城山人，都毫不犹豫地投身革命事业，舍生忘死。只要是党和人民需要，城山英

---

① 毛泽东：《论联合政府》。

雄儿女都义无反顾地参军参战，不怕牺牲，前仆后继。他们继承革命先烈遗志，继续与敌人斗争，红色革命精神代代相传。

强国（原名强永龙），男，千军姚杨董村人。原本是一名私塾先生，早年就接受马克思主义，矢志投身革命。抗战时期，新四军民运工作队来到城山后，他积极参与到共产党领导的抗敌协会，并加入中国共产党组织。他白天教书，向学生传播革命道理，夜间经常到山外与上级党组织和新四军游击队秘密联系，参加地下党组织活动。1942 年，毅然丢下妻子儿女，投笔从戎。听从党和人民的召唤，离乡背井，投身抗日战争。1949 年，渡江战役打响之后，他随大军渡江南下，骑着白马匆匆回到城山冲老家探亲，随即归队，为解放全中国继续战斗。新中国成立后，曾担任过徽州专署党委办公室秘书。回家乡后，默默无闻地参加家乡的生产和建设，直到生命最后。他为中国人民抗日和解放事业所作的贡献，永远铭记在千军人民的心中。

金一栋，男，千军金村人，中共党员，生年不详。1942 年参加中共地下党，被党组织委派打入敌内部，任金汤保保长。1947 年参加新四军游击队，时任鲁为葆警卫班班长。1949 年年初在南陵八都河与国民党反动派军队作战时不幸被捕，后经党组织营救回归部队，任繁昌县大队侦察班班长。1951 年下连队任二营一排副排长。同年，整编后调到池州军分区大通训练队任支队长。1953 年在安庆复员回乡，任东城乡指导员。1954 年整党（繁八区）时，由于前期任过保长、作战被捕等原因被错误处分，1979 年平反昭雪，恢复其党籍。1996 年 11 月因病逝世。

汤天胜，男，千军门楼村人。1947 年，刚刚 20 周岁的他就加入中共地下党组织。他始终坚定信念跟党走，积极为党和人民的解放事业努力工作。新中国成立后，他积极参加社会主义生产建设，发挥共产党的先锋模范作用，服从党组织安排，兢兢业业地工作。后回乡担任生产队队长几十年，带领群众一心一意走社会主义道路，成为远近闻名、妇幼皆知的"老队长"。"文革"中遭到错误处分，后得到平反昭雪。他于 1985 年 9 月 28 日逝世，但门楼村的乡亲们永远怀念这位革命的"老队长"。

朝鲜战争爆发以后，在党中央的号召下，繁昌同全国各地一样，开展了轰轰烈烈的抗美援朝、保家卫国的伟大爱国运动。

城山冲的热血青年，在党中央号召和鼓舞下，踊跃报名参加中国人民志愿军，主动要求担当起抗美援朝、保家卫国的光荣任务，其中就有金玉麟等

4 人入伍参军参战。

金玉麟，男，千军金村人，生于 1934 年 8 月 15 日，中共党员。1951 年 2 月，参加中国人民志愿军，1956 年 5 月，光荣退伍回乡。2014 年 9 月 23 日逝世。

王能禄，男，千军叶村人，生于 1929 年 1 月。1953 年 2 月，参加中国人民志愿军，隶属〇九三七部队。1957 年 2 月，光荣退伍回乡。2018 年 12 月逝世。

汤世良，男，千军门楼村人，生于 1933 年 8 月，中共党员，革命烈士汤天庚之子。1953 年 2 月，参加中国人民志愿军，系安东战地医院卫生员。1957 年 2 月，光荣退伍回乡。1994 年 7 月逝世。

金一禄，男，千军门楼村人，生于 1934 年。1953 年 2 月，参加中国人民志愿军，系某炮兵部队班长。1957 年 2 月，光荣退伍回乡。1992 年 7 月逝世。

抗美援朝战争结束至今，每年国家征兵任务下达后，本村适龄青年都积极报名参军，全村曾经参军仍健在的退伍老兵就有 47 人，他们传承先烈遗志，为保卫祖国和国防建设作出贡献。

二、遗址遗存

千军城山冲是个古老的山村，名胜古迹颇多。有玉寺庵（现在叫玉笥禅寺），香火一度鼎盛，庙宇现正在不断扩建修缮中。

还有晏公殿、普渡庵、圆通庵等庙宇遗址，原蒋、施、董、王、汤等姓氏都建有宗族祠堂，由于种种原因，或被毁，或被拆，均无存，仅有遗址。另有炮台山、走马垄、寨山、栢家山等遗迹。

1. 千军岭炮台遗址

据《繁昌县志》记载，千军岭北侧曾是古代重要交通要道，早在元代，将军从一彪曾在此附近屯兵驻扎，并在千军岭设立炮台一座，名千军岭炮台。遗址位于千军村东侧炮台山上，玉笥庵西南约 160 米。

该炮台建于山脊之上，面积约 80 平方米，炮台高出四周约 2 米。炮台

呈圆形，四周用石块垒筑，炮台上有坑道。目前，炮台四周石块部分坍塌，遗址保存基本完整。在炮台位置千军岭下方，有 G50 沿江高速公路隧道穿过。该遗址于 1982 年文物调查时发现，该炮台遗址的发现，为研究元代时军防历史提供了较好的文物实体。该遗址 2007 年 3 月被公布为县级文物保护单位。

2. 上蒋石拱桥

上蒋石拱桥位于峨山镇千军村上蒋自然村东北约 130 米处，是一处清代石拱桥。

该桥于 2009 年 10 月 28 日第三次文物普查时发现，桥东西长约 3.8 米，宽约 2.9 米，桥面离水面高约 1.85 米，桥面呈东西向，溪水从桥下由南向北潺潺流过。该桥全部由石块精心构筑而成，桥拱由东向西有 9 组石块组成，每组 6 块，整个设计敦厚、牢固、规整，显得精致、古朴。该桥的发现，为研究清代历史提供了实物资料。

3. 城山寨遗址

城山寨遗址，位于峨山镇东北的千军村，为群山环抱的袋状冲地，这里环境优美，景色宜人。元代将军从一彪曾屯兵于此，遗址面积1.5平方公里，遗址北1.3公里为元代千军岭炮台，圆形，高2米，直径约20米。

4. 鸡珑石①

鸡珑石，在千军姚杨董村山上竹林深处，有一块体形硕大的单体石头，如一昂首高鸣的雄鸡，似天外飞来之物，横立在竹林间，栩栩如生，惟妙惟肖，十分醒目，当地人叫它"鸡珑石"。其长约10米，高约2米，质地坚硬，属花岗岩石，重百余吨。关于这座巨型石块为何孤立在此，论其传说，众说纷纭。

据民间传说，当年浮丘公来浮山采药炼丹，常到此盘坐休息，整理行囊、翻晒采集来的奇花异草及灵丹妙药。一次浮丘公又来到此石上晒药，并盘坐入"定"了（处于休眠状态）。夏季的山区阴晴不定，云来雾去，不多

---

① 资料搜集：刘承桃、程后明。

时忽然下起了大雨，而此时的浮丘公正在"定"中一无所知，待他老人家出"定"一看，草药淋湿，冷雨热石如蒸似煮，浸泡许久，色汁流淌染于石上，仙丹遇水融化沁于石中。浮丘公虽十分惋惜但也无济于事，但他老人家毕竟是深山隐士，得道高人，起身看看石形哈哈大笑道："此乃天机（鸡）。"说完飘然而去，这些都被村子里的一个小牧童无意看在眼里。

打那以后，山下村庄里的雄鸡，凌晨打鸣时间提前，并慢慢形成规律。山里的农民非常勤劳，起早贪黑地忙做农活已是常事，因没有计时的钟表，都以鸡鸣几遍确定起床时间。开始对鸡鸣时间提前了并不太在意，后来一些经常早起村民听到村后山中先有鸡叫，然后村庄里的雄鸡陆续起鸣，大家就慢慢议论开了，也留意起来。

村民们都注意到，确定村里的鸡是听到山中的鸡叫才跟着打鸣的。大家都知道，在这后山并没有人家居住，也没有听说谁家的大公鸡丢失。再说，山里经常有野兽出没，谁家公鸡跑进山林也绝难存活。所以，村民们感到奇怪，议论越来越多。村子里的小青年和好事者更想查根究底。这时，村子里的那个小牧童突然想起了前些日子放牛遇到大雨躲进石洞里看到的那件事，就与大家道出所见之事。村民们就更加好奇了，于是，就三五结伴进山寻声查探究竟。

果不其然，这些好事的村民彻夜蹲守，寻觅凌晨最早的鸡鸣之声，他们按照鸡鸣发声的方向探索，最终锁定那块大石头，原来每天的第一声鸡叫，就是从这个鸡形大石头中发出的。

从此，人们就认定这块大石头就是神鸡，开始膜拜这块大石头了。村子里有学问的人，就给这块大石头起了个名字叫"鸡珑石"，意在金鸡报晓，八面玲珑，有神明庇护是本村祥瑞的金鸡神石。

又传说，鸡珑石就是一只雄鸡精所变。一只雄鸡精来到浮南侧山腰落脚，并出没于此。因为浮山较大，也有许多其他妖怪出现，有的妖怪就想将雄鸡精抓走。这事被山下的村民知道后，都想办法要保护雄鸡精。最后商量推荐本村有经验的猎人轮流来守护金鸡。这是因为古时候没有计时钟表，这只雄鸡精每天凌晨按时报晓，给方圆好多村子的村民生活带来了方便，雄鸡精的打鸣声已经成为周围村民的"标准时间"，成为人们生产生活的重要记时工具。

话说有一天，猎人发现了一只豺狗将雄鸡精抓走，猎人立刻拿起枪紧跟追赶，跑了一段距离，遇到路边有一单独站立的石头，豺狗纵身一跃跳上了站石，变成了一个老妇人，对着猎人说道："你手里拿着枪不能打我，我怀里还抱着孩子呢。"聪明的猎人知道这是妖精的骗术，便马上回应道："我是不想打你，可是你后面那个人要打你。"于是老妇人就回头去看。就在瞬间，猎人扣动猎枪，老妇人随着枪响应声倒在站石下，变回了豺狗的原形，手里的孩子也变回了雄鸡。雄鸡精得救了，最后在这里化做了一块巨石，永远站在山腰的小路边。但是，每天的凌晨它还是会按时打鸣给山下的村民报时，每当上山的人们路过这里，都会想起这个故事。

美丽的故事传说，一直延续到抗日战争时期。村子里老人叙说，日本人知道我们中国地大物博，他们派遣一支特务组织，专门到中国搜取三山五岳中的宝物灵器。当年，千军竹林中的"鸡珑石"被日本人发现，其内藏宝贝灵物，被他们掏出取走，同时还盗取离此不远的浮山响水涧里的金锣和金镲，这在当时，几乎是家喻户晓的事了。

现在"鸡珑石"上还留下两个凿取鸡珑石中宝贝的深洞，从此以后金鸡再也不会鸣叫了。

5. 栢山头

栢山头亦叫百家山，是位于城山冲东侧一座平坦的山头，面积约百亩之广。传说古代倪姓家族近百户居民居住在上面，形成一个较大的村落，人们又叫它百家山。相传该家族有人做大官，亦说是土匪家族，因犯事导致整个家族被牵连诛杀，或被害或逃走。其房屋是焚毁还是拆除不得而知，从此山上无人居住，其建筑材料甚至石板，都被山下村民搬运下山利用。事件发生的具体时间及缘由，找不到历史记录。几十年前人们到山上还能看到建房屋基的痕迹，泉井、水沟、茅厕甚至菜地等遗迹仍然可见。现在由于竹林茂盛，荆棘丛生，进出困难，人们就很少上去了。

三、传说故事

1. "好一个城山冲，无柴无米过三冬"的传说①

"好一个城山冲，无柴无米过三冬"，这句俚语在城山冲世世代代广为流传，且闻名遐迩。据传说，这一俚语出自一位"金口玉言"的罗隐先生之口。

传说罗隐先生是个活神仙，金口玉言，乡下人视罗隐如济公活佛一样的神灵。说起这句吉言的具体由来，其中耐人寻味的传说故事，要从罗隐先生的身世说起。

传说在唐代晚期，有一财主仁慈善良，膝下有一双儿女，儿子已长大成人，女儿尚且年幼。一日，一个少年衣衫褴褛倚门乞讨，主人见少年虽然蓬头垢面，却透着机灵，就有意收留在府上做些杂活，并承诺管吃管住，年底还给点酬劳。少年自然求之不得，千恩万谢，留了下来。

一晃几年过去，少年长成英俊小伙子，财主女儿也出落成眉清目秀的大姑娘。渐渐地小伙子喜欢上了东家小姐，因而干活更加卖力，越发勤快。小伙自忖家境贫寒与东家门不当户不对，只好把爱恋之情深藏心底。久而久之，暗恋情怀日渐笃深，谁料思虑成疾一病危笃。小伙临死之前嘱托家人，死后把自己埋葬在小姐家后花园围墙外面。

又过了几年，这一日，小姐起得早，推开窗户正准备梳洗打扮，忽见窗台外边有一株芦苇，微风拂来，芦苇叶片钻进窗台，叶尖顶部有一滴露珠，晶莹剔透，闪闪发亮。低头望去，这株芦苇长势茂盛，根部是一土堆。小姐非常好奇，鬼使神差地伸出舌头轻轻舔了一下露珠，顿觉甘甜润喉。谁知过了不久，小姐竟然怀孕了。家人得知此事，觉得这是伤风败俗之事，兄长更是大发雷霆，不顾父母求情将妹妹赶出了家门。光阴荏苒，十个月过去了，小姐流落到一座破庙产下一个男婴，取名罗隐。

罗隐到了上学年龄，每天上学必从一条小河经过，水上无桥，平日里河

① 资料征集：汤炳良、汤家旺。

水很浅，一排大石块垫脚可直接来回走过。这天下雨了，河水大涨，过河困难，罗隐急得团团转。正在这时，一位白发老者来到他面前说道："孩子，你过不去了吧！从今天起我来背你过河上学吧。"说罢，便背起罗隐轻飘飘地就过去了。下午放学，罗隐来到河边，老者早已在此等候，于是又把罗隐背过了河。

一连几天，天天如此。罗隐就把老者背自己过河接送他上下学的事告诉了母亲，母亲闻言很是疑惑，此地并无亲朋何来老者每天背我儿上学？便对儿子说道："明天上学一定要问清楚老人家为什么背你过河。"

第二天，罗隐来得很迟，老者正等得着急。罗隐说："老爷爷，你我非亲非故，你为何要背我过河？我娘说了，不讲清楚明白，就不让我上学了！"

老者听他说不上学就急了，说："孩子，实话告诉你吧，我乃天上太白金星，你有真龙天子之命，上天注定将来你必成大业，你要好好读书，我是来助你一臂之力的。"

下午放学回家，母亲早已做好饭菜等儿子吃饭。罗隐一边吃饭一边将老者所说如实告诉母亲。母亲听后欣喜若狂。这时，母子俩刚吃过饭，其母正在收拾碗筷，手握两双筷子往灶面上用力直戳，咬牙说道："太好了，我儿若有发达之时，身登龙位之日，必打你舅舅四十军棍，杀你舅舅开头刀。"此言一出，惊得灶神一身冷汗。自古道：娘亲舅大。天上玉帝大，地上娘舅大。这还了得？急忙上天奏本，玉帝听罢勃然大怒："有此等无德之母，其儿怎能做一国之君。"传令下去，八月十五日要剥他皮抽他筋，让他永世不得翻身。

第二天，罗隐和往常一样来到河边，却不见老者来背他过河。直到晌午，老者神情沮丧地来到罗隐面前，开口便道："今天是最后一次来见你了，只因你母亲说了大逆不道之言，激怒上苍，玉帝要剥去你龙皮抽去你龙筋，你将永世不得翻身。"言毕，老者仰天长叹！"老朽念你自身无过，甚是可怜。现教你一招，八月十五日午时三刻，有天神下界捉拿于你，若被抓去你将生不如死。此日你要口含生米，无论怎么痛苦都不能吐出，也不可吭声，到后来你将留下金口玉言，仍可出人头地。"

八月十五这日，罗隐按照太白金星指点去做好准备，躺在自家院子里等待。午时三刻一到，天神就在罗隐家上空云头高喊："忤逆罗隐，快快起身受绑！"连喊几声，罗隐一动不动，也不吭声。众神定睛一看，只见罗隐满嘴的生米顺着嘴角蠕动滚落，误以为罗隐早已死去，尸体已生蛆虫。于是，众神急忙回天宫复命交差去了。这就是太白金星指点罗隐的玄机所在。在古人看来，每一个人都对应着天上一颗星星。人死后，对应的星星就会陨落。为何含生米，星星就不会陨落呢？因为米代表着生气，只有活人才能够吃米。再者，如此这般地去做就是给天神造成罗隐早已身亡生蛆的假象，罗隐这才逢凶化吉。

话说罗隐躲过劫难之后，云游天下，一日来到一片松林，又饥又渴，见路边有一棵刚伐不久的松树桩，便坐在上面休息片刻，正欲起身，衣服却被粘在上面，弄得黏黏糊糊非常恼火，气不打一处来，指着松树桩骂道："烂档瘟！"

走着走着，不知不觉夕阳西下。穿过松树林，转过一个山脚见一农户，罗隐决定今晚借宿于此。

夜幕降临，到了掌灯时候，只见老妇人将一树枝点燃，发出吱吱声响，火光逐渐亮堂起来。罗隐就问老妇人："这是什么树枝啊？咋会这么亮呢？"老妇人说："就是这山上的松树枝啊，点着叫松明，可当作油灯用。"罗隐一听吃惊不小，后悔不已，随即指着松树高喊一声："你飞籽成林吧！"从此，这松树砍伐后根就烂了，再也不发新芽，而种子的生命力极强，成活率特别高。

唐朝乾符年间（874—879），黄巢起义，天下大乱，罗隐为避战祸来到皖南九华山一带隐居。这年春天，罗隐云游到江南的城山冲，但见城山冲地形独特，四面环山，钟灵毓秀，因而兴致勃勃，一路观赏。路边水田里的农夫正忙着插秧，于是罗隐让马放慢脚步边走边看。农夫听到马蹄声响这才抬起头来，冲着罗隐微微一笑。罗隐略加思索，作了一个揖，拱手吟道："插秧哥、插秧哥，你一天能插几万几千几百几十棵？"农夫有些茫然，心想，哪有插秧记数的，只顾插秧哪里知道多少棵呀，一时诘塞，不知怎么回答，只是一脸的憨笑。罗隐双脚踩镫一提马的缰绳，笑着说道："好好数数吧，明天过来你再告诉我！"扬鞭策马而去。

农夫晚上回家沉默不语，妻子见状问明原因，笑着说："你真笨！明天你只要这么、这么、这么回答，保证先生满意。"

第二天，农夫仍在田里继续插秧。罗隐骑马而行，如约而至，对着农夫又吟道："插秧哥、插秧哥，你一天能插几万几千几百几十棵？"

农夫伸直腰杆指着马反问先生："滴滴沰、滴滴沰，你的马一天能走几万几千几百几十脚？"

罗隐一听，非常惊讶。称赞农夫今天反应快，回答得妙。

农夫不好意思地说："实不相瞒，不是我想出来的，是我妻子教我这么说的。"

罗隐竖起拇指说："哦，你妻子这么聪明，了不起！"

"谢谢先生夸奖，敢问先生大名。不妨到寒舍，喝杯新茶、吃过午饭再走吧！"

"在下罗隐，云游到此。不好意思，那就打扰您了！"罗隐欣然应邀，其目的是要见识见识这位聪慧的女子。

来到农夫门前，农夫叫妻子出来相迎，并吩咐妻子赶快准备饭菜。罗隐跳下马背掸去身上的灰尘，躬身一礼："嫂夫人好！午饭不必怎么张罗。我的就餐方式既特殊又一般，菜数既复杂又简单，长凳子圆桌子，十样菜一碗装。足矣！"

农夫妻子听后眼珠一转，会意地点头一笑："请先生稍等片刻。"

不一会儿，农夫妻子端出一碗热气腾腾的韭菜炒鸡蛋和一碗米饭放在一架石磨的磨盘中间。躬身施礼："请先生用餐！"

罗隐一见，暗自佩服："这位女子好心计哦！"

用餐过后，罗隐有意再次考验考验农夫的妻子，就托词告辞。于是手抚马背一只脚踏在马镫上冲女子问道："你说我是上马还是下马？"

农夫妻子赶忙转身站在自家大门槛中间背靠门框问先生："那你说我是进门还是出门？"

罗隐听罢眼珠一转，招呼农夫过来，从包袱里拿出一条围腰兜给他妻子围上。后来，民间流传女人只要一系上围腰兜就一天三糊涂了。

然而，农夫妻子当时系上围腰兜不知其奥妙，还觉得好看。农夫妻子心想：都说罗隐先生是世外高人，在世的活神仙，金口玉言，就请他说些吉利话。罗隐先生不好意思推辞，只见农家小院干净整洁，栅栏里鸡鸭成群。举头望去，满目翠竹苍松，层层梯田蛙声一片，青砖黛瓦，清溪绕宅。罗隐脱口赞道："好一个城山冲，无柴无米过三冬！"夫妻俩连忙施礼："谢谢先生吉言！"也许是农夫妻子系上围腰兜的缘故，犯糊涂了，她仍缠着先生叫他再说几句，罗隐先生有点不耐烦，随手指着前面的毛竹林说道："毛竹一条龙，越盘就越穷。"农夫妻子听后心里不悦，拍了拍围腰兜进屋去了。

"好一个城山冲，无柴无米过三冬。"罗隐先生金口玉言所赐，自此，城山冲得以成为十里八乡中生活富足、衣食无忧的好地方，而这句俚语在民间世代流传，脍炙人口。

2. 千军村金鸡山、鸡爪崂（方言读 lào）的来历①

相传很久很久以前，峨山镇千军这一带是一马平川的海岸，土地肥沃、气候宜人，勤劳的人们在这里繁衍生息，过着衣食无忧的生活。

秦始皇到南海赶山，赶来浮山和随山，也带来一座小山，山的南侧有一个凸起的坡地，形似一只昂首啼叫的雄鸡，正好落在千军地界，当地的百姓称它为金鸡山，期盼能为他们带来吉祥。但是，自打金鸡山漂来后，这里发生了意想不到的灾难，人们辛辛苦苦种的庄稼，每到收割时节，就突然变成了光秃秃的秸秆，果实全没了，人们烧香拜神都无济于事。村里有个放牛娃说有一天他起了个大早，把牛牵到田埂上，突然看见金鸡山发出一团金光，随后只见一只金鸡展开双翅飞到田中，"咯、咯、咯、咯"吃谷子，吓得他双手一抖拉紧了牛绳，老牛"哞"的一声吼叫，那只金鸡听到后就飞到山上不见了。听了放牛娃的讲述，村里挑选了几个有胆识的青壮年日夜守候，不几天就证实了放牛娃讲的果然是真。之后，人们想了许多捕捉的办法都无效果。后来，当地有一名阴阳先生说："这只金鸡乃是神物，必须以神克神。"于是，村民们请他出面，从名山古刹请来一名高僧施法治怪。按照高僧的指点，在金鸡山下，用块石垒起七七四十九见方的道场，名为"砧板地"，在砧板地下方挖一块八八六十四见方的地块，名为"菜刀田"，高僧动用法术，念动咒语，贴上桃符，道了声"阿弥陀佛"扬长而去。

村民们在期待和观望。一天夜里金鸡又下山觅食，当鸡爪刚踏上砧板地，只见一道银光闪亮，一把菜刀伴着"嗖嗖"风声落在砧板地，接着就听到金鸡的惨叫声，一只鸡爪被剁了下来，金鸡带着伤痛逃走，再也不敢来此觅食了。从此，这里的人们又过着衣食无忧的日子，时光流逝，苍山巨变，而"金鸡山""砧板地""菜刀田"的传说却一代又一代流传下来。人们发现，剁下来的鸡爪变成了一个爪形的山崂，人们叫它"鸡爪崂"。

---

① 《繁昌地名传说故事》第 158 页，中国文史出版社 2017 年版。

3. 选夫婿才女拜师①

从前，山清水秀的千军岭下，住着一位颇有名气的李员外。

这李员外一生无子，只有一女，乳名叫明珠。明珠出世就长得眉清目秀，白嫩的皮肤，圆圆的眼睛，一笑脸上还有两个小酒窝，自幼聪明伶俐，琴棋书画，样样精通，尤其擅长诗文，写得一手好诗。俗话说女大当嫁，明珠过了十八岁，提亲说媒的人就络绎不绝，可明珠一个也不同意，这可急坏了李员外，他早也劝晚也劝："姑娘长到一百岁都是人家人，女儿你若看中了谁就要赶紧定。"

明珠眼界甚高，虽说对上门提亲的一个也看不上眼，可内心早有打算。她想：自己是个女儿身，若到人家做上门媳妇，双亲老来生活起居定会困难不少，思忖再三决定还是招亲上门。于是她对父母言明：相貌家境概不讲究，讲究的是要有一定的才学，我想出副上联，贴于门前，若有男子对得下联愿与他结为夫妻，白头偕老。

二老听后无甚意见。于是，明珠令家人在大门外贴出"八刀分米粉"的上联，下联则用空白纸裁成和上联一般大小紧贴一边，另外还专派了一名家丁看守。

光阴荏苒，一晃数月过去，无人能够对得上，看守的家丁每天如呆子一般，实感不耐烦。这一天，一位须发皆白的老头从此路过，老头看着上联，不由点头，叹气又摇头，家丁看到老头这一举动，顿生疑窦，立刻上前作揖问道："老人家你叹气摇头做甚？"

老头说："我点头嘛，觉得小姐有才气，叹气深感遗憾，世上饱有才学之人太缺乏。摇头嘛，可惜我年龄太大。"

家丁一听，闲来无事，想要看看老头有甚才学，就故意说："你看，我家小姐在帖子上也未规定年龄大小，你何不前去一试。"老头一再不肯，无奈经不住家丁的再三请求，他也想让这位姑娘知道，世上有才的人并不是她一人，于是立即把下联写了出来，曰："千里重金锺（钟）"。老头拔腿便走，家丁赶忙拉住道："老人家，请你到府上小憩片刻，待小的禀报我家老爷。"

---

① 《繁昌地名传说故事》第259页，中国文史出版社2017年版。

家丁手忙脚乱将对联揭下，疾步跑向内里报信，也不知是家丁过于激动，还是急于交差，竟没有交待对上对联的人年龄和相貌。

明珠得知，欣喜若狂，急忙从绣楼上下来，来到前厅天井，命丫鬟用红罗帐将她围在中间。须臾，老头也被请到了这里，只听明珠轻启朱唇道："春芙蓉，夏芍药，秋菊冬梅，谁是观花汉？"老头朗声便对："东启明，西长庚，南斗北极，我来见玉人。"

明珠激动异常，挪动三寸金莲，举手撩开红罗帐，她哪里能够想到，帐外之人竟是一位白发老翁，羞得她满脸绯红，嗔怒道："白石阶前，白发老翁，去去去！今生休想！"老头见她无礼，便也面带愠色应声对道："红罗帐内，红粉佳人，来来来，前世姻缘！"

明珠羞愧难当，因有约在先，难以反悔，但总不能嫁给一个老人，急切中她灵机一动，连忙双膝一屈，急拜老头为师，请他接纳自己为学生。老头一看仰面大笑，也喜悦地说："我老来还收了你这位才女为女弟子，有幸呀，有幸！不过老汉奉劝你一句，择婿为人生大事，总要郎才女貌，两心相印才行，千万不可恃才傲物呀！"

姑娘一听连连叩首，说："谨遵师教！"老汉双手拉起姑娘，道了声"后会有期！"便飘然而去。

4. "千军岭"的传说

传说，明朝开国皇帝朱元璋造好了南京城墙，带着文武大臣、太子、皇孙到紫金山登高观览胜景，群臣相拥，阿谀奉承的话语使朱元璋心花怒放。朱元璋回头问跟在身后的太子，对新造的皇城有什么看法。"紫金城好是好，就怕紫金山上架大炮。"皇太子脱口而出。这句话触犯了朱元璋心中大忌，朱元璋看了他一眼，认为太子没有城府，不是继承国运的材料，应该及早废掉，就令随从赏了他一个橘子。太子拿着橘子进宫，告诉母亲马氏娘娘，马氏娘娘一想，大惊失色，当即对太子说："我儿，你赶快出宫，逃命要紧！待你父皇回来，你就没命了！父皇赐你橘子，你可能要像橘子一样，剥皮抽筋，有杀身之祸，你赶紧带些银两，逃命去吧！"于是，太子便化装成平民，带了些银两做盘缠，骑上宝马从花园后门赶快逃命，只身出中华门往南逃来。

朱元璋回宫问原配夫人马氏娘娘，太子何在？马氏娘娘说："不知所在。"朱元璋问太子身边的人，被告知太子只身骑马出中华门去了。朱元璋立即派出一批御林军，往南门追赶，命令务必要把太子追回来。太子在前面一路逃跑，御林军在后面一路追赶。

御林军约千人追到繁昌峨山地界，天也黑了，就在此地山岭安营扎寨驻了下来，后来人们就将御林军曾经驻扎过的山岭叫"千军岭"。此后，千军岭的地名一直沿用至今。这是民间对千军岭来历的普遍认同。

5. 神奇的寨山①

古老且闻名的城山冲，物产丰富民风淳朴，除了有旖旎的自然风光，还有神奇的人文景观，供人游赏，给人以启迪和遐思。

城山冲最深远的山谷为蛇冲崂〔本地人读（lào），是指山凹处〕，其尽头就是寨山。寨山，在五华山脉西端的北麓，它充满着神奇的色彩，蕴藏着一段脍炙人口、耐人寻味的传说：元末顺帝至正年间（1341—1368），皇帝昏庸，荒淫无道，贪官肆虐，污吏横行，民不聊生。全国农民起义群雄并起，烽火连天。当时的繁昌也不例外，广大人民处于水深火热之中。当时的城山冲，有一位卖柴打猎的汉子，长得五大三粗，体格魁梧，臂力过人，因砍柴打猎，从小喜欢舞棍弄棒，练就一身好武艺。他为人行侠仗义，路见不平，拔刀相助。赢得乡里人们的尊敬，特别是年轻穷人喜欢同他交往。天长日久，他就成了穷哥们的头头，因他打猎最擅长打山鸡，大伙就叫他鸡倌。

全国反元浪潮风起云涌，尤其是朱元璋反元起义斗争节节胜利的消息也传到了城山冲。为了摆脱元朝官府压榨，鸡倌伙同穷哥们，振臂一呼，也竖起造反大旗，在山冲南端的高山上建立营寨，改鸡倌为稽官，号称稽官大王，这座大山就被人们称为"寨山"，慢慢忘记了这座山的原来名字，后来就成了寨山名称的由来。大王派人四下串联，八方纳贤，招兵买马，冲里冲外的穷哥们纷纷投奔稽官大王。往日寂寞无闻的城山冲，因人马增多，一下子闹腾起来。稽官大王的声势越闹越大，引起繁昌县衙官吏们的惊恐，经常派兵围剿。大王为了防止元军进攻，就在城山冲周围的千军岭、诸侯岭、尖山岭、滴水岭、徐岭等进山隘口设卡，派兵将把守，使得寨山上的驻守营寨固若金汤。

关于寨山的神奇，还有个取之不尽、用之不竭的"神稻仓"的传说，这就又给稽官大王能够在此安营扎寨提供了佐证。

---

① 资料征集：汤炳良。

稽官大王率众喽啰劫富济贫，惩办贪官污吏，深得民心，赢得百姓拥戴，队伍日益壮大，因而成了朝廷的心头大患，经常派兵清剿。传说在一次与官兵交战时，稽官大王俘获一官员的太太，掳至山寨意欲逼其做压寨夫人。这位太太貌若天仙，天资聪颖，专长刺绣，绣品堪称一流，人称"绣娘"。绣娘被掳至山寨，欲占为内室，但该女子坚贞不屈，誓死不从。稽官大王无奈将其软禁在寨山南麓离寨巅不远的一个山崂里。山崂里有一巨形高大石头矗立其间，石头上面光滑平坦。绣娘就坐在这石头上含泪绣花，整日以泪洗面，终因抑郁而亡。后人就把这块石头唤作"绣花石"，而这个山崂称之为"绣花崂"，以示对这位忠烈女子的缅怀之情。

话说朱元璋于洪武元年（1368），渡江南下，立足金陵，在应天登上了皇帝宝座，建立大明，建元洪武，成为开国君主。为了彻底推翻元王朝的统治，统一全国，朱元璋东征西讨，南征北伐，消灭了元朝残余势力。然而，"飞鸟尽，良弓藏；狡兔死，走狗烹"，朱元璋功成后，为了保住他的一统江山，稳固他的皇帝宝座，对全国占山为王者，剿的剿，抚的抚，不几年扫平了十七家反王，这才出现了明初太平盛世。传说稽官大王所守营寨被朝廷军队以"猪羊阵"火攻所破。稽官大王究竟是被剿灭或是被俘，或是自行拆寨散伙，弃甲归农？没有找到史书记载，无法考证。但神奇的寨山却像是一本厚重的史册，记载着城山冲里草莽英雄稽官大王神奇而显赫的故事。

6. 城山"牛鼻洞"的传说①

在城山冲东南端幽静山谷深处的蛇冲崂，有一处形状像牛鼻孔的两个小孔洞，留下了一段神奇的传说。

相传在牛鼻子孔的两个岩洞，一边孔里有个碗口大的岩槽，里边竟然清水叮咚，响声悦耳，而且还有白生生的大米满满一槽。一边孔里的岩礅上则平坦如镜，面上曲放着三副碗筷。山里的穷人经常到这里用碗取些大米带回家，并将饭碗放回原处。

有一天，一位穷汉上山打柴，口渴难忍，到处找水喝，发现山洞旁边这两个洞，走近一看，发现石槽里有米，石头上有碗，于是打柴穷汉拿走一只碗并装满一碗米，喜笑颜开地拿回家美滋滋地吃了一顿饱饭。第二天，他把带回来的碗放在家里，又去那个地方看看。结果岩槽里又冒出与昨天一样的

---

① 资料征集：汤家恒。

米来。他又拿走了第二只碗装上米带回了家。第三天，他又留下饭碗空手上山，如法炮制拿走第三只碗，把岩槽里的米掏得干干净净。第四天上山，他带着自己原来用的一只缺口碗去掏米，到了洞口一看，岩槽里空空如也，什么都没有了。他空手回到家后，晚上做了一个梦，一个牛头人身的鬼怪指着他的鼻子厉声斥责道："前世失德的吝啬鬼给你们留下三只饭碗及度命米，你将碗全拿走，还想再来掏白米？"说完扇了打柴穷汉一个耳光就无影无踪了。从此以后，牛鼻子孔就只流清水，不出米了。

牛鼻子洞就位于寨山脚下，而这条神牛身躯庞大，头伸至寨山脚下的一个石罅中，尾部落于新林茅王"绣花石"，如高空俯视，其牛形可见。"牛"身背部，正是汤村一处大山场，山名叫"牛背脊山"，脖子从"煤笼山"（又名"横路山"）一直伸到洞孔处，长度几百米。整个形状宛如一条活牛潜伏森林，正低着头饮水似的。实际上不是饮水，而是低着头用两个碗口大的鼻孔在喷水，形象逼真，令人惊叹不已。

多少年、多少代，城山冲百姓祖祖辈辈，都在饮用这牛鼻子洞流出的清泉，更多的泉水却源源不断，流入小溪，经过沟渠，与其他水源汇入山涧，流向村庄和田野，浇灌滋润着千亩农田。

7. 城山汤氏宗祠焚烧纪实[①]

城山汤氏第一座宗祠，建于清朝乾隆二十四年（1759），不幸毁于"二战"侵华日军的战火。

汤氏宗祠，整座建筑原坐北朝南，后改向朝西。两厢两进，整座祠堂砖木结构，采用斗拱式构造，工艺精湛，雕梁画栋，装饰富丽堂皇，庄严肃穆，蔚为壮观。高大的门楼气势雄伟，门楣下"汤氏宗祠"四个镀金大字熠熠生辉。门槛的外沿两侧分别垒砌有两个大石鼓，呈"八"字形向外延伸。原门楼前是宽阔的广场，门前竖有四尊高大的旗杆，旗杆东侧建有一座戏楼。跨进门楼，漫步通道，呈现在眼前的是前进高大宽敞的厅堂，这里便是族人议事、活动场所。在厅堂东、西两侧走廊相连分别建有两个大厢房。从厅堂向里走去，拾阶而上来到后进就是昭先灵穆堂，目之所及的一排排供位上，供奉着列祖列宗的亡灵牌位，不禁令人肃然起敬，敬畏之情油然而生。

---

① 撰稿：汤炳良。

逝川悠悠，传胤煌煌。城山汤氏宗族，福荫绵长。光阴如流，岁月荏苒。1941年1月5日（农历庚辰年腊月初八），正是新四军三支队撤出繁昌转移至泾县后几天，由梅山据点窜出一个小队荷枪实弹的日军，他们耀武扬威地经东形村、沙园一路向城山进犯。上午10时许，日军来到汤村村口的石嘴头停了片刻，东张西望了一会儿，然后大摇大摆地沿着西边的大道径直穿过村庄向尖山岭走去。当日军行至汤村西南与金村交界处的一座石桥时，突然从涧沟里传来一声响动。当时，新四军游击队的侦察排杨排长带着一名战士正潜伏隐蔽在涧沟旁的斑茅丛中，不知怎的一块石头滚落涧沟，惊动了日军，他们一个个虎视眈眈地朝杨排长隐蔽的斑茅丛搜索过来。就在这千钧一发之际，杨排长迅即掏出手枪瞄准了鬼子的小队长（时称三太君），快速地扣动扳机，随着一声枪响，鬼子小队长当即毙命。鬼子全都慌了神，叽里呱啦像发了狂的疯狗嗷嗷乱叫，他们以为遭遇到新四军游击队的伏击，仓皇应战，一阵猛射，却不敢前进，慌忙抬着小队长的尸首仓皇回撤。杨排长他俩趁机借着茂密的植被钻涧沟转移走了。

激烈的枪声像炸雷一样。顿时，村里的男女老幼惊慌失措，乱作一团。全都向村南柒山头，村东后山头、东山头蜂拥而去。鬼子在回撤途中疯狂报复，见人就杀，见房子就烧，霎时间，满山冲乌烟蔽天，一片火海。没有来得及逃避的村民汤一胜、郭宗子和汤天田姑姑的一个孩子被活活烧死在家里；汤家祥、鲁为根在逃跑过程中被日军枪击身亡；村民汤仁本情急之中从窗口探头一看，却被一枪打中，其父汤一发被烧死，父子俩双双遇难；还有已经逃到村外一棵大树下的金宗幸也未躲过劫难。在这次浩劫中，城山冲里老幼大小共有13人丧生。日军撤退到汤氏宗祠前，恼羞成怒地一把火点燃。瞬间，熊熊大火将宗祠、戏楼焚为灰烬，供奉于祠内的列祖列宗亡灵牌位付之一炬。

日军仓皇逃窜到千军岭时，又一把大火烧毁了玉笥庵（现玉笥禅寺），后经门村高准备过漳河，再经龟山撤回梅山据点。但在过漳河时，一船日军在河中诡异的打转就是无法靠岸，进退不得，不一会儿工夫船翻，日军多人溺亡。有人说，这是日军烧寺庙应遭的报应。因此，也给古老的千军岭寺庙蒙上了一层神秘的色彩，至今当地老百姓谈到此事还是津津乐道。

笔者年轻时曾经听金一栋老前辈叙述过这次大劫难：当年，在鬼子未出动之前，新四军游击队早已得到情报，鬼子此次扫荡的路线是由东形村、沙园直逼城山冲，翻过尖山岭经东岛再翻过徐岭头，沿柏树、沈弄、浮山方向返回梅山据点。游击队根据情报，部署作战计划，在徐岭头设下埋伏准备痛歼来犯之敌。杨排长就是奉命担任这次伏击的前站侦察，他的擅自行动使鬼子改变了行军路线，打乱了游击队的作战计划，致使徐岭头伏击战落空。

历史会被尘封，但不会被掩盖，更不能忘却。城山汤氏族人每每回忆起这段历史、这次大劫难，无不痛心疾首，扼腕叹息。一座历经180多年的岁月沧桑，饱含一代又一代族人血汗的宗祠竟毁于日寇之手，是可忍孰不可忍！国人应当牢记历史，勿忘国仇家恨！

8. 永乐玉印之谜①

五华山佛教始于晋代，传说杯渡高僧南朝刘宋时（420—479），来到了五华山，见到了自己抛掷的锡杖，决定在五华山上广建庙宇。传说杯渡神僧曾用佛法取得各种建筑材料，亲手创建了隐静寺。此后这里就成为杯渡禅师在五华山传播佛教的道场。历史上几度兴衰，元末明初进入鼎盛时期。据《繁昌县志》卷十三人物志仙释篇中记载：法海号东舟，隐静寺僧，明永乐皇帝仁孝皇后于永乐六年（1408）病逝，召天下名僧为皇后举行国醮，超度亡灵："越七日感动圣凡"，隐静寺法海禅师名居首位。钦赐千佛袈裟和镇寺玉印、宝玩，赐封法海为"东舟禅师"。此后，五华山隐静寺香火日旺，庙宇连绵十余里，僧众千人，藏御书、画卷一百余轴。

明宪宗成化元年（1465），五华山庙宇遭火劫被毁。其时，五华山一带居民皆为汤姓。据汤氏宗谱记载：汤氏镇山岭派（金城乡广德村全保）八十一世富一，子贞一，孙伯川，之后又传而生顺一，之后千一，千一之后为万一，万一之后为福一至九。福二始迁宁郡宣邑，乔居数年，复迁繁昌，居隐静寺冲，提为繁昌隐静寺冲派。公置山地数块，娶徐氏生三子，长曰道德、次曰道贤、三曰铭公。铭生三子：洲一、湖二、海三。长次分迁江北，惟海三公仍居祖地隐静寺冲。

五华山庙宇火焚毁坏后，一名唤永浩的和尚决心重建。每日到汤氏族长海三公屋前房后敲击木鱼。海三公问其故，答曰："请布施一袈裟之地。"海三公慨然应诺。随之率族人赴现场选址标界。传说永浩禅师掷袈裟于空中，岂料袈裟罩住了五华群山。一言既出，驷马难追，山权从此归属于永浩

---

① 资料征集：汤炳良。

和尚。

永浩和尚得到全五华群山便大兴土木，成化四年（1468）增建一新。住持僧永浩对汤氏全族护法，献出灵山胜地铭感不已，就将原属夏氏（当时人丁极少）布施的城山冲回赠汤氏。于是汤氏海三公率全族迁居城山冲繁衍生息，另提一世起派，故为汤氏繁昌城山冲派。住持僧永浩和尚为感谢汤氏大义之举，又将隐静寺庙定为汤氏家庙，设龛供奉汤氏祖先亡灵牌位。

汤氏宗谱详载：成化三年（1467）住持僧永浩募化增建基地香灯，公将祖置山基尽助于僧，文押契书俱焚，并不许勒石，以免子孙为口实。徙居城山冲，另提一世起派。

汤氏宗谱又记载曰：廷权公支下派十一世孙正良公于清朝雍正年间，家累千金，独建五华山地藏王正殿，一进两厢。道光年间改为五华山作十方建。直至清末，半路出家的和尚刘老七又在城山汤姓帮助下重建隐静寺庙。

话说永浩和尚吸取火劫毁庙的历史教训，将永乐皇帝钦赐的镇寺之宝——玉印，托交汤氏族长保管，世代相沿。需要用印时，和尚便携带端阳符、灶书等亲赴城山盖印。鉴印后的符、书，所到之处，百姓无不慨然施舍。玉印有"日印千张纸，夜吸四两朱"的传说，至今城山汤氏宗族家喻户晓，妇孺皆知。

数百年来，历经改朝换代，军阀割据，烽火连天，尤其日本侵华战争爆发，国无宁日，民不聊生。然而，汤氏家族逆万难之境，视玉印为生命，代代族长宁舍命而护印，玉印才得以安然无恙，世代传承。

1953年上半年的一天，时任东城乡指导员金一栋和县文化馆干部强荫楠来到城山汤一森（时尊为族长）家，声称："我们已经过多方调查确定你家有一枚明朝玉玺，今天来你家收缴玉玺交给国家。"国家至高无上，谁人敢挡？当天取印在场的目击者汤全本如今对当时现场的情形仍历历在目，记忆犹新："我三嗲嗲（三叔父）当时非常紧张不知所措。二妈妈又胆小，就无奈地将玉印从收藏在老式架子床顶棚上颤颤巍巍地取出，抹去了灰尘，字纹看不清，没有印把子（不知何时碰断的），长方形，三四寸长，二三寸宽，我三叔父接过交给他俩。于是，强荫楠从公文包里取出纸笔写就一字条丢下，然后用纸把玉印包起来带走了。"遗憾的是字条早已丢失，因而字条上所写内容无从知晓。

另据时任东城小学校长施镜澄老先生回忆道："是年收缴玉印的当天，强荫楠来到东城小学，我亲眼目睹这方玉印是正方体的，各方边长一寸左右，并拓了印样（可惜'文革'时期被销毁），整个印面就是一个篆体的'永'字，据此可推断：这方玉印可能是一枚官印，并非当时人称的所谓玉玺。"

还有时任华壁乡第一任乡长刘永森老前辈回忆道："玉印收缴到乡里时，我也亲眼所见，是方形的，印面上的字是篆体的。"

目击者就玉印的形体、大小等说法不一，这着实是个谜。

此方玉印乃封建王朝之遗物，对于长期饱受封建压迫刚刚翻身解放的纯朴山民来说，总是心神不定，心有余悸，不敢多言，更不敢不交。况且认为县里干部拿走玉印是天经地义、名正言顺、无可厚非的。而后，接下来二十几年运动频繁，尤其是"十年浩劫"，甚刮扫旧之风，文物古玩一时沦为封建文化产物。城山汤氏族人心照不宣，谁都知道追问玉印下落，必冒风险，乃至牢狱之灾，故而无人提及。

拨乱反正以后，人们才如梦初醒，认识到玉印是隐静寺与城山汤氏共享的镇寺传家之宝，镇寺传承 60 年（1408—1467），传家承继近 500 年（1467—1953），堪称国家文物宝贝。如此重要之文物，可以说它浸透了城山汤氏先辈族人之心血。至今，汤氏族人虽付出努力，多方追查，终无音讯，下落不明。汤氏族人深感疑虑：此方玉印如若已珍藏于国家，那现存于何级何馆？如若流失民间，岂不是国失宝物，亦令汤氏族人痛心疾首、扼腕叹息？于是，将其事见诸笔端，公诸社会，以便社会贤达及城山汤氏族人后贤者考证查明，以期玉印重见天日，供国人瞻仰，亦圆满城山汤氏先辈世代族人逆万难之境、舍命护印之初衷。

9."三亩田"与"玉笋庵"的故事①

有诗叹曰："提起三亩田哟，两眼泪涟涟。比艺择婿留佳话，魂断好姻缘。痴情忠烈女，泪洒玉笋庵。"

"三亩田"位于千军村浮山蒋和高塘村之间，它长约百米、宽约 20 米。"玉笋庵"位于千军岭，虽香火并不盛旺，但也从未间断。说起"三亩田"和"玉笋庵"，这里曾留下一段提起来令人辛酸的故事。

不知在哪朝哪代，千军这个地方有一户拥有山场千亩、良田万顷的富豪人家，主人名叫金万良。他为人热情爽直、乐善好施，妻子李氏贤良温婉、勤劳敦厚。金万良从不因富豪而盛气凌人，在他家帮工的伙计上百，从不苟

---

① 汤明余收集整理，资料来源胡自春。

求，工钱按时付。每到逢年过节，另发慰劳金，乡邻遇到困难，他总是慷慨解囊，人们称他为"金善人"。金万良年近半百膝下无子，只生一女，视为掌上明珠。女儿金玉笋年已二八，到了女大当嫁的年龄，保媒说亲的人踏破了门槛，玉笋姑娘总是一一回绝。其实姑娘心中早就有一个人选，就是她家帮工伙计汤天意。汤天意从小父母双亡，七岁讨饭来到这里，金万良看他可怜，就收留了他，帮金家放牛。一眨眼，当年的小叫花子长成了一个浓眉大眼、朴实勤快的大小伙子，田里的农活样样精通，深得主人的赏识。打小天意去放牛，玉笋常常跟他到野外捉迷藏，玉笋姑娘在教书先生那里努力学习，转而又当起汤天意的老师，教他认字、读书、写字。两人可谓青梅竹马、两小无猜。金万良夫妇对女儿如此回绝提亲的人，心生疑云。有一天，他们把女儿叫到跟前询问，玉笋向爹娘含羞地表明了心中的意愿。对女儿的选择，二老也感满意，但把女儿嫁给自己的长工，面子上有点过不去。还是女儿聪明，玉笋跟二老说："何不比艺招婿，一来场面风光，二来乡邻信服，三来名正言顺地给你们找个好女婿，也圆了女儿的心愿。"二老听罢齐道："就依女儿主意！"

听说金万良要比艺招婿，四乡八镇的人都来看新鲜、凑热闹。年轻小伙子纷纷跃跃欲试，争相报名。农历四月初四，千军岭下的三亩田头，彩楼高搭，用金丝银线绣成的绣球端挂中央。主持人宣布今天比艺是插秧，一排八棵，一炷香的时间，从田头到田尾，要求插秧要端正，横要成排、直要成行。随着三声鼓响，参加比试的小伙子卷裤捋袖，跳进三亩田中，一手抓秧、一手分苗，只听水声嚓嚓嚓嚓作响，小伙子人人聚神、个个争先，田埂上观新奇、看热闹的人们传来一阵阵呐喊声，加油的锣鼓声锵锵敲响。汤天意插得又快又好，一边插一边回味着昨天晚上玉笋姑娘送他一只荷包，还有悄悄的真情话。此刻他似乎很陶醉，增添了决胜的信心和勇气。在计时香就将熄灭那一刻，他第一个到达了田尾，而其他选手有的只插了大半趟，主持人把五彩的绣球套在汤天意的脖子上，他大声呼喊"我成功了"。此刻人们欢呼，跳跃，几个年轻人把天意举起来抛向天空，祝贺他成为金家乘龙快婿。玉笋姑娘看此情景，也激动得流出泪来。

乐极生悲，当欢呼的人们放下天意时，只见他左右摇晃，身子突然往后一倒，口吐白沫、不省人事。人群中有人喊道："不得了啦，出人命啦！"看热闹的人像炸了锅似的全散开了。金家将天意抬回家中，请来郎中，汤天意瞳孔已经放大，郎中无回天之术了，说是因为汤天意过度兴奋，脑血管爆裂而亡。

汤天意走了，他是为与玉笥姑娘结为连理而走的，玉笥姑娘整天以泪洗面。她决意为汤天意以夫君名义守孝三年，三年期满后她也不想再嫁人了。她在自己家中设一佛堂，每日为他诵经祈祷，为天意超度。她的父母拗不过她，花重金在千军岭上修建一座寺庙，取名"相思庵"，玉笥姑娘在这里不知度过了多少暑、热、冬、寒，直到百年归天。为了纪念这位对爱情专一纯真的烈女，人们把原来的"相思庵"更名为"玉笥庵"。

10. 玉龙泉①

在千军岭上玉笥禅寺（原名玉笥庵）后东侧，有一眼山泉，泉水常年流淌不息，流向山下形成一线小溪。此泉、此水不同一般，有些传奇、有些神秘。千军岭附近方圆几十里，许多人都知道这口泉，虽然只是一个普通泉源，但有一些人称为"神泉""玉龙泉"，其传说故事有些神奇之处，让人听后浮想联翩，神往不已。

据传，地藏菩萨（金乔觉）出芜湖广济寺选址九华山道场时路过此处，在此处一个叫七莲尖的山头禅坐七日，禅中所见七莲盛开，七龙盘旋，九溪成渊，天空放七彩祥光。却不知何故金地藏未选此处为他道场，可能是菩萨一屁股将那七莲尖山头坐歪了，把山的朝向给改变了。此山尖被这么一坐，山尖偏向菩萨后来所去的方向，五华山、九华山。后来，人们口语就叫这座山"七里尖"，一直叫到现在。传说地藏菩萨起身一步迈向五华山、丫山、九华山，都有菩萨留下的脚印。所以，大家都认为地藏菩萨在此处可能洞察到了什么玄机才离开此地，民间流传着一首诗谶，隐藏着众多的谜团，诗谶曰：

> 渡海过楚江，脚踏莲花来。
> 七里尖打坐，嬉戏喧眉间。
> 起身寻目看，九蛇闹玉台。
> 会心微含笑，仁德甘露埋。
> 留此因缘种，菩提应时开。
> 筑基磨砺后，天地乐悠哉。
> 三面生万象，一尊涤尘埃。

---

① 资料收集：刘承桃。

此7句诗句中后两句所暗藏的玄机，被后来人们解读为这眼仙泉与寺庙的因缘出处。

然而，近20年来此处发生的一些灵异之事令人费解：玉笋禅寺后侧泉眼口边，原来只是一个小水坑，只有几桶水的容积。自古以来，一直都是慢吞吞的冒着小细泡，涓涓细流，水量很小。但一直能够保障这座寺庙僧人的生活用水，从未干枯过。

2001年前，玉笋禅寺进行大型维修，前来寺庙做义工的信众不下千人。这么多人来寺庙干活，烧茶做饭用水量大大增加，当时可急坏了做饭的居士们，大家赶紧找人下山挑水，而庙里的日景师父却不紧不慢地说："不用下山担水，尽管放心用！"居士们也不敢多问，只是心里暗暗着急，心里嘀咕：师父你也不做饭烧菜，这么多人用水，哪里够呢？按照寺庙的规矩，在寺庙里大事小事都要听从住持师父安排，其他人也就不顶撞了，居士们只是在焦急中默默地做自己的事。大家从泉口取来一桶又一桶清泉，烧茶做饭。饭都做好了，茶水也照样供应，可这口泉眼里的水还是那样慢悠悠地冒着小细泡，水量也不见减少，众人哗然，都一致称奇。

在此不深的山泉中居然不知何时滋生出一条娃娃鱼来。开始大家不觉得有什么奇怪，只是很早就看到龙泉里有几条小鱼，其身上布满了像秤杆子上的星点，所以人们都叫它"称心鱼"，这鱼在本地山沟里很多，长不大，个头很小，最大的只能长到50克左右。大家都知道这种小鱼长不大，不影响水质，名字也好听，时间长了大家也就习惯它的存在。

有一段时间，该寺庙没有和尚师父值守，一位李姓人士来到此寺庙，当时，他因多种原因，决定留下来看守这座寺庙。在寺庙里住久了，受到许

泉水中的娃娃鱼　　释心德/摄

多佛教知识的熏陶，对佛教产生敬重之情。

一天清晨，这位李姓人士起了个大早，东方黎明待晓，旭日刚启，他跟以往一样开始洗漱做饭。忽然，他听到寺庙外有婴儿的啼哭声，他以为是谁家来庙前弃婴，于是向声而寻，却久寻不见婴儿。再仔细侧耳倾听，断断续续顺声找到寺庙后龙泉旁，哭啼声源竟然是从龙泉里发出，吓了一跳，心想谁人如此造孽，把婴儿扔进龙泉井里，伤天害理！他赶紧探下身子寻救婴儿，可怎么也找不到，但听得龙泉石缝里时常断断续续传出婴儿啼哭声，这李姓人士连声念佛匆忙离去。

待日出三竿，寺庙来了很多香客及路人时，这位李姓人士告诉大家这个奇怪的现象，大家一起去龙泉观看究竟。原来就是那条称心鱼长大了，足有两斤重，发出的声音跟小孩啼哭一样。大家猜测这鱼一定是什么人悄悄放生的。有人说这叫声就是娃娃鱼，一般人不会把娃娃鱼放在这里，因为娃娃鱼对水质要求特别高，水里不能有污染，而且必须在含有特殊矿物质的水里才可以生存，建议赶紧捞起来送国家保护区去。可这李姓人士却说：我来此寺庙已经居住十年有余了，这条"称心鱼"我是看着它长大的，山下很多经常来寺庙的人都知道，小鱼苗的时候我们就看到，估计是从山体洞里随着龙泉来到这里的，这龙泉水浅又供应吃用，所以这里一直都是禁止放生的，就是有人偷偷在这里放生，我们也会打捞起来送到山下水库里去放生，这鱼以前还是个小鱼苗那样小，一共来了有好几条，后来只剩这一条活下来了，所以这条鱼绝对不是放生的。

大家听李姓人士这样一说就都没有异议了。2022年4月26日，突然发现这条长70多厘米，重二三斤的娃娃鱼，无影无踪，不知去向。

四、姓氏文化

2020年年底，千军村的现有户籍人口2882人，人口姓氏达110多个。其中，人口最多的是汤姓，约占人口总数的15%。全村各个姓氏人口占总人口数比重排序前10位依次是：汤、蒋、金、王、李、张、杨、强、程、俞。施姓虽然分布在上施、下施，但人口总量却排在全村第16位。全村各大姓氏都有着不同的迁徙经历和家族历史文化，多数没有文字记录，或无人整理，无法考证。仅征集到汤、蒋、金、施 4 姓文字资料附后。

历史上人们只要说到城山冲，都知道金、汤两大姓，人们口头禅中的"金汤家"，曾经是城山冲的代名词。民国时期，城山冲村级机构曾经以金、汤两姓命名为"金汤保"。据金氏宗谱记载：金氏宗族自明朝万历年间（1573—1620），相继从南陵金阁卜居繁邑城山冲。汤氏宗谱记载：汤氏宗族是明朝成化三年（1467），从五华山南寺冲迁徙至城山冲居住。金、汤两姓聚居城山冲长达 400 多年。在这几百年历尽沧桑的岁月里，金、汤两姓房屋相望山田相错，相互联姻血脉相连，和睦相处，守望相助。清咸丰年间（1851—1861），太平军多次进入城山冲与清军作战，导致人口减半。金汤两姓联合护卫城山，相互扶持，携手重建家园，共渡难关。

抗日战争期间，城山冲的村民不分姓氏，在新四军民运工作队的帮助下，建立党组织，组织农抗会、青抗会和猎户队，积极投身抗日救亡运动中去。解放战争期间，城山人民坚定信心，积极配合共产党领导的游击队，共同应对国民党反动派对革命力量的清剿和镇压，大家同仇敌忾，团结一致，舍生忘死参加革命斗争。不仅有众多仁人志士参加革命，光荣牺牲，更有革命群众为了掩护共产党组织和游击队在城山进行活动，被敌人抓捕残害致死，用鲜血和生命谱写出一曲曲悲壮的英雄故事。

1. 汤氏人口溯源①

汤氏自成汤谥姓以来，遥遥数千载，人文蔚起，仕宦显荣，彪彪炳炳，仁义忠孝，史不胜言，子孙繁衍，派系难以尽录。

据汤氏家谱记载，镇山岭派七十七世凤伊之后传至八十九世福二，福二始迁宁郡宣邑乔居数年，于南宋末年自梁县（今肥东县梁园镇）金城乡广德村全保始迁繁昌五华山的寺冲，又提繁昌隐静寺冲派。福二公置山地数所，娶徐氏生三子，长曰道德，次曰道贤，三曰道明。道德生子原五，原五生子斗福，斗福生子铭公，铭生三子：洲一、湖二、海三。洲一、湖二分迁江北安庆，唯海三公仍居祖地隐静寺冲。经历 7 代 100 多年，一直繁衍生息在五华山这片土地上。城山冲汤氏祖先福二公至海三公对寺院有着很深的情缘，目睹过隐静寺的兴盛和衰败。

明宪宗成化三年（1467），住持僧永浩募建香灯之地，汤氏家族海三公

---

① 资料搜集：汤炳良、汤家旺。

将祖置山基尽助于僧，文押契书俱焚，并不许勒石，以免子孙为口实找庙里麻烦。

永浩和尚对汤氏全族护法，献出灵山胜地感激不已，就将原属夏氏布施的城山冲，回赠汤氏。于是，汤氏全族便从五华山一带迁居城山冲繁衍生息。海三公徙居城山冲后，另提一世起派，即为"繁昌汤氏城山冲派"。

逝川悠悠，传胤煌煌，城山冲汤氏宗族，福荫绵长。海三公由隐静寺冲迁于城山冲，左毓五华之秀，右钟浮丘之灵，风醇俗美，淳厚家风，男女奏绩，耕读诵课，且子孙林立，应运而兴。

城山冲汤氏十一世汤正进先生于清朝乾隆年间儒读太学——国学生。

十一世汤正良公于清朝雍正年间，家累千金，独建五龙山（现五华山）地藏王正殿，一进两厢。至清朝光绪年间改五华山作十方建。

十三世汤枝祥儒生，考名安澜。学书肆业，披史穷经，词章也善，诗赋亦能，挥毫逊李杜之工，呈才让班马之美。于清朝道光丙申年（1836）主持编纂续修初刊《繁阳城山汤氏宗谱》。

十六世汤保本贡生，考名秉铖。宽宏处世，秉性贤良，正直举族，乐善一乡。造学宫，修庙宇，建桥梁，公举为首，勇跃争先，无辞推让。于清朝光绪戊戌年（1898）主持编纂续修重刊《繁阳城山汤氏宗谱》。

十八世汤炳良，念家谱断修百年之久，情不自禁，慨当以慷，不以才疏自薄，欣然受命非自炫。于2005年主持编纂续修再刊《繁昌城山汤氏宗谱》。

十八世汤涛良，值汤氏宗谱续修再刊，迸发赤子热情，报以拳拳之忱，谅族下无公共场所，欣然将父辈遗产宅基屋宇悉数捐赠作宗祠用。大义之举，功德无量。

光阴如梭，岁月荏苒。

历史长河进入20世纪30年代后，城山冲汤氏族人同国人并肩，为国家独立、民族解放，前仆后继，奋勇争先。汤天鑫血洒抗日疆场；汤一恕、汤天庚献身解放事业。欣喜如今，莘莘学子，学成当代，建树未来。大学本科、研究生在读连年登榜，尤以十九世汤家玉先生学位升居军事学博士，职称至军事学教授，授战略支援部队大校军衔，令人钦佩瞩目。而跻身国家各行业的城山冲汤姓人士正以高昂的意气，饱满的热情，为中华民族复兴、乡村振兴贡献力量。

2. 蒋氏人口溯源①

繁昌区峨山镇千军行政村境内有14个自然村落，其中，有3个自然村落因由蒋姓聚居而命名——上蒋村、下蒋村和浮山蒋村。而上蒋村则是城山冲蒋姓的最早居住地。在千军行政村14个自然村落现有的诸多姓氏中，有文字记录蒋姓为最早落业容身城山冲的姓氏之一。

上蒋村，坐落在栢家山东麓，村庄坐西北朝东南，左毓浮邱，背靠千军岭，右秀尖峰叠嶂镇寨巅，门迎圆通钟灵毓秀，堪称向阳之宅基，居住之佳境。

城山冲蒋姓自南陵迁徙入城山。溯源至元末明初，敦本堂蒋氏始祖益公，早先参加红巾军，跟随朱元璋南征北战，绩丰功伟，官至将军元帅，在抗御陈友谅采石之战中不幸阵亡，被敕葬尖峰之下，其5子为守墓迁居城山，世代相守，繁衍至今。兄弟5人后辈分迁繁昌各地。据城山蒋氏敦本堂宗谱记载："始有蒋益公吉卜繁阳城山为家焉，发迹5子夺魁，昌一、昌二、昌三、昌四、昌五。昌五公迁浮山，昌一公厥后念高传仲鼎，生子贵四、贵五，贵八公迁居下乡。及后人烟稠密，支派蕃衍，亦难于言。越三世贵五贵八公落业容身，名传馨香矣。"如今峨桥、浮山的花园拐、蒋家墩蒋姓皆为昌五公文下。早些年，蒋门穿灯都要赴城山始祖益公坟地朝山祭祖。

蒋氏宗谱记载曰："常生垂一，一生珍，珍生荣二，二生福二，居南陵之下乡曰陆为南阳知府。生千四，四生峻，峻生益公，元帅将军有功，敕葬繁昌尖峰之麓，夫人胡氏生昌5子散居繁邑乡村。"

蒋氏宗谱又曰："至明纪，有忠臣益公御陈友谅之乱，捐躯勠力，死难于采石。褒封将军，谕葬城山，华表巍巍，气象森严。公之忠勇千载如在城山之下封岚与烟树相接，环田庐而聚首者皆公之子若孙也，而子若孙之爱居爱处，皆因公之丘垅所在相聚而靡他也，夫天壤间惟忠孝之道，万古不朽。"

谱赞元帅蒋益公：

铁面铜肝　　冠世之英　　绩丰功伟　　为国之桢

城山蒋姓，上溯至明纪元年（1368），自始祖蒋益公吉卜繁阳城山，迄今跨时长达650多年。城山冲蒋姓人文蔚起，虽未科第，犹称巨族，朴而

---

① 撰稿：汤炳良。

耕，秀而读，耕读诵课，人财济美，孝友家声，诗书济世，栽培心地，广种福田。昔有在朝为官，今有跻身于国家先进行业，奔赴于大江南北，励精图治，再创辉煌。

3. 金氏人口溯源[①]

现居住千军村的金氏人口数列汤蒋之后，位列第三。金姓人口的起源、迁徙历史众说不一，资料记载也有多种说法，并无定论。

据金氏家谱记载：金姓出自少昊金天氏。相传少昊是上古东夷百鸟国君，少昊死后被尊为西方大帝，金姓是少昊金天氏之后。

亦说源于改姓，出自五代时期吴越国刘氏一族，属于因谥改姓为氏。相传古有金国，国人以金为氏，伏羲臣金堤为其后。

源于地名，出自汉朝时期金城郡，属于以居邑名称为氏。

源于官位，出自汉朝时期官吏执金吾；又出自三国后期曹魏时期官吏金曹，都属于以官职称谓为氏。

源于他族改姓，属于汉化改姓为氏。景颇族金劈氏、恒滚氏，达斡尔族索曲氏、德力根氏等；南北朝时羌族，唐时新罗国，金时女真族、回、土等少数民族均有改汉姓金氏，元太祖成吉思汗十七世孙俺答汗名阿勒坦，意为金，后裔一支改汉姓金，成为蒙古族金姓。

至于千军城山冲里的金姓，其源于何种原因，这跨时遥遥数千载，且无史料考究，就不得而知了。据《金氏宗谱》谱序中记载："自吉六公由徽郡之婺源迁春谷之东，治号曰金家阁。"由此可知悉：城山冲里的金姓原祖籍在现属江西省的婺源县，由始祖吉六公迁徙到安徽省芜湖市南陵县东边的金家阁（现在的南陵县许镇镇太丰圩境内）。

婺源原为徽州府的"一府六县"之一。而芜湖市南陵县原属春谷县。春谷县原县治在繁昌获港江边舒村，地域含盖现南陵、繁昌、三山、湾沚、铜陵和池洲的一部分，至今2100年多年历史。三国时期东吴周瑜、黄盖、周泰曾经担任春谷长。后几经撤并，到南朝梁武帝元年（502）置南陵郡，后改南陵县，治赭圻（今获港镇内）含繁昌。至唐朝长安四年（704），南陵县城迁至现址。至南唐昇元元年（937），割南陵5乡（春谷、严岩、廷载、金峨、铜官）置繁昌县。

---

① 搜集整理：汤炳良。

《金氏宗谱》谱序中又记载道：吉六公由徽郡的婺源迁到春谷后，传至广二，"广二公生大一，大一生宣，宣生富贵" "及九世富公复迁义与坝地名塘泼湖，其弟贵公迁繁邑之城山，至十二世宗贤公迁楼下村。宗梅公迁洋湖塅。十三世世九公迁牛场湖"。就是说：吉六公由现属江西省的婺源县迁徙到现在的安徽省芜湖市南陵县许镇的太丰圩境内后，传代到广二公，广二公生儿子大一公，大一公生儿子宣公，宣公生育了两个儿子，一叫富，二叫贵。传到富、贵已是第九世了。第九世的富公又迁徙到义与坝地名塘泼湖（现在的地名不详，待考）。他的弟弟贵公于明朝万历年间迁徙到原繁昌县的城山冲。城山冲里的金姓就是贵公支下派。待到了第十二世宗贤公迁到楼下村（现在的繁昌区峨山镇凤形村境内的栋树嘴）；宗梅公迁至洋湖塅（今南陵县境内，具体地名待考）。第十三世世九公迁到牛场湖（今南陵县许镇镇太丰圩境内）。

综上所知，城山冲里的金姓原祖籍在现属江西省的婺源县，由始祖吉六公迁徙到南陵县东边的金家阁，又由贵公于明朝万历年间（1573—1620）从南陵县的金家阁徙居繁昌东南边的城山冲。

传说在400年前的明朝万历年间，南陵县金家阁的金姓宗族因为大兴土木，建造楼阁，豪华排场，冒犯朝廷而遭族抄，金姓全族为躲犯抄之劫难，有的改姓，有的迁移，还有的难免被抄杀。这也许是南陵县老地名金家阁的由来。城山冲里的金姓始祖贵公就是由此迁徙而来的。

城山冲里的金姓，从明朝万历年间就与其他姓氏家族聚居长达400多年，人杰地灵，晴耕雨读，勤奋劳作，诗书传家，人文蔚起。现如今，金姓氏族与山冲里其他家族一道，与时俱进，励精图治，共同为振兴山村作出贡献。

4. 施氏文化与溯源①

（1）文化主题

石渠世家易学名门——峨山施村。施氏堂号为石渠阁，因施家先祖施雠曾于汉代在石渠阁讲解儒家经典《易经》而得名，施雠也因擅长《易经》研学而名显一时，而施氏家族也始终印有《易经》的烙记。故以"石渠世家，易学名门"为峨山镇施村的文化主题。

---

① 搜集整理：夏成道。

西汉时，汉武帝罢黜百家、独尊儒术，儒家学说成为主流思想。汉宣帝刘询（公元前73—公元前49）为了加强思想建设，一统儒家学说，于甘露三年（公元前51），在长安未央宫北的石渠阁，召集二十余位儒生讲论《五经》异同，这便是"石渠讲论"。这是一次关于经学的重要学术研讨座谈。参加人员有学《礼记》的闻人通汉、戴圣，学《诗经》的张生、薛广德、韦玄成，学《尚书》的周堪、林尊、欧阳长宾、张山拊，治《易经》的梁丘临、施雠，治《公羊春秋》的严彭祖，治《穀梁春秋》的尹更始、刘向等。会议由梁丘临提问，诸儒回答，太子太傅萧望之等平奏其议，汉宣帝亲自裁决评判。石渠讲论的奏疏经过汇集，辑成《石渠议奏》一书，又名《石渠论》，共辑奏议一百五十五篇，今俱佚。经过这次研讨，博士中《易经》增立"梁丘"，《尚书》增立"大小夏侯"，《春秋》增立"穀梁"。汉代博士经说的分家，除《诗经》学原有鲁、齐、韩三家外，其余均始于石渠讲论。参加本次学术研讨的施雠，是施家先祖，他从小跟从田王孙学习《易经》，后诏拜为五经博士。施雠长于《易经》，施氏学也有"施易"之称，可见其学术地位之高。

（2）施村历史

千军施村，因居民多姓施而得名，由上施、下施两个村民组构成，距今有近百年历史。施氏发祥于山东。春秋时，鲁惠公第三子鲁大夫姬尾，被封于施地，因此以"施"为姓。东汉时，大鸿胪、太尉施延迁往吴地，太守施雄被封为吴兴侯。三国时，吴设吴兴郡，即湖州。唐僖宗时，施彬从湖州迁往泾县。民国年间，施太招、施庆昌从泾县迁往峨桥。随后，施庆昌从峨桥迁到峨山镇千军村城山冲。至此，便有了千军施村。

（3）施家英才

①施父，姬姓，名尾，字施父，鲁惠公之子，鲁隐公和鲁桓公的兄弟。

②施之常，字子恒，又称"施子"，是鲁惠公第八世孙。春秋末年鲁国人，孔门"七十二贤"之一。唐时，施之常获赠"乘氏伯"，封邑临，从祀圣庙。宋高宗绍兴十四年（1144），追封为"临濮侯"。

③施雠，字长卿，沛人。为童子，从田王孙受易。后雠徙长陵，田王孙为博士，复从卒业，与孟喜、梁丘贺并为门人。谦让，常称学废，不教授。及梁丘贺为少府，事多，及遣子临分将门人张禹等从雠问。雠自匿不肯见，贺固请，不得已乃授临等。于是贺荐雠："结发事师数十年，贺不能及。"诏拜雠为五经博士。甘露中，与五经诸儒杂论同异于石渠阁。因施雠长于儒

家经典《易经》，故此后，施氏学便有"施易"之称。

④施延，生卒不详，字君子，东汉沛国蕲县（今安徽省宿州市）人。东汉建光元年（121），征有道高第，拜侍中。汉顺帝阳嘉元年（132），为大鸿胪，阳嘉二年（133），代庞参任太尉。后流寓吴兴，卒年七十六，墓在今浙江省德清县。

⑤施士起，唐翰林学士。

⑥施文锦，唐御史大夫。

⑦施易之，宋龙图阁学士。

⑧施滋，宋进士、通直郎。

⑨施昌言（？—1064），字正臣，通州静海（今江苏省南通市）人，北宋龙图阁直学士。

⑩施师点（1124—1192），字圣与，上饶永丰（今江西省广丰镇）人，南宋著名的政治家和文学家。宋绍兴十七年（1147）进士。历任礼部侍郎、签书枢密院事等职，后拜参知政事兼同知枢密院事。淳熙十四年（1187），拜知枢密院事。又以资政殿大学士之职任泉州知州，拜提举临安府洞霄宫。绍熙二年（1191），施师点拜隆兴府知府、江西安抚使。施师点与当时的左相周必大共同辅政，徐图恢复，北伐雪耻。绍熙三年（1192），施师点病逝，宋光宗追赠他金紫光禄大夫之职。

⑪施钜，字大任，武康（今属浙江省）人。北宋重和元年（1118）登进士第。南宋绍兴二十四年（1154），自吏部侍郎除参知政事，次年（1155）罢，以资政殿学士提举太平兴国宫。同年七月，起知静江（今属广西省）。绍兴二十七年（1157），改知洪州（治今江西省南昌市）。孝宗即位，除左太中大夫致仕。清约自持，无声色之好，卒年九十一。

⑫施大节，居云南元江，明永乐时举人，历知交州、横州。明宣德二年（1427），遇有贼警，城陷，尽节。

⑬施耀邦，明崇祯时副都御史。甲申，闻变，题诗于几曰：愧无半策匡时难，但有微躯报主恩。自经。

⑭施维翰，居松江府上海县，清顺治壬辰进士，累迁浙江总督。

⑮施锝，江苏太仓人，清康熙辛丑科进士。

⑯施琅，居福建晋江。清康熙二十年（1681）后，台湾郑氏据险叛，拜靖海将军。康熙二十二年（1683），率诸将舟师由铜山进抵澎湖，歼其精锐，台湾平，封靖海，世袭。

（4）施氏族人诗选

丹山霁日

宿雨晓初散，霁云出远峰。

林头喧鸟语，石窟闭苔封。

沧海扶桑影，丹邱仙子踪。

几回凝伫望，飞鸟欲相从。

白塔轻烟

村虚连白塔，亭榭接苍崖。

香蔼疑鲛室，幽深胜鹿柴。

忽闻鸡犬处，深锁菊松斋。

渺渺疏烟净，临霄寄远怀。

花苑春游

幽砌留花苑，游人载酒来。

奇峰攒紫翠，斜柳隐亭台。

静画花同醉，芳春鸟为催。

赏心犹未足，歌咏上崔嵬。

壶溪夜泛

突兀横溪石，昂然天马头。

月明潭影静，风急水声秋。

断岸连苍树，晴沙睡白鸥。

遥寻沽酒市，独泛钓鱼舟。

（5）施家族规

①敦伦纪

天有显道，厥类惟彰。人之有伦，实源于性而不可解。故无论贵贱，皆得缘分以自尽，如菽水承欢，左右就养，明有亲也。隅坐有方，随行维敬，明有序也。倡随相依，不宜有怒，道义往来，毋致凶终，明有别、明有信也。至于君臣，不必身登仕版而后天泽之分严，早完国课，宪典是遵，亦即所以作忠，此人道之首重也。故敦伦纪居第一。

②务耕织

家以治生为急，而治生莫重于本富，则农桑其大焉者也。古云：一夫不耕，或受之饥；一女不织，或受之寒。极寒迫人，道衰矣。故务耕织居第二。

③崇俭约

耕织务，则财之源开矣。而或以家有余资，遂至食不以时，用不以礼，所入者少，而所出者多。其何以善其后？况骄奢以生其淫佚，其弊有不胜言者。今于岁时伏腊，好用羞服，凡事节省，庶财以恒足也。故崇俭约居第三。

④勤学业

既富乃以方谷遂生。即以复性，则书不可不读也。然不独富者宜读书，即贫者亦可以读书。其贫而能教子者，宜进之。其贫而能自读者，更宜进之。但负读书之名，而游游忽忽，终为天下之弃人矣。必春秋有其事、冬夏有其业，而且分阴是惜、继晷焚膏，斯富而者益以富，贫者亦不终于贫也。故勤学业居第四。

⑤禁奸邪

有所法，尤有所戒，则奸邪其所重也。语云：害人者，害其一身；淫人者，害及数世。伤风败德，莫此为甚。无论有关伦纪者，不得萌次恶念。即以藏获之贱，亦切不可乱。假乱之而生子育女，是又以父子为奴仆也，可乎哉！

⑥戒赌博

与奸邪相类者，无如赌博。盖赌则必穷，穷则必盗，理势之必然也。杀身之祸即伏于此，若夫倾家荡产、失业耗神尤次也。朝廷之律于此加严，倘有不遵敬者，宗长以家法惩之。如再不率，送公究治，毋徒视为泛常也。故戒赌博居第六。

⑦警游惰

人亦有不作奸犯科而性好闲散，流为游惰。至流为游惰而赌博、奸邪、娼优、隶卒无所不至，是亦理势之必然也。如此等，公议不得入祠。且古者有惰民之罚，里师亦得诮让之。故禁游惰居第七。

⑧息争讼

游惰，柔恶也。而亦有逞志作威，以强欺弱，以众暴寡，遂至雀角鼠牙，相寻不已。是争则必讼，讼则愈争。而奸猜诡诈之徒，教唆两造，仁义衰息，伦纪之道乖矣。如不幸遇此，不得因利而生非，不得怀怨而坐视。须明其是否，剖其曲折，使之式好无尤，则息争讼，正所以敷伦纪也。故息争讼居第八。

（6）施村回顾与展望①

透过历史视野，跨越时代隧道，纵观族史，不胜感怀。施氏家族，前程似锦，无限生机；施氏子孙，名流辈出。2000多年前，西汉施雠先祖就是一位出类拔萃的代表。雠公，子长卿，西汉沛县（今江苏省沛县）人。少年从田王生学《易》，与孟喜、梁丘贺并为门人。常谦让，不教授。梁为少府，上书推荐施，诏任为博士。汉宣帝甘露年间，与诸儒讨论《五经》同异于石渠阁。所授弟子其著名者有张禹、鲁伯等，禹官至丞相。再传弟子彭易、戴崇等人。达官雅士，不胜枚举，光垂史册，福荫千秋。

随着时光推进，岁月更迭，吾祖十五世庆昌公与太招公自泾川同下峨桥躬耕。不年庆昌公迁居城山，择地排形，名曰下施村。家兴业旺，建造场厅。飞檐斗拱，绣柱画廊；屋后竹园，门前池塘。院中银杏，叶茂枝繁，虽愈百年，树干凌云，蔚为壮观。施氏后裔蠡斯绳绳，瓜瓞绵绵。昔有在朝为官，文人雅士，今有创新于工农商学兵的先进行列，奔赴各自工作岗位，励精图治，再创辉煌。

改革开放，创新发展，乡村面貌，日新月异。山川竞秀，万物争荣。东望千军岭，炮台映红日，元末明初从一彪将军把守关口，至今古迹犹存。台高穿云破雾，巍然上出重霄；西眺随山，蜿蜒曲折，连绵不断，宝藏矿石资源，熠熠生辉；南望栢山头，几条瀑布，从天而降，飞花溅玉，彩虹悬天；北倚浮山，灵枝独秀，漫山紫气，景色迷人，宛如踏入桃花源。而今乡村建设突飞猛进，高速穿山，横飞村后，公路通村，来往穿梭；长堤烟柳，满目葱茏。村在绿中，人在景中；游客如云，笑语欢声；情景交融，其乐无穷。

建设美好乡村的号角已响彻云霄，我们要顺应时代潮流，合乎民情需要，加快步伐，砥砺奋进。发掘古文化，弘扬民族魂，谨遵祖训，传承家风——"吴兴郡世泽远，石渠阁家声长"。让吴兴宗派32字（天佑善良、嘉祥允芳、于时继之、世大其昌、厚德载物、贻谋用光、乐业安定、介仁复彰）代代流芳，把建设社会主义新农村的五句话20个字（生产发展、生活富裕、乡村文明、村容整洁、民主管理）加速形成和发展，成为一道亮丽的风景线。

---

① 城山施氏三十七世施镜澄（谱名世成）撰稿。

倾心尽述，难申雅怀，特拟一律，以表心声：

> 水绕青山山抱溪，沿街小郭立东西。
> 潺湲水奏五弦乐，灿烂虹悬七彩丝。
> 银杏娇娆连碧落，老牛肥硕放耕犁。
> 千军岭下穿高速，美景天开壮丽诗。

五、佛教文化

千军村地处繁昌佛教名山五华山西北麓，汤村汤氏祖先与五华山隐静寺有着特殊的历史渊源。村境内原有玉笥庵（现为玉笥禅寺）和圆通庵、晏公殿等多座佛教寺庙，佛教文化历史悠久。

1. 汤氏祖先与佛教源缘

传说的汤村的汤氏祖先，原居住在平铺镇五华村五华山一带，包括学屋、寺冲等山下的小村庄，并拥有五华山的部分山场。

明宪宗成化元年（1465），五华山庙宇遭火劫被毁颓。此后，住持永浩和尚决心重建。

成化三年（1467），住持僧永浩每日到汤氏族长汤海三屋前屋后敲击木鱼。海三公问其故，答曰："请布施一袈裟之地。"海三公慨然允诺。随之率族人去现场选址标界。谁知永浩禅师掷袈裟于空中，袈裟落地正好罩住了五华山汤氏所属山场。"一言既出，驷马难追"，山权从此归属于永浩和尚了，汤氏族人便失去五华山大片山场、土地的所有权。据汤氏族谱记载，"明成化三年（1467），公将祖置山基，尽助于僧，文押契书俱焚毁，并不许勒石，以免子孙为口实"。即免得子孙后代找庙里麻烦。

随着五华山隐静寺复建和扩建，汤家族的居住、耕地及山林资源变得狭小。永浩和尚对汤氏全族护法，献出灵山胜地感激不已，就将原属夏氏布施的城山冲，回赠汤氏。于是，汤氏全族便从五华山一带迁居城山冲繁衍生息。永浩和尚为感谢汤氏大义之举，将隐静寺定为汤氏家庙，设龛供奉汤氏祖先亡灵牌位。

永浩和尚吸取"火劫毁庙"的历史教训，担心镇寺之宝——永乐皇帝钦赐的玉印再遭火劫，决定将玉印交给赠建寺庙场地的汤氏族人保管，世代相沿。需要用印，和尚携带端阳符、灶书等，亲赴城山去汤家盖印。汤氏后裔至今还有玉印"日印千张纸，夜吸四两朱"的传说。这枚玉印一直由汤氏族人保管到1953年后失落。

如此传说属实，可以说明汤氏家族的祖先与佛教文化有着非常密切的联系。

2. 玉笋禅寺①

玉笋禅寺，原名玉笋庵。位于繁昌区峨山镇千军村的东北，浮山东南麓的千军岭上。

位于千军岭的玉笋禅寺　　　　　　　　　释心德/摄

据史料记载，玉笋禅寺缘由浮山寺而来，始建于明神宗万历二十五年（1597），距今400多年。

传说此处古有东周浮邱公采药结棚，元末明初从将军曾率千人在此扎寨。因浮山圆升禅师梦中受地藏菩萨启示，在千军岭随缘筑基建庙。其间，观音菩萨几番显圣，落成之日入庙石阶显现菩萨足迹，得名"玉笋庵"。从此，玉笋庵就成了观世音菩萨道场。佛教信众在这里拜观音菩萨、敬地藏菩

---

① 资料征集：刘承桃、汤炳良等。

萨已经成为传统。

鼎盛时期，信众络绎不绝，终年香火缭绕、朝拜者甚多，钟声昼夜不绝于耳。最初由圆升禅师在此首开道场，后多次改造扩建，其规模逐渐扩大。

古刹位居古道关隘，树木葱茏，寺前三丈崖上是块神奇的风水宝地，玉台也称戏台，是附近龙灯每年朝山必到之处；古刹几经战火，几度兴衰，历经沧桑。清乾隆辛丑年（1781）、光绪十六年（1890）重修。

1941年1月5日（农历庚辰年腊月初八），新四军三支队已撤出繁昌前往泾县云岭，由梅山据点窜出一小队荷枪实弹的日军，耀武扬威地经东形村、沙园一路向城山一带进犯。在遭到游击队的袭击之后，仓皇逃窜到千军岭时，一把大火烧毁了玉笪庵（现玉笪禅寺），后准备经过"门村高"这个村庄过漳河，再经龟山撤回梅山据点。但是在过漳河时，一船日军在河中诡异地打转就是无法靠岸，进退不得，不一会儿工夫小船翻沉日军多人溺亡。此后不久，由附近信众又集资重新修建庙宇建筑。

"大跃进"和"文革"期间，玉笪庵再次遭到人为损坏，僧尼还俗，玉笪庵被作其他用途。但清光绪十六年（1890）铸造的大钟仍然得以保存，是该寺最完好的历史文物。寺内一眼泉水常年涌流，昼夜不停，为寺中僧尼及佛教信众生活用水提供保障。

改革开放以后，党的宗教政策得以落实，使玉笪庵得以恢复重建。20世纪80年代初，一些佛教信众纷纷捐款集资、捐赠材料，逐渐将其修复，1995年和1997年又翻建了前殿和后殿。

恢复重建后，几度玉笪庵中无出家僧尼住持，只有佛教居士值守。1999年，住持妙觉法师历尽肝胆，率信众化缘修缮欲倾寺庙，得江西"铁佛寺"妙乐法师5万元资助，且建妙乐功德碑亭一座，立于寺庙前玉台之上。妙觉圆寂，有圣景法师承接，逐圆寂而衰。古刹历经风雨飘摇，见证岁月沧桑。2005年，玉笪庵住持定平禅师接管不久，发愿要扩建如来道场，传承本师家业，准备修建大殿，并筹集部分资金，于2005年10月18日开工奠基，并将"玉笪庵"更名为"玉笪禅寺"。

时值2017年6月1日，九华山僧人心德大师卓锡于此，结缘玉笪禅寺，2018年1月接管并担任住持，发愿修复玉笪禅寺道场。

当时寺中条件简陋，生活艰苦，经济困难。心德法师劳心劳力、忙碌奔波筹措资金，于2018年9月徒步携愿九华，得护法一众，因缘具足。2019年3月始，先后对古寺建筑和佛像进行全面修缮，使古寺面貌焕然一新。

今日玉笥禅寺，建筑庄严肃穆，掩映在苍翠山林之中。它背依浮山，前有千军古炮台，后有响水涧，岭下沿江高速穿山而过。夜阑人静，钟声悠悠，传送出生生不息的古韵新声。千军炮台与玉笥禅寺相得益彰，声名远扬。

建玉笥庵记①

繁治东南一龙蜿蜒自豸②山，历羊华行里许，复抑为峡。峡谷千军岭，东行驻气，以耸浮丘隐玉诸峰。岭上平广数武斜行至麓东西各二里遥。

先勋祖从一公，元末倡议结寨练兵于此，故相沿为千军岭也。岭上蒙茸，旧为鸟道，万历丁酉③，浮丘僧圆升始募地结屠苏④，渐易以椽瓦，且构茶亭于其上，往来行旅资其樾荫⑤，沐其津梁⑥，咸啧啧老僧不衰之功德，余家岭东阴阳两宅⑦，俱从此岭降脉。是未起浮丘而先为发皇⑧者，其籍庇更胜浮丘，犹不当泯老僧建庵之功矣。

然庵历久而无名，余每跂其上，

《建玉笥庵记》碑刻

---

①　本文系峨桥 潘礼惠 先生搜集抄录，注释。碑文系明代本县从吾先生撰写。1998年秋首月中旬，由僧人释胜景重新镌刻，立于寺前右侧。由施镜澄、周逢春、刘承桃先生点校。

②　豸（至）：无足虫。

③　万历丁酉：明万历二十五年（1597）。

④　结屠苏：以屠草结屋。

⑤　樾（月）荫：树荫。

⑥　津梁：如渡和桥，利于通过。

⑦　阴阳两宅：住宅和墓地。

⑧　发皇：盛大。

怅不能蒙以九锡①为兹庵丐不朽。适壬戌②仲秋，郡侯李渤海殚精编修郡承③，命搜山川逸迹，余不忍兹岭、兹庵终遭湮抑，绘图而进之。俾登诸承遂额其庵曰："玉笋"。玉笋者取隐玉诸峰，查牙兀嵝列如群玉要，皆从岭上一肋腾踊伊如玉出于笋，而兹岭为之笋也。且翻阅地志，区中有玉笋之胜埒④于天目鹰岩，余以为此岭非名玉笋不足以驾玉郭之丹灶井泉，寿千劫而不毁者，况又有严允谐先生"三十六峰如削玉"之佳句在，是以远稽近采，恍惚玉笋之象僭为兹庵作"九锡"云尔。

山灵故在，应自起舞，余勋祖先世余威，且将与之岿然万古矣！余乐而为之记。

3. 圆通庵⑤

圆通庵，原坐落在上蒋村对面的金村耕田水塘北埂与白银崂水塘南边的一块地方。

据祖辈口口相传：早在清朝光绪年间，一位叫朱光彩的人士出资建造，是城山冲早年较有名气的佛教寺庙之一。传说当年圆通庵信众如云，香火旺盛。由于捐赠颇多，置办了许多山场、田产。1949 年新中国成立后，要求僧尼还俗，自食其力参加社会生产劳动，圆通庵建筑被充作公共财产，曾经作为小学教学设施使用。1969 年拆除后，圆通庵在人们的视野中永远消失。最后一位还俗尼姑是下蒋村李维山的姑姑李氏，于 20 世纪 70 年代逝世。

据原城山村小学校长汤炳良先生回忆，并对圆通庵的建筑结构进行描述如下：圆通庵建造时受到地域限制，整个建筑是坐东朝西。圆通庵的建筑结构具有特色。整座寺庙属砖木结构的徽派建筑，青砖灰瓦。一共是三进建筑，两边厢房，中间天井，一共分为八个单间。先以大木柱穿枋搭建框架，木质梁架，充分呈现雀替、驼峰、隔架科、斗拱等木质梁架技术，用圆形木柱支撑梁架和四个屋顶。圆形木柱底部采用石制雕有莲纹带檐的圆形柱础，俗称"石磉"，以保障圆柱底脚隔潮不腐，后在外侧砌墙。南北山墙砌成四角翘起

---

① 九锡：天子所赐殊礼：一车马、二衣服、三乐县、四朱户、五纳陛、六虎贲、七弓矢、八铁钺、九秬鬯。

② 公元 1622 年。

③ 郡承：郡志。

④ 埒（列）：等同。

⑤ 撰稿：汤炳良。

的防火马头墙，大门顶部的门梁（俗称门过基）是一块巨大的长方体石料，朝向一面阳刻"圆通庵"三个突出的大字，在阳光的映照下，格外引人注目。

跨进大门，前进通道间（相当于山门殿）正中迎面塑造一尊笑面罗汉（弥勒佛），弥勒佛背面隔板后塑一尊回头菩萨（韦驮），与之背靠背。其寓意是：进门拜弥勒求开心，出门拜韦驮保平安。顺着南北通道绕过两尊塑像分别朝左、右转，即前进南北两个大间。南间设为"子孙堂"，配置十二圆觉像。北间塑有十八罗汉像，九尊一排，面对面置放。

走过前进通道间，进入庵内的第二进。二进中间是一个宽大的正方形天井。天井南北两沿分别有石砌的花台，天井南北两侧是两个厢房。北边的厢房是住持的卧室，铺设架空木地板。南边的厢房作厨房，厨房间靠天井一侧倚东的一角竖立着一块功德碑。两个厢房临天井的隔墙面是用木条装饰双交四椀菱花图案的格扇组成。天井的东沿是五级台阶，台阶上面就是庵内的后进。拾阶而上即是一条长长的南北向的走廊，走廊北端开一侧门。后进正中的须弥座上供奉着主尊佛像——释迦牟尼佛祖坐像。主尊佛像左右两边分别塑造坐着青狮的文殊菩萨和坐着白象的普贤菩萨。青狮左侧塑一雷公菩萨，白象右侧塑着手执莲花的观音菩萨。身临其境，肃穆庄严，令人敬畏。

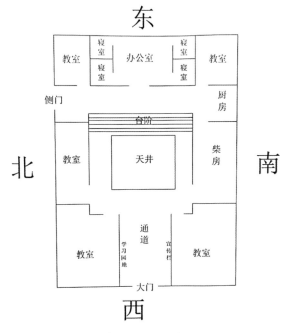

圆通庵改建成校舍后非比例平面图

　　1951 年，东岛和城山正式创办了第一所小学——东城（东岛和城山）小学，校址在晏公殿，圆通庵曾为东城小学分部。峨山人民公社成立后，东城村撤分为"东岛大队"和"城山大队"。城山大队部建在王村生产队，东城小学随即搬迁到大队部，同时易名"城山小学"。当时，生源逐年增加，校舍紧缺，城山大队就将圆通庵改建成校舍。昔日的寺庙圆通庵就成了城山小学的校舍，直到 1969 年被全部拆毁，将材料搬运到上施村的后方重建了两幢十六间砖木结构的新校舍——城山小学本部。

　　圆通庵作为佛教寺庙，它曾经历过昔日香火兴旺的盛况，也见证了现代千军城山冲小学教育普及的艰难。

第三章　经济发展

一、传统生产方式

在新中国成立以前，城山冲人稀地少，山里人一直沿用传统的农耕方式，开垦、耕种山冲农田、山地，并利用山林资源"靠山吃山"，上山砍竹木、伐薪、烧炭、狩猎、加工竹器销售等，获得经济收入，维持生计。

同一千军村，南部的村民和北部的村民在生产、生活方式上也有所区别。南部的金村、汤村、门楼等村落耕地面积相对较少，粮食不能自给。村民外出路途较远，或要翻山越岭。山上的竹林面积比重大，树木较少，销售原竹和生产加工竹器产品销售为主要经济来源。而千军村北部的村落人均耕地相对较多，且日照时间长，可种多季农作物，粮食自给有余。周围的山上以树木为主，砍伐加工木材，伐薪、烧炭、卖柴是他们的重要经济来源。

1. 耕种农业

城山冲的先民们来到这里居住、生活和繁衍生息，首先是开垦土地，发展农业生产。有了田地耕种，能生产粮食和经济作物，人们才得以生存。

农业是基础，种田是城山冲先民的第一职业，粮食生产是生命的保障。先民们用原始的生产方式在这片土地上耕种劳作，收获粮食维持生计。城山冲的耕地以水田为主，依靠山上泉水灌溉，在水利设施不完善的情况下，部分水源从田中流过，所以也叫"清水田"。农作物以水稻为主，千军村南部山冲田地三面环山，气温低日照时间相对短，这里的水田多数为"冷清田"，一般只种植单季水稻，单位面积产量相对较低。

传统农业，一般都靠人工劳作生产粮食。每年农历三月开始"春耕"，用牛拉犁对水田进行翻耕，多数农户家里没有耕牛，只有土地多的农户饲养耕牛，有牛的农户首先将自家水田翻耕犁好，没有耕牛的农户，要么人工翻地，要么请"牛工"。牛工就是养牛户连人带牛帮助无牛农户犁田，收取费用。请牛工，不仅要请"用牛"的人吃饭，还要给耕牛喂草料。水田犁好后，要用人工"斩田"，将大块泥土斩碎，再用耕牛耙田，然后才能插秧。

用牛犁田

在耕田的同时，做好稻种"选种，泡种，催芽"的准备，然后撒到"秧田板"上育秧，等待秧苗生根、成长。将水田深耕细作后，等秧苗生长到15～20厘米，就开始插秧，时间一般在5月上旬前后。第一天拔秧移栽称为"开秧门"。开秧门有很多规矩，一般要先放爆竹，拔好的秧苗用稻草扎好，甩到田边，再装入秧篮挑到大田埂上，用力将一把把秧苗均匀地抛到空田里准备栽插（不能以手与手传递秧苗，否则……这是规矩）。移栽的秧苗成活分蘖时，放掉田里的水开始耘田，除草、施肥，用耘耙耘田，可将杂草埋入泥土并疏松土壤加速秧苗生长。等有杂草时再次耘田，如果不耘田除草，杂草就与秧苗争阳

耙田是插秧前的工序

光、消耗肥料养分，造成粮食减产。当时，农作物肥料主要是农家肥和绿肥（紫云英），对于病虫害无法防治，只能靠天收获。

千军村地处山区丘陵，在"稻改"前一直每年只种一季水稻。每年的五六月栽插，九十月收割。水稻秸秆较长，一般用禾桶摔打脱粒，打稻一般由4个劳动力，各站一角，每人拿一大把稻穗同时摔打，待摔打干净后再换一把。稻谷多了就用畚箕装进稻箩挑回去晒干。稻草可以用于盖房子、喂牛，圩区人家还将其用作燃料。

山脚边的一些灌水困难的耕地一般用于栽种红薯、苎麻和其他旱季作物。其中苎麻种植，曾经是城山冲的重要特色农业，种植面积大、产量高、质量好。

耘耙

两人抬着脚踏脱粒机去打稻

广大村民在发展种植农业的同时，每个家庭都或多或少地饲养一些鸡、鸭、鹅等家禽，有些家庭每年养殖一两头生猪，用于销售或春节宰杀，没有专业规模化养殖。

随着人口不断增长，人均耕地面积逐年减少，土地的承载能力有限，人们不得不加大对山林资源的索取，依靠销售竹木柴炭，多加工竹器获得收入，购买粮食。

2. 原始林业生产

山林竹木柴炭　山上的树木和竹林过于密集时需要间伐，砍树、砍毛竹，抬木料、拖毛竹是山民们最艰辛的劳动。

山上的毛竹、树木砍伐、销售，是山冲村民的重要经济来源。从山上砍倒毛竹，剔除枝叶，肩扛根部拖下山来，或几根捆扎一起拖下山，再堆放一起准备销售。树木砍倒，要去除树枝丫，过长过重需要截断拖运下山。竹木砍下山，还要送出去销售，以繁昌周边销售为主，有时将毛竹送到南陵县的黄墓镇、芜湖县的石𥐻镇及芜湖市花街销售，价格要高一些。以出售获取的收入购买粮食和其他生产、生活资料。在没有车船运输的情况下，无论是扛是抬，靠一边肩膀都难以持久，换肩又困难，山里人就采用"打杵"来缓解单肩负重。"打杵"就是前头有分叉的木棍。人们在扛毛竹、抬木料时不便换肩，就用"打杵"从另一肩膀后边斜挑分担重力，"打杵"本身重仅几斤。"打杵"还可以用于中途站着休息时支撑竹木，沉重的竹木不用放到地面再弯腰拿起。这是凝聚着山民们勤劳智慧的工具，一直沿用至今。

打柴　当时村民是"上山一把刀，下山一担挑"，用半天时间或用空闲时间上山打柴挑回做燃料或准备出售，且不耽误农活。村民经常在傍晚时分，将准备售卖的柴火用绳索捆好，扣上扁担（称为"装担"），次日凌晨两三点钟起床吃点食物，然后挑起一担柴外出销售。千军北端浮山蒋村的村民通过冲口道路挑到县城、峨桥去卖。而王村、千军的村民有的翻越千军岭去浮山、新淮（小淮窑）去卖，也有的村民翻越香岭和诸侯岭挑到新林郭仁渡口、南陵黄墓渡和平铺销售，路程远的有 10 多公里。因为那些地方都是圩区，柴火紧缺，也能卖个好价钱。挑一担柴，走几公里甚至十几公里路，还要翻山越岭，那种苦和累是难以想象的。一担柴，多则卖一块多钱少则几毛钱，买点粮食、油盐或其他生活必需品带回家中。路近的回家吃早餐，路远的半天才能回来。好在当时柴火是人们唯一的燃料，家家都烧柴，集镇上的饭店、水炉、澡堂子都买柴。无论是硬柴还是毛柴，只要挑出去就一定能卖掉，只是价格贵贱罢了。

伐薪烧炭　深秋，北端几个村庄的一些山民，有的开始挖窑伐薪，准备烧炭挣钱。先在山脚选择一处易排水、土壤干燥硬性的高土墩挖一口土窑，搭一座山棚，一般要挖好几天，一口窑可以装三四千斤柴。最好的是栗柴，粗细基本一致，长短大致相等。烧炭是一门辛苦活，也是一门技术活。点火后要时时守在窑边，观察火候，既要烧透，又不能烧过头。未烧透的木炭烤火时冒烟，质量差难卖掉。烧过头，炭就变成灰了。这就要靠经验掌握，什么时间闭窑熄火非常关键，一般烧 36 个小时即可，4 天烧 1 窑。四五担硬柴才能烧出 1 担木炭，挑到城里，卖给需要的居民或机关单位烤火、烧火锅。这种生产方式一直延续到 20 世纪 80 年代后期才停止。

狩猎 住在山脚下的部分村民家中备有猎枪，也有专门从事狩猎的猎手，不仅枪法好，还了解一些野生动物的活动规律。猎人身背背篓，肩扛猎枪，在山上巡猎。出去一趟，一般都有收获，山鸡、野兔是常有的猎物。所用的猎枪也叫"土枪"，主要用火药和铁砂子"散弹射杀"小型野生动物，用铅条做子弹主要射杀野猪等大一点儿的动物，收获少则食用，收获多则到市场销售，可获得一定的经济收入。近几十年来，随着国家立法对野生动物的保护和对枪支的管控，狩猎的职业已经消失。

3. 竹器加工

城山冲的南部各村落的村民，因所居周围山上毛竹资源丰富，竹器加工销售是他们重要的经济来源。刚开始主要是竹器粗加工，如扁担、筷子、刷帚、竹篮、夹篮、鱼篮、鸡罩、箐箕等低端产品。

民国初期，湖南、湖北、安庆等地的一些专业竹器手艺人来到城山，就地取材从事竹器加工，产品多样化、工艺化。传说千军百山村的村民桂百云和立新村民桂百顺的曾祖父都是从安庆迁徙到千军的。他们都有祖传的竹器加工手艺，特别是擅长编织竹簟。他们一到城山冲，就购买毛竹，先去掉里层，留下厚篾，挽成环型，再带到圩区走村串户，根据用户需要，编织相应的篾器，主要是加工成不同型号的竹簟。后来他们就在城山冲安家落户，在他们的带动下，周围村民竹篾编织技术大大提高，竹簟产品深受消费者欢迎。

随着加工技术的引进和人员增多，竹器加工技术的匠人分为两类，即扳匠和篾匠。新中国成立后，特别是改革开放初期，"东风大队"析出后，

连枷

城山大队的竹器加工进入鼎盛时期，全大队 220 户 1200 人中，就有 202 户 850 余人从事竹器加工，成为全县第一个竹器加工专业村。从十几岁的少年到六七十岁的老人，不分男女，人人会编。当手工剖篾发展到手摇机剖篾后，生产效率得到极大提高，产品产量快速增长，质量档次也得到提升。以致本村所产毛竹和元竹不够使用，每年还要从相邻乡村购买 40 多万斤毛竹原料，年收入达 40 多万元。

利用毛竹剩余材料还可以加工竹笆子、竹筐、洗锅的刷帚，用于打场的连枷、竹梢制作的竹耙（收集松针和碎草用的）、扫地的竹扫帚等，这些简单活计一般都由老人或小孩子加工。

千军村所加工的竹器产品，原来主要在周边乡镇、县市销售。改革开放以后，随着市场经济的快速发展，部分竹器产品还销往外省及香港地区，为勤劳的村民获取了大量的经济收入。

（1）扳匠及其加工产品

扳匠，就是将毛竹或其他竹子加工成各种家具、用具。主要有：大小凉床、大小竹椅、摇篮、婴儿轿车、碗橱、躺椅、折叠睡椅、竹梯、书架等。也可按市场和顾客需要加工其他产品，如长椅子、竹制大床、三角马腿等。

使用多年发红的旧竹床（一般 6 尺长 2 尺多宽，也有小点的）

竹椅

竹制幼儿摇篮

折叠躺椅

竹制碗橱

（2）竹匠及篾器产品加工

竹匠，亦称篾匠，就是将毛竹、水竹、苦竹等原竹，用专业刀具按需要剖成竹篾，然后编织成各种竹器产品的技术人员。其剖篾和编织讲究技术和技巧，其编织技术较为复杂，加工的品种更是多种多样。

篾，就是用竹子剖成一定厚度、宽度和长度的薄竹片，可编织各种不同的生产生活用具。以苦竹、水竹、淡竹等小竹子加工菜篮等用具，一般剖一层（青篾）厚一点较为结实，剖两层一青一黄，质量要差一些。用毛竹加工精细的竹器，篾的层数根据竹器的档次质量而定。最好的竹簟一般是四层八匹（8根篾宽合1寸）。为了节省材料，也可剖八层，甚至还有十层的。层数越多，竹器质量越差，价格也就越低。

城山竹编选材讲究，编织精巧，货真价实。当时，根据市场需要能加工的产品有近百种，包括建筑施工用的抬箩、跳板、笆箕等。农业生产用的稻箩、晒稻子用的摊簟、大晒簟、稻围子（又叫稻缠子）、筛子、竹匾子、畚箕、灯篓等。商业包装运输用的鱼篓、蛋篓、茶叶篓、炭篓等。

用于生活的竹器精品有婴儿睡的摇窝匾子、妇女存放针线活的蔴篮、夏天用的枕头等。而城山竹器产品产量最大的就是夏天床上用的竹簟子（即竹编凉席）。最高年产量可达 4.5 万床（张），收入 20 多万元。还有 3 个生产队 22 户村民习惯加工竹匾子，年加工量达 2.47 万只，收入达 5 万多元。城山竹簟子有多个品种规格，质量不同，工艺造型不同：有普通长方四角形，有里边分叉成为六个角，按照客户要求也可编织八个角的簟子。中间可以编织各种文字、花纹和图案等。1981 年，峨山公社工艺厂转让给城山大队经营，专门生产刷漆、着色、绘图、精细编织竹器，各种花篮、成套托盘等产品。1982 年秋，产品参加全国工艺美术产品广交会，受到国内外客商好评。一次销售 2800 只托盘到香港。后又漂洋过海远销日本、美国。当时《安徽日报》、安徽电视台给予跟踪报道。1985 年 8 月，山东兖州煤矿曾在城山订购竹凉席（簟子）8200 床，其质量受到用户一致好评。

20 世纪 90 年代，一床四层篾的竹簟子要卖 200 多元。如定做编织 1 床 4 尺×6 尺且篾宽每 6 根 1 寸左右的竹簟子，篾要在沸水进行蒸煮，每床价格达 400 多元。如果用八层、十层的篾编织的竹簟每床只卖 50 元左右。

初学编织，一般从小竹子剖篾编织加工菜篮（圆的叫团篮、长的叫腰篮）、鱼篮、笆箕（挑土用）、夹篮（挑秧苗用）开始。

竹篮与摊筛

　　经过拜师学艺才能用毛竹剖篾编织精细的竹器，使用的工具也很专业，需要有很好的技术，工具也很有讲究。

　　用于断竹的锯子，锯齿比木锯要细密（现在用小油锯了）。

锯子

　　用于上山砍毛竹的砍刀，也叫弯刀、柴刀。

砍刀（弯刀、柴刀）

用于剖开毛竹用的是斩刀。

斩刀

剖竹篾用的是篾刀，即竹刀。

竹刀（篾刀）

将竹篾加工成等宽用的是均刀，也叫赶刀。

均刀

将竹篾两面加工光滑的刀具叫刮刀。

刮刀　　　　　　　　　常用简易刮篾刀

凡是编制精细竹器使用的竹篾，都要上刮刀和均刀，才能保证质量。后来，又引进剖篾的手动工具——摇篾机，极大地提升了剖篾效率。

手摇剖篾机

用于补簟子等竹器帮助插入引篾用的工具叫篾针。还有编织竹器用于挤紧篾间距的竹尺等，本地使用的铁制竹器加工工具一般都要到南陵青弋江镇去购买。

夏天垫在床上的竹凉席，即竹簟子。

簟子（竹凉席）

用于挑运稻谷的稻箩。

稻箩

晾晒少量粮食及其他物品的竹匾子。

竹匾子

用于筛选的竹筛，用于扒粮食的畚箕。

筛子、畚箕

可晒一百多斤粮食的大晒箕。

大晒箕

用于淘米的筲箕和装少量碎粒物品的灯篓（角篓）。

筲箕　　　　　　　　　　　　　灯篓

二、农村集体经济

在封建社会，土地和山林归私人所有，谁开垦，谁占有，就属于谁。随着时间推移，各家各户经济实力逐渐发生变化。有些村民人丁兴旺，勤劳节俭，善于经营，其家业逐步扩大，富裕之余，遂购买田地山场，并雇工耕种、打理。而另一些贫困的村民，就靠给别人打工挣点工钱或粮食过日子。

1949 年 4 月 20 日晚，中国人民解放军率先在繁昌渡过长江，21 日繁昌解放，5 月繁昌县人民政府成立，繁昌人民从此进入新时代。

1. 新中国成立后农村政治制度的变革

1950 年 7 月至 1951 年 2 月，全县开展土地改革运动，俗称"土改"。按照当时政策规定，凡是占有大量土地、山场并雇人帮工的富裕户，都划为地主或富农成分。千军行政村境内约 6 户富裕村民划为"地主"。按照人口数量，对其多余土地、山场、财产进行重新分配或充公，并将地主、富农作为管制对象，限制他们部分自由。1979 年 3 月，按照党中央决定，给所有"地主、富农"摘除帽子。

土地改革，使每个农民家庭都有土地耕种。地主、富农的大部分山场、土地充公重新分配，最后所剩有的山场和土地与其他农民所分得平均数量基本相同。中农的山场和耕地基本不动。由于山冲南部的金村、汤村和门楼村许多农民解放前没有或耕地极少,成为雇农和贫农,给他们分配的耕地都在城山冲北部的李湾、叶村,这些居民需要步行五六里路才能到自己分得的田间劳作。如现在高速公路千军服务区所征用的耕地就原属于金村和下蒋村村民耕种的土地,李湾村民所分得的土地就下推在胡门桥与东岛村耕地相连。

土地改革以后,一些农民虽然都得到了土地,能自主经营耕种,但多数农户没有耕牛和水车等大型农具,耕种土地有一定困难。1951 年下半年开始,一些农户自愿组成"互助组",相互帮助,维持农业生产正常进行,政府给予鼓励和推广,1952 年"互助组"迅速发展,粮食产量也得到提高。

1954 年春,相邻的浮山乡农民葛世玉带领一班穷苦农民在全县率先试办农业生产合作社,得到县委鼓励与支持。在夏季遇到特大水灾之际,合作社组织起来集体抵抗灾荒的事迹受到毛泽东主席肯定,并作出批示,极大地鼓舞了繁昌人民走农业合作化道路的决心。全县农业互助组织迅速发展。

1955 年 3 月底,全县推行农业"三改"工作。即将一熟改三熟;低产作物改高产作物;水改旱与旱改水。

"一熟改三熟"就是提高农作物复种指数,将每年只种植一季农作物的耕地,改为一年能种双季水稻加一季经济农作物或绿肥的耕种方式。当时的城山村,将山边有水源的旱地筑田埂改为水田种植水稻,即"旱改水";还有一些低洼水多的田块,一年只生产一季水稻,对这样的地块实行挖沟排水,由长期浸水田改为能种多季农作物的良田,称为"水改旱"。同时,推广、改良农作物的优良品种,使水稻和油菜等主要农作物单位面积产量得到极大提高,水稻由一季每亩 300 多斤增加到两季 1000 多斤,油菜籽亩产量也成倍增长。

1955 年 9 月,全县农村开始实行粮食"三定"(定产、定购、定销到户)政策。首先登记每一农户的人口、耕地面积,再以粮食总产量扣除基本口粮,剩下的粮食统一按规定价格销售给国家粮站。分户核定公粮(农业税)余粮交售任务。如果人口多粮食不够食用,就按缺粮数量确定购买粮食计划,发给计划供应证,内注可购买粮食数量,农民凭此证到粮站购买粮食,这一部分粮食称为"回销粮"或"返销粮",千军村王村以南村庄的村民都有过购买回销粮的历史。油料作物的统购统销政策相对宽松一些。

1956 年年底,全县普遍实行农业合作化,组织建立农业生产合作社,农户基本入社。土地、牲畜和大农具等农业生产资料由私有制转变为集体所有。从此，农村开始走上集体化的道路。1957年3月3日，全县高级农业生产合作社开始推行包工、包产、包费用，超产奖励。1958年10月1日，在全县的高级农业生产合作社基础上，建立了东方红（后改为峨山）等8个人民公社。当时东岛、城山为东城大队，大队部设在胡门（大地主家房子）属于东方红人民公社。实行公社、大队、生产队三级管理体制。

1958年掀起"大跃进"和"共产风"运动，从10月开始全县人民公社办起了2088个公共食堂，没收群众家中存粮，不让群众在家烧火做饭，全部到集体食堂就餐。由于开展人民公社化运动"一大二公"、虚报粮食产量"放卫星"等错误做法，导致粮食减产，且过度征收粮食，造成农村粮食严重短缺，从1959年到1961年的3年间，由于农村缺粮严重，绝大多数群众吃不饱肚子，少数群众因严重饥饿导致营养不良甚至死亡。

1958年秋，东城大队28个生产队（自然村）每个生产队办一个食堂，人口不同食堂大小不一。所有男女老少均在食堂就餐。据当时大队工作人员杨玉林先生回忆：当时姚、董两个村生产队合办一个食堂，有140人左右同时打饭回家吃，菜自己准备。开始是"紧吃"，随着粮食日益紧张，逐步减少供应量，最后平均每人日供应粮食仅0.36斤（180克），导致多数人吃不饱。然而，城山冲内各生产队的具体情况也不相同，人民群众挨饿程度也不一样。有些生产队本身粮食就少，加上干部作风官僚，态度粗暴，群众深受其害。如金村、门楼、汤村、毛园等村缺粮较为严重；反之，如王村及下边几个生产队群众情况稍为缓和一些。

1960年11月，中共中央发布了《关于农村人民公社当前政策问题的紧急指示信》。1961年3月和6月，又发了《农村人民公社工作条例》（称六十条）并全面部署整风整社，肃清"五风"（共产风、浮夸风、干部特殊风、强迫命令风、生产瞎指挥风）。县委认真贯彻了中央关于整顿和建设人民公社"十四句话"方针："统一领导，队为基础；分级管理，权力下放；三级核算，各计盈亏；分配计划，由社决定；适当积累，合理调剂；物资调动，等价交换；按劳分配，承认差别。"从以下几个方面进行大调整。一是划小社队规模，纠正共产风。全县将原先的8个大公社、80个大队、564个生产队，划分为17个公社、157个大队、2499个生产队，每个生产队规模由平均92户划小到平均22户。同时，大队对生产队实行劳动力、土地、耕畜、农具"四固定"和包工、包产、包成本、超产奖励的"三包一奖"制度，并且按照扩大生产队自主权为前提的权、责、利有关政策，使生产队享有占有权、使用权、支配权和经营管理权。与此同时，从上到下开展"清算退赔"，以实际行动纠正"一平二调"共产风。二是进一步明确"三级所有、队为基础"的生产关系，实行以生产队为基本核算单位。

1961年3月下旬，全县各生产队又开始推行"责任田"制度，实行"包产到户、定产到田，责任到人"，即实行"责任田"办法，解决了干活"大呼隆"和分配吃"大锅饭"问题，激发了群众的生产积极性，全县粮食产量迅速提高。农民称"责任田"是"救命田"。

1962年春，推行改正"责任田"，确定以生产队为基本核算单位30年不变。同时基本解决各生产队之间的平均主义问题。

实际上，以生产队（十几户至二十几户不等）作为基层独立核算单位集体生产，统一收入分配的经济核算方式，只持续了18年，1980年彻底退出历史舞台。

2. 农村集体生产方式回顾

自1962年确定以"三级所有，队为基础"的集体生产方式条件下，生产队是最基层的集体组织和经济独立核算单位。每个生产队由十几户至二十几户村民组成。每个生产队都有一幢或几幢面积不等的公共建筑，称为"队屋"。有的生产队有四五间队屋，有的生产队如王村生产队就有十几间队屋。队屋中有存放粮食、种子、化肥、农药的仓库，有存放农具的场所。有些生产队用一两间做"文化室"，作为办夜校、学习政治文化、开会布置生产任务、商讨集体事项的场所。有集体生产竹器的生产队，还有几间大的队屋作为生产加工竹器场所，也叫副业加工场，如门楼、王村等生产队。

在实行生产队为基本核算单位时，所有的耕地、山林归集体所有，统一耕种，统一管理。脱粒机、耕牛、水车（小水泵）、犁、耙等大型农具都存放在队屋里，集体统一保管、使用。所有村民（主要指参加生产劳动的成年人）都称为"社员"，即人民公社社员，年纪大的称为"老社员"。

1976年，城山大队16个生产队只有王村生产队和东湾生产队各有一台12马力的手扶拖拉机，其他生产队农田的耕作完全依靠耕牛。各生产队根据拥有耕地多少饲养必要的耕牛。1976年年底，整个城山大队16个生产队实有耕牛98头，除8头小牛外，每个生产队至少有2~11头耕牛用于农业生产，其中耕牛最多的是千军生产队，有11头耕牛。最少的是毛园生产队，仅有2头耕牛。由于当时耕牛属集体财产，要经过公社（乡）畜牧兽医站才能实行买卖交易。每个生产队都要建造相应的牛笼屋，由专人饲养。一般由农户家 10 岁左右的孩子自愿承包，负责早晚将牛牵到有青草的路边放牧，记工分给报酬，冬天以稻草喂养，也可到山上放牧。1981 年以后，所有耕牛或分到户，或卖牛分钱。随着农业机械化的普及，加上千军村属于吸血虫易流行感染区，自 2000 年后，耕牛逐渐减少，到 2020 年全村耕牛全部淘汰。随着时代的进步和科学的发展，从 20 世纪五六十年代开始，化肥农药逐渐在农业生产中使用。开始使用氨水（是氨的水溶液，无色透明且具有刺激性气味，含氨 25%～28%。）作为氮肥，刺眼刺鼻。后来逐步改用碳氨（碳酸氢铵，呈白色，常温下是固体粉末或颗粒，含氮 17% 左右，属速效性氮肥）、尿素、复合肥等。农药开始使用"六六粉""敌敌畏""甲胺磷""乐果"等强毒农药，后被国家禁用，逐步被高效低毒农药替代。

每个生产队都选举 1 人担任生产队长，也有设立 1 名副队长的，1 名政治队长（党员），1 名妇女队长，还有 1 名会计、1 名保管员等，算是领导班子。所有职务都是兼职，都要参加生产队的集体生产劳动，如果参加上级会议或为大家办事，视同生产劳动，一样计工分算报酬。

农业集体生产 生产队的农活及其他事务由生产队长统一安排。农忙时每天清晨主要劳动力都要按规定时间到队屋或村口，由生产队长召集分配安排各自农活，清晨劳动一个小时后回家吃早餐，农闲时清晨不组织出工劳动。早饭后大家按时去参加生产劳动。上午中间稍微休息 10 分钟，11 点半下工。下午再按时上下工。劳动时间长短和上下工时点，是根据季节和农活繁忙程度，各生产队自主决定。由生产队长带着闹钟（很少有手表），吹哨子或在村口吆喝大家一起上下工。壮劳动力（18～60 岁）每天计 10 分工（清晨 1 分，白天 9 分），也有 12 分制。妇女一般计 6～8 分工，清晨不用上工，不参加犁田、车水、禾桶打稻、挑稻等重体力农活。18 岁以下的孩子也可以参加生产，做一些力所能及的农活，工分由大家集体评定。1965 年后，脚踏脱粒机、电动脱粒机逐渐取代禾桶打稻。水泵逐步取代人力水车。

社员每天参加生产队集体生产劳动，每户分给极少量的"自留地"种植自用蔬菜。在集体所有制生产方式下，凡是脱离集体，在自留地以外的私自种植活动，视为"资本主义尾巴"，应该革除。但要求农户养殖生猪交售给"食品站"，宰杀供应城镇居民（凭票供应），大部分调往城市。称为"生猪派购"，农民必须完成派购任务。有些生产队为了完成任务也办小型养猪场，只为完成派购任务。

畜牧业生产情况（二）

此表为城山大队人上报的1976年农业生产统计年报，负责人：杨玉林　制表人：路臣曾

单位：人、头、个、市担

（76）农年7表

单位名称	生猪		全年饲养量						在生猪年末存栏头数中				生产场				饲养员		主要畜禽产量			
	合计	其中集体	年末存栏 小计	其中集体	平均每户	出售国家	其中集体	自食	年内死亡(三个月以上)	种母猪合计	其中集体	公猪合计	其中集体	大队办场 场数	头数	队办场 场数	头数	专职	兼职	绵羊毛	山羊毛	产蛋量	蜂蜜
合计	944	21	517	21		156	21	120	122	38	15	8	21			8							

自农村推行"三改"之后，集体经营农业生产期间，所有水田都要求栽种双季水稻。双季水稻，每年正常气候在清明以后，先选好稻种，再泡稻种、催芽、做好秧田、将发芽的稻籽撒到秧田里，这时最怕的是"倒春寒"，如果遇到寒潮会将秧苗冻伤，就要补撒稻种，影响水稻生长时间。这些农活都由年龄大且经验丰富的老农担任。与此同时，春耕生产正式开始，将农田灌上水，用牛拉犁翻耕土地，再以人工用锄头将大块泥土斩碎，再用牛拉耙，将土地细划抹平，为栽插秧苗做准备。5月上中旬，当秧苗生长到4~6寸（20厘米左右）时就开始移栽，之后仍然以传统农耕方式进行耘田、施肥等田间管理。

到了7月，早稻有九成熟就开始收割，最繁忙而紧张的"双抢"农忙季节正式开始。

所谓的"双抢"就是"抢收抢种"。首先是"男女老少齐上阵"，每天起大早用镰刀将刚成熟的早稻收割，由壮年劳动力用禾桶（后发展为脚踏脱粒机、电动机械脱粒机）进行脱粒，用稻箩将稻子挑到稻场晾晒。

在收获早稻后，立即犁田、耖田、耙田，接着栽插"双晚"秧苗，必须抢时间，在立秋之前完成栽插任务。这段"双抢"劳动，是农民一年中农活最累的时间，如果水田较多，必须起早摸黑才能按时完成栽插任务。晚稻栽插结束，又是耘田除草、治虫害，直到晚秋收割……

1976年，城山大队农作物播种面积为3612亩，其中粮食播种面积2541亩，总产量6770吨，其他农作物有油菜、绿肥等。

集体竹器加工 城山冲南部的上蒋、毛园、金村、汤村、门楼、王村和千军岭等生产队，由于人均耕地面积少而毛竹资源丰富，其副业生产即竹器加工成为生产队集体劳动的重要组成部分，这些生产队的青壮年和一些妇女都擅长竹器编织和制作。当田里的农活不多时，就将劳动力集中，开始加工竹器。根据人家各自特长，砍毛竹、剖篾、编织进行分工，各道工序核定产量，按数量计工分，产品经验收合格交保管员收集保管。有些生产队只以成品定工分，一床竹簟两个工（20分），包括从剖毛竹开始到完成全部工序，交保管员验收合格，以成品数量记工分。等产品到一定数量后，大家集体肩挑、背驮运到山外，送到城镇竹器商店，有时送货上门要走几十里路程。如果外运就送到就近的公路边，上汽车即可。所有收入由生产队统一结算，达属集体所有。而李湾、叶村等生产队主要销售原竹和原木，很少加工竹器。

集体经济收益分配　生产队的经济收入主要是销售粮食、农副产品、竹、木及其加工制品收入。

每到秋冬季节，经常有山外的老百姓带着镰刀、扁担和绳子到城山的山林中打柴，每到下午待打柴人下山时，各生产队在其所属山下必经路口设卡，派人看守，一担柴火视其重量收取 2 毛至 5 毛钱"山价"费，这也是生产队的一项收入。

一些有特长的社员，如果外出到顾客家上门做木匠、竹匠、扳匠、瓦匠的，可以将获得的收入按规定金额上缴生产队作为集体收入，生产队就按照出勤记工分。凡是在企业上班的村民，也要向生产队交钱记工分。

农业税、林业税是千百年来的"皇粮国税"，是农业经济占主导地位时国家的重要财政收入。千军村的城山冲各生产队所处位置不同，耕地和山林比重不一样。耕地多的生产队，每年必须按规定向国家交公粮，以国家规定的收购价卖给粮站，以粮食价值抵缴农业税。以山林为主的生产队，要按定额向国家交售毛竹和木材，由竹木站按定价收购，销售价款抵缴林业税。

每年的一月，即春节前夕，是"年终分配"的日子。首先盘点一年中收获的粮食、油料等农副产品总数量、各种财物数量及现金、集体存款。完成上缴国家的公粮、余粮销售任务，耕地少的生产队经核准，不用交"公粮"抵缴农业税，但是生产队要向国家林业站销售低于市场价的毛竹和木料，以此抵缴林业税。留足来年的种子和适当的集体机动粮食储备，将剩下的粮食按照人口和劳动工分以适当的比例进行分配。还有按规定比例提取"公益金""公积金"等，剩余部分再统一核算进行分配。

随后，生产队会计"闭门数日"，专心算账（一般用算盘作为计算工具）。将一年中全队各项经济总收入加以汇总，包括收获的粮食和各种农副产品进行折价，减去一年中生产队的种子、化肥、农药、电费等所有开销，核算出生产队总收入。再将全队所有劳动力工分总数汇总，最后核算出每个工分值（10分工）价折多少钱，少则四五毛钱，多则 8 毛至 1 元多钱，这是人们最关心的收入分配结果。

核算结果出来后，以农户为单位，将每一户全年劳作所得工分数乘以工分值，得到该户全年应得收入，再减去全年在生产队所分得的粮食、油料及其他农副产品的价款。如果家庭劳动力多、所挣的工分多，以工分计算的应得收入减去所分配的实物价值有剩余，可得到现金收入，这样的农户就是"进款户"。如果家庭人口多劳动力少、工分少，全年所得工分收入减去所

农村人民公社收益分配（一）

(76)农年11表

单位：元

单位名称	收入总计	每人平均收入	其中,出售给国家的产品收入	一、农业收入	二、林业收入	三、牧业收入	四、副(工)业收入	其中 1.采集野生植物收入	2.队办企业	五、渔业收入	六、其他收入

此表为城山大队上报的1976年农业生产统计年报，负责人：杨玉林　制表人：骆臣雪

· 93 ·

农村人民公社收益分配（二）

(16)农牧年11表

单位：元

单位名称	费用总计	合计	一、农业生产 1.农业生产	其中 种籽	化肥	社员投肥	农药	农机具修理	2.林业生产	3.牧业生产	4.副业生产	5.渔业生产	二、行管费数	三、其他费用
合计	46718.07	44269.50	37834.18	10851.63	13644.46		1420	460	1016.03	2361.04	352.41		629.38	1819.55
金村	1785.12	1635.57	1135.57	963	500		200	10	60.45	40.7693	15.05		57.75	24.80
木厂	3186.35	3138.11	2311.33	818.46	763.50		200		31.15	216.16	12.		48.11	
河门	3400.78	3369.03	2811.02	531					147.49	7.50	24.		31.95	
湾	2301.76	2042.17	1840.69	336	719.31				35.67	916.47	200.		47.21	7.36
尧	1361.61	991.44	1073.57	650	500		200		17	7.35	309.5		54.49	135.58
上腾	2719.25	2708.10	2091.10	600	5200				172.8	177.61			49.17	
小村	1856.02	1832.40	1788.92	400	1000			200	31.42	39.18			23.57	
多施	4037.17	4003.27	2548.29	946			300	50	400.08	341.89	815		42.52	805.64
上村	2665.58	2641.70	244.70								19		21.81	
小施	3792.89	3705.58	793.6	843.16	612.50		300	120	1768	182.833	48.46		44.75	315.2
宇	3358.19	3301.53	2760.63	1206.50	900		200		205.61	44.87	48.46		67.46	181.16
碧山	2891.45	2189.37	2222.	947.8				100	23.32	61.62			810.08	
多七	2331.38	2363.25	1271.34	6.52.44	760.		200	100	80.28	101.89			11.3	290.59
高村	3301.19	3236.32	2076.79	6.5744	2264.				34.54	49.12	46.05		26.1	
注东	3929.96	3725.22	3430.91	1275.87	2481.4				6.35	3.264	123.5		6.30	
亚洼	3365.83	3772.26	3740.17	1116	640				46.58	14.21	17.50		27.17	76.4

此表为城山大队上报的1976年农业生产统计年报，负责人：杨玉林 制表人：路臣雪

农村人民公社收益分配（三）

(76)农年11表

单位：元

单位名称	分配总计	分配部份 其中:									参加分配工分总数	每10分工的工分值	决算时超支 户	决算时超支 金额	年末有公积金	其中:固定资产总值
		1.国家税金	2.公积金	3.储备粮基金	4.公益金	5.分社给社员	其中现金给社员	每人平均收入	6.上交社队	7.生产基金 8.其他						
合计	2223828.17	7823.90	7761.87		41278.7	1952482.60				48246 190.	2440636 0.17	116	112145.7	97785.87	
金村	140685.26	79.76	9129	14446	1232	142391.41			186	538.2	2029.87 0.66	111	285.13	3120	
门楼	19394.53	14446.87	3111.1	23149	18975.11					65.07	2380.81 0.07	111	23140.51	3601.7	
汤沟	9790.72	219.	3935.83 198.7	263.83	8271.67					42.18	2349.1 0.39	13	207.44		
汤南	94318.66		305	321.2	8896.30					63.1	18970.2 0.47	5	153.28		
毛尖	9365.02	72.88	252	148.86	8867.61					334.15	153.365 0.53	2	72.70		
上蒋	122250.81	638.72	465.	312.3	1122236						2112.1 0.13	111	3103.5		
下蒋	7985.3	400	210.	210	6806.3					400	1126 0.55	10	6342.2	865	
王村	19335.09	150	1785.63	303.7	17123.17					14 70	2842157 0.55	8	767	12646.28	
上福	16066.07	672149	7240.69	28	1141.61						1833.620 0.0	3	550	278.85	
个	12354.1	653218	328	250	10568.13					190	12796.9 0.59	10	653.61	720	
十	21486.66	625.31	530	2086.41						1087.1	3467.16 0.61	4	230	700	
落山	96988.78	8440.68	1111.35	8334.69					120	1602.824 0.52	2	400.85	832	
高村	12902.53	625.83	203.71	1022.11						1186.70	18197.16 0.55	10	178.12	700	
叶村	15153.78	2888.96	1861.53	1814.52						77.6	2720 0.50	8	85	5746.5	
东汪	11397.67	4135.04	150	10259.72						109.68	1885.88 0.52	3	250	109.74	
西汪																

此表为城山大队上报的1976年农业生产统计年报，负责人：杨玉林　制表人：骆臣雪

分得实物价值还不够，这个农户就是"超支户"，超支户必须以现金方式向生产队缴足超支款，方可将应分配的全部粮食等拿回家，也可由关系密切的"进款户"代抵扣然后归还，或者从生产队公益金中暂借，并在规定时间归还。据城山大队 1976 年统计年报收益分配表记载：1976 年，城山大队 16 个生产队年总收入 26.92 万元，农业收入 13.84 万元，林业收入 6.07 万元，工业、副业收入 6.35 万元。缴国家农林税 0.78 万元，公积金 0.77 万元（用于发展生产），公益金 0.43 万元（用于公益和社会救济等），分给社员 19.53 万元。全大队各生产队平均每个工（10 分）分值为 0.57 元。工分值最高的是上施生产队，为 0.80 元；最低的是汤前村，为 0.39 元。全大队有 116 个超支户，超支金额达 1.12 万元。超支户最多的是金村和门楼生产队，各有 14 户，毛园和高塘各有 2 户。由于城山村的特殊情况，农民在生产队所获取的经济收入只是一部分，每家每户都起早摸黑加工竹器、卖柴和山货可获得一定收入弥补生活开支，虽然看起来工分值很低，但收入比山外的农民要强。

从 1963 年 7 月到 1977 年年初，在全国轰轰烈烈的"上山下乡"运动中，城山大队曾经接收十几名下放知识青年插队落户。主要来源于芜湖市区、顺风山铁矿和繁昌县城。其中，金村 3 名、上施 2 名女知青和 1 个全家户下放，下蒋生产队 3 名下放女知青、毛园 1 名、王村 1 名、李湾 2 名女知青和 1 个下放户，姚杨董村 2 名知青。这些知识青年俗称"下放学生"，原为城镇居民，非农业户口，初中或高中毕业以后，响应国家号召，下放到生产队插队落户，接受贫下中农"再教育"。刚下放的第一年，虽然户口迁到农村，但是粮食供应在粮站购买，国家发放生活补贴，同时参加农业生产劳动，取得工分。每个劳动日工分 6~8 分工，也有特别能干的达到 10 分工的。这些下放知青中，有 4 位知青被抽调到城山大队小学担任代课教师，由大队补助工分。从第二年开始，国家停止供应知青商品粮，年终与其他社员一样，参加收益分配，分得粮食和其他农副产品，也有进款户。1980 年 4 月开始，所有知青全部上调回城参加工作，仅 1 名女知青与本村青年农民结婚未上调。

3. 集体经济条件下的粮食保障

1955 年 8 月 25 日，国务院发布《农村统购统销暂行办法》。具体办法就是实行粮食三定政策，即粮食定产、定购、定销。

"定产"是以户、农业社、生产队为单位，按粮田的数量和单位面积常年产量，结合土地质量、自然条件和经营管理状况，评定粮食的总产量。

"定购"是按评定的产量扣除农民需要的口粮、种子和饲料粮以后的余粮，由国家实行定价统一收购。

"定销"是对缺粮户（社）实行粮食供应。

粮食的购销数字核定后，在一定时期内不变。直到 1992 年年底，粮食价格放开，粮食市场开放，统购统销才真正退出了历史舞台。

由于城山冲特殊的地理位置，各生产队人均耕地面积差距大，生产粮食自给程度也不同。粮食三定的数量、比例都不相同。千军村中部的王村生产队所生产粮食"自给自足"，既不交售公粮、余粮，国家也不供应"返销粮"，如果少数社员家庭粮食不够食用，就到圩区粮食产区，向农户私下购买（不公开的议价交易也称黑市）议价粮食补充。

王村以南的金村、汤村、门楼、毛园等生产队社员家庭是通过"三三制"途径获得粮食，即生产队按人口、工分比例分配一部分，国家返销一部分，自己到产粮区买部分议价粮补充，维持生活需要。当时国家对粮食实行统购统销政策时，私人之间的粮食买卖是非法的，只能是不公开交易，价格略高于国家规定的零售价格，当时早稻米粮站售价每斤 0.139 元，议价每斤 0.21 元左右。

1976 年，城山大队平均每个人口分配粮食（原粮，指水稻）455 斤，其中，高塘生产队每人分配原粮 651 斤，为分配口粮最多的生产队。毛园生产队分配粮食数量最少，每人仅分配原粮 203 斤，主要靠吃回销粮。

每年年底，峨山乡粮站都派员到城山冲各生产队进行粮食三定核算。对缺粮的生产队核实粮食产量和人口户数、农民集体分配粮食数量，以人均粮食最低消费量计算粮食缺口，然后核发粮食购买证，每户少则几百斤，多则上千斤。社员们挑着稻箩或麻布口袋，翻过尖山岭故道，经过东岛再翻越徐岭头，到位于柏树村"四大站"的粮站购买粮食，再原路返回城山。这些配给的粮食计划称为"返销粮"，也叫"回销粮"，这些粮食价格与城镇居民购买的粮食价格基本相同。王村以北的生产队耕地相对较多，粮食产量高，所生产的粮食不仅能自给，还向粮站交公粮，甚至卖"余粮"。

由于当时种植的是双季稻，早稻收获后，大家都按照需要先适当预支一些粮食回家作口粮食用。年终结算每户应分配粮食扣除之前"预支口粮"后，将所剩口粮（稻谷）全部挑回家中自己储存保管。所以，当时每个农户

农作物播种面积和产量（一）

(76)农年5表

单位：面积：市亩；单产：市斤；总产：市担

此表为城山大队上报的1976年农业生产统计年报，负责人：杨玉林　制表人：骆臣雪

单位名称	农作物总播种面积	一、粮食、大豆合计 播种面积	单产	总产量	粮食（一）播种面积	单产	总产量
合计	3411.89	2741.89		1453355.6	2741.89		1453355.6
金村	119.5	113.5	576	61599	113.5	576	61599
槽门	181	181	570	103610	181	570	103610
沥前	222.76	164.76	625	67529	164.76	625	67529
沥七	160	100	639	63461	100	639	63461
毛名	61	61	505	30810	61	505	30810
上	142	102	618	62994	102	618	62994
小腐	67	67	526	35248.7	67	526	35248.7
廖村	249	179	542	97029.3	179	542	97029.3
山施	201	162	547	88616	162	547	88616
施平	312	219	600	131522	219	600	131522
山	364	364	581	1114698	364	581	1114698
杉村	217.8	187.8	635	84421	187.8	635	84421
叶村	187	181	444	81016	181	444	81016
东江	352.33	222.33	462	102333	222.33	462	102333
西江	286.1	196.1	508	99027	196.1	508	99027

农村人民公社收益分配（四）

粮豆分配部份

(76)农年11表

单位：市担

单位名称	1.集体经营的粮食、大豆总产量	2.售给国家的超购粮食	3.种子	4.饲料	5.储备粮	6.其他集体留粮	7.分给社员 合计	按人分配	按工分配	参加粮食分配的人数	每人平均 口粮	每人平均 贡献粮	累计实有贮备粮 合计	其中国家代贮
合计	135396.7	79415.5	42718	17361	23788.4	16200.3	106912325.55	75462.1	31852.7	2352				
金门村	6599		5980	1100	1201		5781.8	4042.0	1774.8	177	230			
楼前	10361.0		11085	2661			8986.9	6262.2	2764	263	3.41			
湾兰	6959		8985	6.00		5457	5465.5	3816.7	1648.8	180	293			
湾花	6348.1		5050	700		3243.2	5465.19	3274.1	1826.09	151	4.12			
毛	20810		3681		1550		28573	17901	7832	146				
上	6309.4		6800	1300	773	1926	5.396	36830	15766	127	310			
个蒋	35346.7		4000	500	500	622	29662.7	20698	8782.7	83	360			
王村	97079.3		9660	700	11574		65481.9	60171	5480.8	155	383			
上施	83618	11058	8422	700	1500		67138	49280	17858	112	600			
个	93593	14056	9646	1700	1500		67197	47638	19559	110	192			
十	127254	10774	12700	2000	4000		108558	81612	22576	112	615			
落好	114079.6	8825	15477	1000	1000	2092.1	112579.5	73686	31489	181	617			
马村	54211	67865	9478	1200	1265	190	63853	44196	19733	98	681			
叶法	53106	1345	10712	1800	1606		26076	40259	18033	109	555			
东江	103433	13819	13719	1200	3000	3000	72560	50192	21170	148	554			
西浜	7020	16900	12000	1100		688	68399	48279	20720	133	520			

此表为城山大队上报的1976年农业生产统计年报，负责人：杨玉林　制表人：骆臣雪

家里都有储存粮食的"稻仓"。那时生产队集体在田间收获脱粒的水稻，都是在"土稻场"上晾晒，稻子在晾晒过程中经常混进泥土和沙子。社员分得稻子后，根据食用需要将稻子挑到碾米厂加工成米和米糠，米供人食用，米糠做饲料喂养生猪或家禽。而当时农村碾米设备工序简单，碾米机械设备无除杂质功能，米中常有稗子、沙子和极少数稻子，淘米时很难清除，吃饭时咬到沙子的情况经常发生。

4. 村办集体企业

在集体所有制条件下，大队或生产队利用集体资金和资源，兴办一些加工厂、窑厂等，主要是满足人们生产、生活的需要，也解决了部分多余劳动力就业问题。1963 年城山冲通电，1964 年大队出资在上施兴办了一座粮食加工厂，2 人就业，解决附近村民碾米加工的难题。1973 年，该企业年收入2814 元，是整个城山冲最早的加工厂。1970 年 12 月，峨山公社曾经在城山的尖山岭脚下开采煤炭，后因位置偏僻交通不便，煤炭无法运出，不久停产。

进入 20 世纪七八十年代，随着经济发展和人民生活水平的提高，同时水稻良种实行矮秆化，短稻草不适宜盖房子，大家逐渐开始淘汰土墙草房，改建砖墙瓦房。由于交通不便，在外地购买砖瓦靠肩挑运输十分困难，于是1972 年，城山大队在下施村新建一座立窑厂，职工 17 人。据村统计年报显示，到 1976 年年底，砖瓦厂就业的工人数达 22 人，年产砖 6.5 万块，瓦8.2 万片，工业产值 9000 多元（70 年不变价），总收入 17000 多元。正常生产每月出 5 窑青砖、青瓦产品，主要供应本村及周边村民建房使用，此后一直持续生产了十多年才停产。

1977 年，城山大队在现村部地块兴办一家竹器编织加工厂，有 40～50人参加集体编织竹篓、竹筐、鱼篮，还加工竹床、竹椅等竹器产品，由大队统一组织生产、销售，2 年后停产。

1985 年，村里组织民工在七里尖、小团山、阴山崂、王村的后山等处开采铁矿，因矿石品位不够滞销而停产。

1986 年，城山大队成立一支建筑队，有 20 多人。

1991 年 5 月，千军岭大队曾兴办一家花被厂，产品出口日本，工人均为本村小姑娘和年轻妇女，40 多人，几年后因产品销路问题停产。

三、改革开放后经济发展变化

1. 生产经营体制变革

1978 年年底，党的十一届三中全会在北京召开，1979 年 2 月，县委要求全县各级行政机关、农村、学校、工厂等部门认真开展学习宣传贯彻"党的十一届三中全会公报"等文件活动。要深刻领会其精神实质，推动各项工作的开展。1979 年 10 月，根据党中央和省委的政策推动，县委在农村开始推行"定产到田，责任到人，超产奖励，减产赔偿"的责任制。

1980 年年初，凤阳小岗村生产队 18 户农民一纸契约实行包产到户获得 1979 年粮食大丰收的信息公开以后，犹如一阵春风，吹绿了江南大地。城山冲的农民也开始躁动起来，一些村民便主动提出要求"包产到户"、实行家庭联产承包制，并悄悄地开始施行分田地、分山场等行动。

分田地 先用全生产队的耕地总面积除以人口总数，得到人均应分配耕地面积。然后以耕地自然分块排序编号，再按户抓阄拿到序号。按序号进行分配时，一块或多块耕地面积略大于应得耕地面积的，以丈量面积为准，并将多余部分切割分给下一户。第二户首先分得上一户多余耕地，再分下一序号耕地，以此类推……

分山场 山场的分配与耕地大致相似，以一块山场为单位，将一块山场分给一户或几户经营管理。

分财物 实行包产到户以后，将集体房屋、耕牛、农具等财物先评估价格，按人口平均分摊价值。由村民抓阄购买，将财物折价减去应分价值部分，以现金购回。如果不愿或无力购买就转让他人购买。就这样，集体财产全部实行了私有化。当时的家庭联产承包责任制主要是受小岗村的影响，都是群众自发进行的，而当时上级党委和政府对农民自发的行动持观望和默认的态度。到了 1980 年 4 月，各生产队才将耕地、山场及集体财产都分配到户，但是生产队还在。每个农户都要与生产队"订立合同、包干到户、完成交售、交足集体、余下自己"；实行包产到户后极大地激发了广大农民的生产积极性，大家按照各自承包的耕地和山场面积缴足农业税和林业税，还要向生产队和大队上缴各项基金和费用等，俗称收"四费"。

2. 经济转型和个体经济发展

改革开放以后的 20 世纪八九十年代，是繁昌农村经济发展变化最明显的 20 年。

1981 年，在县委的直接领导下，根据农民群众的普遍愿望，全县各地逐步稳定和完善家庭联产承包责任制。革除了过去"干好干坏一个样，干多干少一个样"、吃"大锅饭"、搞平均主义的弊病，极大地调动了农民的生产积极性，大大促进了农业生产和农村经济的发展，给农民带来了极大的实惠。

自从包产到户实行家庭联产承包责任制度以后，分得耕地的农民，又一次兴奋起来，起早贪黑，提高工效，粮食和其他农作物的产量明显提高。加上当时国家对粮食价格的几次调整，使生产粮食的农民收入有了很大提高。党和政府鼓励广大农民在种好承包耕地的情况下，大力发展养殖业和副业生产。一些村民在空地种植一些山芋，饲养生猪，一些农户利用空地养家禽，国家继续实行粮食统购和生猪派购政策。

1981 年 10 月中旬，繁昌县委、县"革委会"组织林业工作队，到基层开展林业"三定"工作。实行林业"三定"（稳定山林权、划定自留山、确定林业生产责任制）。划定自留山，每户平均 4.62 亩。城山大队按照政策规定要求，具体落实林业"三定"。山场分到户之后，大队林场仍然保留 20 多亩山场，主要栽种杉木和毛竹，有专人经营管理。后来承包给个人搞家禽养殖，承包收入归村集体所有。

1981 年以后，部分农户开始注册成立种植、养殖和副业生产的专业户。浮山村蒋华柏当时为生猪养殖专业户，是城山村最早的"万元户"。

还有从事运输、手工作坊加工专业户等。千军村主要有竹器加工、屠宰、做豆腐、做茶叶生意等专业户。县委、县政府于 1984 年 5 月 31 日成立"县专业户总公司"。统一领导管理全县农村专业户的发展工作，各乡镇成立专业户分公司。鼓励专业户解放思想，放手大干，快速致富，并带动更多的专业户走上致富路，为繁昌的经济发展作出更大贡献。1985 年 7 月，为搞活经济，县政府鼓励农民进城务工经商。

千军村村民充分利用自留山的竹林资源，大力发展竹器加工。这时，凡是有手艺和技术好的农户都成为竹器加工"专业户"，都将各自的潜能发挥到了极致。起早摸黑，使用毛竹、苦竹、水竹、淡竹，加工竹床、竹椅、竹篮、鱼篮，箪子、畚箕等。

城山冲最具特色的竹器产品就是夏天铺在床上的竹箪子。一些手艺好、动作快的年轻人，早上砍一棵毛竹，晚上就是一床箪子，全村竹器生产快速发展。1983年6月，乡村医生汤俊道，曾经主动联系外地客商，帮助广大村民销售3万多床竹箪子，给本村加工竹箪的农户带来丰厚的经济收入。城山冲的竹器生产和销售进入最好时期，并一直持续了十多年时间。由于社会科技的快速发展和进步，很多竹器被新材料制品所替代，人们对竹器的需求量逐渐下降，竹器生产销售逐年萎缩。

1984年4月1日，全县取消粮食统购统销和生猪派购政策，1993年2月，实行粮食"三放开"（市场放开、经营放开、价格放开）政策，停止粮票流通，从此千军村村民多余的粮食可销售给国家，也可在市场直接交易。

1992年五六月，全县共办理8644人自理口粮户的"农转非"（由农业人口转为非农业的城市户口）。"农转非"人员须一次性缴纳3000元城市增容配套统筹费，以加快城市建设的步伐。当时，千军大队和城山大队部分农户缴钱俗称"买户口"，将子女户口转到县城，以便在县城学校就读（学校教学设施和师资力量好于农村）、参军（非农户口退伍军人可安置工作）、高考、就业等。

1995年5月1日，全县土地调整工作全面铺开。前十几年，由于农村人口的迁出、迁入、生死变故等，土地分配必须重新调整。调整后，土地承包实行30年不变制，确保农民的承包权不受侵犯。

2000年3月，中共中央、国务院发出《关于进行农村税费改革试点工作的通知》，并决定率先在安徽全省进行试点。为了探索建立规范的农村税费制度、从根本上减轻农民负担的有效办法，党中央、国务院决定进行农村税费改革试点。农村税费改革试点的主要内容是：取消乡统筹费、农村教育集资等专门面向农民征收的行政事业性收费和政府性基金、集资；取消屠宰税；取消统一规定的劳动积累工和义务工；调整农业税和农业特产税政策；改革村提留征收使用办法。这次农村税费改革被誉为继家庭联产承包责任制之后的第三次农村改革，极大地减轻了农民的经济负担。

农业税的计税依据的常年产量以1998年前5年农作物的平均产量确定，并保持长期稳定；调整农业税税率，将原农业税附加并入新的农业税。新的农业税实行差别税率，最高不超过7%；农民上缴的农业税用于村干部报酬、"五保户"供养、办公经费等方面的村提留，采用新的农业税附加方式统一收取，农业税附加比例最高不超过农业税正税的20%，具体附加比例由省级和省级以下政府逐级核定。

2000年5月27日，县委、县政府召开全县农村税费改革千人动员大会。根据省委、省政府的统一部署，为减轻农民负担，县委、县政府召开了行政村以上级别的主要领导干部会议。改革的主要内容是"四个取消"（取消乡统筹、村提留、四费、屠宰税）、"一个逐步取消"（统一规定的劳动积累工和义务工），"两个调整"（农业税政策、农业特产税政策）、"一项改革"（改革村提留征收和使用办法）。6月1日，县政府召开全县农村税费改革工作业务培训会议。以1993—1997年五年农作物平均亩产863.3公斤，每公斤1.14元，计算每亩68.89元（正税），附加20%，共82.67元/亩，派工作队到乡镇村落实改革工作。农村税费改革试点工作全面推开。

2003年9月21日开始，繁昌县向农民发放种粮补贴，乡镇统一补贴标准为每亩10.63元。

2005年12月29日，十届全国人大常委会第十九次会议决定，自2006年1月1日起废止《中华人民共和国农业税条例》。由此，国家不再针对农业单独征税，在我国延续了2600年之久的农业税宣告终结。

随着人口的自然增长和变化，虽然进行了土地调整分配，但千军村人均土地仍然较少，竹器和木业产品的社会需求量逐渐减少，农业和林业生产的收入持续增长乏力。

从20世纪八九十年代开始，千军村的年轻人纷纷走出城山，到外地务工经商。有些到大中城市工厂务工，有些学习建筑装饰从事建筑装潢，有些人买车辆跑运输，有些人走南闯北做销售……

外出务工，大多数通过亲朋好友关系、集资、招工到附近乡镇企业就业，部分村民通过亲朋和熟人介绍，分散到外地打工。也有"集体"到外地务工的特例。例如，现任村支书汤行本，原本在城关与亲属合伙经营一家电器生产小厂，由于技术和市场原因停产。1995年春节后，他和另2位亲属来到上海一家台资制革厂打工，由于3人都勤奋敬业，悟性好接受能力强，且遵纪守法，很快就成了工厂车间生产的骨干力量。企业老板非常喜欢从繁昌城山来的几个农民工，因扩大生产需要增添工人，企业老板就主动要他们多介绍一些家乡人来上海打工。1996年春节后，城山村又有20多人来到上海这家皮革厂务工，随后又带动周边乡村的一些年轻人跟随到上海，那时厂里的繁昌人一下子就增加到 60 多人，每个车间每个岗位都有繁昌人，厂里除了上海人就是繁昌人，尤其是城山人。那时，工厂也是实行每周 5 天工作日制度，每到周六周日，20 多人的青年"城山旅游队"，就经常到上海城郊转悠。有了很好的经济收入，这些年轻人也开始了新的生活追求：老式服装换上了西装；解放鞋也变成了皮鞋。一次春节前回家过年时，天不作美，路不给力，他们一双双光亮的皮鞋还没进家门就变成了满是泥浆的"胶鞋"了。随后几年，厂里的繁昌人虽然有进有退，总体上还是有几十位繁昌人的队伍。直到 2003 年该企业停产，这班人才不得不又回到家乡繁昌。

本村还有部分木工和瓦工技术的村民，通过各种渠道，到城镇建筑工地从事木工和瓦工生产劳动，经过互相介绍、培训，那些牵头的介绍人逐渐变成了小工头，村里外出从事建筑行业务工人员也渐渐增加到 20 多人。

城山村外出劳动力除少数从事工业和建筑业外，大多数人都是转行从事第三产业活动，即运输业、商业和服务业。

据"全国第三次经济普查"初步登记资料记载：2008 年年底，千军村从事第二、第三产业个体经营户达 162 户，其中，开商品零售小店的 22 户，跑运输的 15 户，而外出销售茶业的个体经营户就有 108 人，占个体经营户的 66.7%。全村的茶叶销售个体户不仅出县、出市做生意，有些人还出省到山东、东北、西安、甘肃、新疆等地开店铺办公司。

部分外出农户家里有老人在家耕种承包地，有些家庭因无人耕种导致一些耕地抛荒。为了充分利用土地资源，减少土地抛荒造成的资源浪费，2011 年 8 月，村委会召开村民代表会议，宣传土地流转政策，使村民知晓土地流转政策的好处，使无人耕种的抛荒耕地重新让村民获利。随后又召开村民农户代表会议，把土地流转政策宣传到每家每户，经过村民讨论一致同意，将各自承包的耕地对外流转。

通过招标，将本村耕地流转给种田大户——鲁殿元（沈弄人）统一耕种，大家分别签订协议书。每年每亩以 425 斤稻谷价值作为租金，具体价格以当年的市场价格计算，土地增减按田亩比例分摊。第一轮承包时间暂定 13 年，即 2012 年 5 月至 2025 年 5 月 30 日止。绝大多数农田由承包大户集中耕种，有利于水源调配，机械化作业和科学使用良种、化肥和农药，有利于提高农产品产量节约成本，只有少数农民仍然自行耕种自家承包田。

3. 千军村的新型经济体

竹林家禽养殖是千军村村民重要的生财致富之路。规模养殖诞生了新型经济体——竹林鸡合作社。

千军岭竹林鸡养殖专业合作社

千军岭竹林鸡来自"五华鸡"种源。千军村充分利用境内毛竹园面积大的自然优势，在峨山镇党委、政府重视和扶持下，倾力打造山区养殖业——竹林鸡养殖，2007年成立养殖专业合作社。2008年底，就业人数就达21人，年销售收入182.4万元。

2011年注册了千军岭竹林鸡"青花"商标，并在同年获得了安徽省第五批无公害产品认证，2012年获得"一村一品"认证。

经过多年发展，到2021年年底，千军村拥有千军岭竹林鸡养殖专业合作社、峨山镇东方家庭农场、绿野乡酝农场、城山家庭农场、王峰竹林鸡养殖家庭农场等5个专业性养殖基地。"青花""千军岭""千军岭绿野""乡韵"等4个竹林鸡商标。竹林鸡年底存栏量达50000羽以上。其中"东方家庭农场"在2016年获得了"安徽省示范家庭农场"荣誉称号；"绿野乡酝家庭农场"在2019年获得了"芜湖市示范家庭农场"荣誉称号。

千军岭竹林鸡

绿野乡韵农庄　2012 年 6 月注册成立的绿野乡韵农庄，法人代表为千军门楼村汤永林。农庄坐落在浮山南麓峨山镇千军村东风水库东侧，是千军村首个集休闲旅游、餐饮、垂钓娱乐、养生度假为一体的省级家庭农庄，芜湖市级休闲农业示范点，市级龙头企业。

农庄及农场投资 500 多万元，开发面积 1630 亩，房屋建筑面积 420 平方米。实行第一、第三产业的综合经营。其中，水产养殖垂钓乐园 91 亩，特色农业种植园 119 亩，家禽养殖区 48 亩，优质农田 1080 亩。旅游停车场 1 个、住宿客房 10 间，总床位数 20 个，面积 200 平方米。餐厅包厢 6 个及厨房面积 300 多平方米。年接待游客近万人，2021 年营业收入达千万元以上。

绿野乡酝农场的经营模式立足的根基为第一产业。家禽养殖是其经营范围的重要组成部分，主要是利用竹林资源，在竹林下养殖竹林土鸡，注册了"千军岭绿野"和"乡韵"2个竹林鸡商标，与本村其他养殖户进行合作，把养鸡产业做大做强，土鸡年销量达20000多只。

植物园中种植的蔬菜和瓜果，既保障了农庄食材供应，又为游客提供了采摘体验场所。让游客"吃农家饭，采田园果"，其水产养殖为垂钓服务，民宿和餐饮相结合，真正实现一、三产业的融合经营。

4. 千军村外出创业人士

自20世纪90年代开始，许多千军村外出务工经商的村民，经过多年的打拼，事业有成。他们在本地或在他乡开公司、办企业，经济体量不断壮大。他们是千军乃至峨山、繁昌人民的骄傲。他们致富不忘家乡，关心和帮助家乡发展建设。他们是改革开放以后，千军人民奋斗的先锋、学习的榜样，为千军历史发展书写出浓墨重彩的篇章。记住这些创业者，也让他们记住共同的出发起点——峨山千军（按注册时间为序）：

（1）芜湖市天禄茶业有限公司

公司注册时间：2005年9月；法人代表：千军门楼村汤俊道；中共党员，现任公司总经理，2021年被授予"繁昌区优秀共产党员称号"。

（2）芜湖市发良园林绿化有限责任公司

公司注册时间：2007年5月；千军门楼村汤家敏于2019年接任法人代表，兼任嘉昊商贸有限公司总经理。

（3）西安华尔诺杯业有限公司

公司注册时间：2007年9月；法人代表：千军下蒋村俞乃华，现任公司总经理。任陕西省安徽商会理事，芜湖商会会员。

（4）安徽天饮茶业有限公司、威海天饮茗茶有限公司、安徽亚冠包装科技有限公司

公司注册时间分别为：2009年3月、2015年5月和2016年9月；法人代表：千军汤后村鲁守玉，中共党员。并担任3家公司总经理、威海市安徽商会党支部书记、监事长。

（5）北京春道商贸有限公司、浙江春道杯业有限公司

公司注册时间：北京春道商贸有限公司注册于2009年5月18日；浙江春道杯业有限公司注册于2016年3月21日。法人代表：千军门楼村汤春道，并担任2家公司总经理。

（6）西安启明缘茶文化有限公司

公司注册时间：2015 年 4 月；法人代表：千军毛园村俞启明，中共党员。现任公司董事长，陕西省芜湖商会会长，芜湖商会党支部书记。2022 年 3 月当选为政协西安市新城区第十五届委员会委员。

（7）芜湖市余良物流有限公司

公司注册时间为：2017 年 4 月 10 日。法人代表、总经理：千军汤后村汤余良，中共党员。曾经于 2003 年 1 月在贵州省贵阳市合资兴办年产 30 万吨的"贵阳市贵溪水泥厂"，2006 年 12 月拆迁后回繁昌。于 2007 年注册成立"安徽省芜湖市兆信竹木有限公司"和"安徽亚冠包装科技有限公司"，担任总经理职务，现因拆迁停业。

（8）繁昌张锟建材销售有限责任公司、芜湖尖山岭商贸有限公司、芜湖锟瑶商贸有限公司

公司注册时间：繁昌张锟建材销售有限责任公司于 2018 年 9 月注册，芜湖尖山岭商贸有限公司和芜湖锟瑶商贸有限公司于 2021 年 3 月同时注册；法人代表：千军金村张锟，中共党员。现任 3 家公司董事长兼总经理。

（9）芜湖同昌包装有限公司

公司注册时间为：2020 年 6 月 23 日，法人代表、总经理：千军李湾村强昌宝。兼任芜湖同昌物流有限公司总经理。是芜湖道润药业有限责任公司创办人之一，兼股东。

（10）宁夏闽宁故事科技有限公司

公司注册时间：2020 年 11 月；法人代表、公司负责人：千军汤村汤冬冬。2021 年 11 月当选为政协银川市永宁县第十一届常务委员会委员，银川市永宁县工商联执委，永宁县闽宁镇供销合作社主任。

（11）芜湖峨溪财务咨询服务有限公司

公司注册时间：2020 年 12 月；法人代表：千军汤后村张成才，中共党员。此前分别担任镇办峨山铅锌矿矿长兼中共锌矿党支部书记。2005 年曾参与创建芜湖市兆信竹木制品有限责任公司，任副总经理兼财务科长。

第四章　文化、教育、卫生

一、千军村的群众文化生活

千军城山冲是一个古老的村落，不同时代，群众的文化生活内容和形式也大不相同。古代及民国时期，每当农闲时间或村里大户人家办婚丧红白喜事，就请戏班子来村里唱戏，戏的内容多为古装庐剧倒倒戏、目莲戏等。春节期间，各姓氏村落会组织人员舞龙灯、秧歌灯等。新中国成立后，群众文化生活内容变化较大。早在 1956 年，城山冲就组织年轻人成立文艺宣传队，演出小剧目。20 世纪 70 年代组织革命样板戏演出队等，除在本村演出也参加公社演出，甚至到周边（公）社（大）队演出，演出没有报酬收入。1967 年开始，城山冲家家户户开始安装广播小喇叭，每天早、中、晚 3 次固定时间广播，大家通过广播可以听新闻、听戏曲、听故事等，丰富了人们的文化生活。由于当时人们没有计时设备，广播也是人们的报时工具。

1972 年，开始电影下乡，不定时到大队的大自然村放映露天电影，这是当时最主要的文化活动。由大队或生产队接待，费用由大队和生产队支付。电影放映都在学校操场、生产队晒稻场等场地。傍晚，放映人员开始拉好银幕，用一张大方桌架好放映机。四面八方的乡亲们如得知消息，都会赶来站在场地上准备看电影，本村附近的乡亲也有带上凳子坐在前面的，还有少数孩子找好位置，爬到周围树枝丫上观看，视野更好。天一黑就开始放映，先放《新闻简报》再放故事片，一般两小时左右结束，每年各村轮流放映 3~5 场电影。1981 年，城山冲将老大队部 10 间大屋改建成简易的影剧院，作为电影放映场所，不再露天放映电影。

由于当时文化生活单调，篮球运动成为城山大队各生产队的年轻人的主要体育、娱乐活动。各生产队各自组织篮球队，在村上大稻场树一对或单座篮球架，有空就打打篮球，各生产队的篮球队也相互交流进行比赛，其中，李湾生产队的青年们在下放知青姚家栋的组织下，篮球活动尤其活跃。

李湾村的篮球场

改革开放以后，随着人们生活水平的不断提高，文化生活的需求也发生巨大变化。1985 年年底，千军岭大队有 15 户、城山大队有 4 户居民家庭购买了黑白电视机。2000 年以后，彩色电视逐步成为农村居民家中的"三大件"。由于千军村离浮山电视转播台距离很近，电视信号强，图像清晰，收看电视逐步成为人们文化生活的主要内容。当时上映的《西游记》《水浒传》《天龙八部》等电视剧，让一些未购买电视机家庭的孩子们心痒不已，一到晚上便纷纷到有电视的农户家看电视去了，特别是春节联欢晚会，是人们春节的文化"大餐"，村里每一台电视机都发挥着各自应有的作用。

近 20 年，随着有线电视、互联网进村入户，家家户户有电视，青壮年人人有手机，老人看电视，年轻人刷手机，文化生活更加丰富多彩。由于交通方便，也有少数青年人选择到县城看电影大片。由于村里大多数青壮年都外出务工经商，只有过春节时部分人员回乡过年，也很少组织舞龙灯、秧歌灯等活动了。

1. 千军城山冲的民间舞龙灯[①]

龙，是中国汉族人民的民族图腾。在中国历史发展过程中，一直延续了中国古老的龙图腾，作为自己民族的标志。神话传说中，龙是一种善变化、能兴云致雨、利万物的神异动物，且能隐能显灵，春风时登天，秋风时潜

---

① 资料搜集：汤家恒。

渊，为众鳞虫之长，为龙、凤、麒麟、龟四灵之首。不知从何时起，龙竟然成为皇权象征，多少帝王都自命为"真龙天子"，使用器物也以龙为装饰。关于龙的神话、龙的故事、人们对龙图腾的崇拜，形成了中华民族龙的文化。龙成了中国的象征、中华民族的象征、中国文化的象征！

传说中的龙，是艺术创造的产物，它集狮头、蛇身、鱼尾、凤爪于一身，汇勇猛、灵活、友善、高贵于一体，综合了人民的理想、愿望、智慧和力量，象征吉祥与幸福。龙可以行云布雨、消灾降福，造福人类，能让人们过上幸福美好的生活。

舞龙灯是一项古老的传统民俗活动，人们用舞龙灯祈祷保佑平安，以求来年风调雨顺、五谷丰登。早在汉代时期，舞龙灯活动已很普遍。传至唐宋，舞龙灯在民间已很兴盛，舞龙灯的形式和表演技巧逐渐完善。

千军城山冲从哪个年代开始有舞龙灯的历史并无记载，据本村居民口口相传，民国至1964年前，城山冲的汤氏村民和金氏村民都曾有组织舞龙灯的历史。汤氏村民人口众多，曾同时组织两条龙灯，一条白须老龙和一条黑须子龙，引领灯笼上署有"汤"姓，堂名为"中山侯"字样。金氏村民组织的是一条黑须子龙灯，引领灯笼署有"金"姓，堂名为"忠贤堂"字样。1964年兴灯时，汤姓老龙头由汤贵良执灯板，子龙头由汤家礼及汤天松、汤天昌三人执灯板。由汤天柱（小天柱）、杨顺先执板龙尾。金氏龙灯由金一彪舞龙头，金全旺舞龙尾；舞龙灯队伍一般都是身强力壮的年轻人。龙灯扎好后，根据本村各户的年轻人数量安排，确定舞灯人员，并进行分工。有的一户一板灯，有的两户一板灯，这叫送板子，龙灯由首尾主舞。

舞灯前，首先要"扎灯"。由本村或请外村具有一定技艺的师傅扎灯，汤村的汤明良和汤铎良兄弟俩是扎灯师傅。先用竹篾扎制龙头、龙身、龙尾，龙头外面覆罩画有龙鳞的巨幅彩布，形如龙状。龙身分节集中扎制，然后集中或各自负责一板灯，用各种彩纸糊在表面，并着色绘画。除龙头、龙尾外，中间一节为一板，板板相连，每隔五六尺有一个人撑灯棍，长的有几十板，短的仅有十几板。

除舞灯人，还有举旌旗、敲锣鼓、吹号角、扛门灯等辅助人员。一班灯少则几十人，多则上百人。龙灯扎好后，一板连接一板，再接上龙头和龙尾举行点光仪式。先集中训练舞龙三日，龙头前由一人持绣球笼引领前导。舞龙时，绣珠上下、前后、左右摆动，龙首随着绣珠引领龙身游走翻动。舞龙灯活动有规定的表演套路，并有套路名称，经常表演的内容有"五张灯""五朵金花""麒麟送子"等。

春节前，组织者首先要与外地亲朋好友联系"送灯"，告知春节兴灯，如对方愿意接灯，要派两三人上门与接灯人对接，主要是商定时间和接待方案。一般联系富裕大户、企业主、家族集体及后来的生产队集体接灯，还有高龄老人、新婚喜庆接灯，送寿烛、喜烛，回赠红包喜钱。

训练结束后，等到除夕，锣鼓喧天，燃放爆竹，请来道士或本家族的先生"点光"，即用朱笔分别在龙头上点眼光、点耳光、点嘴光、点喉光、点足光。并一边点一边口颂歌诀：点眼光，眼观三界万民昌；点耳光，耳听八方善恶详；点嘴光，口尝得珠意气祥；点喉光，左喉通四海，右喉达三江；点足光，足踏祥云上天堂，玉帝殿前尽奏本，五谷丰登、六畜兴旺、男增百福、妇纳千祥、一年收万洋①。然后点燃每板灯内的蜡烛，开始试灯。第二天（正月初一）凌晨迎接新年，大开财门，由本村推选的少年在当天出灯前凌晨敲响催灯锣集合，举好每板灯，去五华山寺庙和千军岭玉笥庵庙朝山拜佛求保佑，然后才开始按计划到处"送灯"。

整个舞龙灯队伍，由组织者或族长拎着小灯笼为前导，带领大家到周边外地的本族、本村的部分亲戚朋友住处，或本村在外经营的企业驻地进行舞灯表演活动。送灯活动组织者先确定送灯对象及策划路线，舞龙灯队伍到达时，接灯者在指定场地鸣放爆竹，烘托气氛，并热情接待。每到一处表演内容多少和时间长短，也是在事前确定。有的把灯接回家，有的要求围村或围着房屋转圈，表示送福、送寿、送吉祥的意思。凡被围着转过的住户，户主应送上几尺红布，这叫"挂红"，包上喜钱，还要馈赠糕点食品。

舞龙灯一般到农历二月初二日才圆灯（结束）。舞灯结束后，再将龙灯领到两座庙宇拜敬送灯神，然后返回本姓氏祠堂，默默无言，吹灭各板灯的蜡烛，立马烧掉灯的框架，各自拆散灯板，扛着回家保存。而龙的首尾板却安置在祠堂内，舞龙头的人自行保管好龙须。

据本村老人传说，过去一般每隔三年舞一次龙灯。1964年春节兴灯之后，"文化大革命"期间，舞龙灯也成为禁忌。改革开放以后，虽然环境宽松，但是村里的年轻人大多数外出务工、经商，人员难以集中，再也没有组织舞龙灯的活动了。

---

①　洋，泛指洋钱、银圆。

2. 千军村的罗汉灯①

千军村的李湾、叶村和浮山蒋村的村民，都有玩罗汉灯的历史。其中，叶村和李湾村组织一班灯，浮山蒋村组成另一班灯。玩灯，不仅丰富了人们的文化生活，也增强了村民集体办大事的组织能力。

早年的罗汉灯，又称叠罗汉。农村玩灯时，一般都有一些迷信色彩，以迷信和神的力量，增强号召凝聚力。如某年本村庄出现一些天灾人祸，或出现一些不顺的大事，一些老人就出面建议并许愿春节兴灯冲走晦气，迎来下年全村人的平安吉祥。所以，罗汉灯的组织者不管找到谁参与，一般都不会推辞，特别是"童子"角色，都是吃奶的小男婴，只要组织者需要，家长都会同意，否则对孩子平安、健康"不利"云云。所以，玩罗汉灯是以神灵来立规矩，约束人们思想和行动。

罗汉灯，一般在农历腊月开始组织训练，确定人员集中到"罗汉堂"，罗汉堂一般设在祠堂、队屋等公共建筑里，也有设在村民家很大的空房子里，参与担任叠罗汉人员与教练、师傅等人，统一在罗汉堂吃住生活，等圆灯后才能回家。集中后，先分配每人担任的角色，然后开始训练。

参加叠罗汉的 18 人称为"神脚"（或称"神角"），主角由龙、虎脸（黑衣）各 1 人、头等黄衣 2 人、二等黄衣 2 人、顶二壮、小二壮（青衣），都是身强力壮的成年人担任，尤其是龙虎脸体质最强壮。猴脸 2 人、嫩黄衣 2 人都是十五六岁男青年担任；绿衣 2 人为十二三岁少年男孩，白衣 2 人为七八岁的男孩；童子 2 人都是周岁左右的男婴，合为"十八罗汉"。罗汉灯杜绝女性参加，连童子的乳母哺乳孩子时，也得远远避之，有时就由其他人用开水泡方片糕喂童子，算是就餐。

罗汉灯节目准备好以后，就通知外地亲朋好友，告知正月给对方"送灯"，如对方邀请，就约定时间、地点及其他具体事宜。

一般正月初一"试灯"，在本村表演，初二至初八择日"出灯"，正月十五"圆灯"。前往亲朋好友家"送灯"，到了对方村庄首先要绕村一周，再到目的地表演。罗汉灯的叠法变化多端，计有 64 项造型。其中，负重最大的是"双茅柴"，其次是"金花"和"贡花"。18 人两队都叠完，每队 9

---

① 由朱海涛、杨玉林、汤炳良、张继祥等提供信息。

个人叠在一起，也有 10 人的，仅龙虎脸各做一队底桩。最险的是五层头叫"一支笔"和四层头叫"海笑"的，都是单人站码，上面的绿衣还得做脱衣伸腿等动作。"3 人站马"，"倒插背"表演较多。最轻松的是"拜香火"，每到一处，先叠此项，以童子朝拜，表示吉兆，也是一种礼仪，很受欢迎。罗汉灯每项表演前后，都需穿插转圈，叫"跑阵"。到一个地方只表演半小时至 1 小时，表演时间内容视邀请方要求及红包多少，由领头人决定。

罗汉灯出灯时由一对"门灯"开路，门灯上书罗汉灯堂名，用正楷红字，显得十分庄重。后跟三四对大彩旗，迎风招展。其后为领头人即负责人，手持香篮和一面小三角旗领队，收受接灯者馈送的红包礼金。领头人后面是前场锣鼓、唢呐、笛子等乐器。接下来，就是神脚。每位神脚后面都跟着一面彩旗。神脚之侧，是保场的汉子，10 人左右，保护堆叠罗汉时不倒不跌，最后是后场锣鼓、乐器。除神脚以外，其他所有参与者都叫"打散灯"。一堂灯出行都有 40～70 多人，正常 64 人上路。吃饭时，接灯者需要办八桌"灯酒"，每桌 8 人，热情招待。客气一点还要包一些礼金，凡未招待用餐的都要包礼金，礼金多少一般达到和超过一餐招待费金额。演出中，对方需要添人进口的，要进主人家表演"麒麟送子"，主人也会包一个金额不大的红包；如果主人家有老人，"十八罗汉"从主人家走一趟，给主人送一对寿烛，如果有婚龄青年，就送一对喜烛，主人也要包喜钱红包。

1945 年，由李湾村牵头与叶村共同组建一支罗汉灯队伍，罗汉堂设在叶太生家空房子里，在浮山乡请来师傅帮助教练。1946 年正月初一正式出灯，正月十五圆灯。1963 年再次兴灯，以后就再也没有玩过罗汉灯了。与其他罗汉堂不同的是，李湾村与叶村共同兴灯，年轻人数量多，出灯人数也多，乐队里有 4 支笛子，仅 1 支唢呐。

1967 年，浮山蒋村由 3 人发起，冬腊月到芜湖县请来罗汉灯师傅教练，罗汉堂设在祠堂里，并出专人守护。主要参与人员有 47 人，其中，扛大灯笼的 2 人，1 位师傅拎小灯笼，扛彩旗的 18 人，因本村人数不够，还请邻村人帮忙扛旗。吹唢呐的 2 人，打锣鼓的 6 人。1967 年农历腊月，经过一段时间教学训练，于次年农历正月初一试灯，初二第一次外出"送灯"，一直玩到正月十五元宵节圆灯，只玩了一次就没有再玩了。

罗汉灯的兴灯年份和间隔年数不确定，隔多少年玩一次灯由兴灯牵头人商量确定。20 世纪 80 年代以后，农村就极少看到"罗汉灯"这一传统民俗表演项目了。

3. 千军城山冲的秧歌灯①

千军村城山冲的秧歌灯脱胎于民间戏曲。曾有"祖上传下秧歌灯，走乡入户庆丰年。千军家家都能唱，根植姚杨和董村"俚语。从歌词内容可以看出，千军村的秧歌灯主要由千军村北部的姚杨董村的村民引入、传承和发展。

在村民住宅前秧歌灯演出场景　　　　　　　刘承木/摄

据《峨山乡志》记载和民间传说，秧歌灯雏形于清末，流行于新中国成立初期，发展于改革开放后，成熟于申遗之际，至今已有100多年历史。清朝末年，繁昌民间流行庐剧戏曲，当时在演出庐剧正本戏前后，都要加演一段小戏，以招揽人气，活跃气氛。唱段从演唱庐剧正本后加演的小戏段衍化而来，后来糅合了黄梅戏、繁昌民歌的唱腔，结合玩灯，边唱边舞。秧歌灯是千军人用于庆贺丰收、喜迎春种、展望未来美好愿景的戏曲文化表达形式，具有极强地方娱乐特色。20世纪70年代逐步演变成走村串户演出，现仍保留演出的服装、道具等物品，形成独特的秧歌灯。

① 姚有林、程后明、刘承木、汤家恒等提供资料。

秧歌灯一直在繁昌峨山镇、繁阳镇、平铺镇和南陵县许镇等地传播、表演，多在正月玩耍。最初是在民间大型聚会及庙会期间说唱一些大吉大利、颂扬神灵之词，继而发展形成说唱农事的即兴表演，活跃节日气氛，直到后来形成了俗定的演出模式和内容。

秧歌灯历来从正月初二开始，每年的第一次演出称为"出灯"。至正月十六圆灯（结束）。旧时秧歌灯与乡村的龙灯、马灯、罗汉灯一样，都要设置灯坛，出灯前3天所有扮装人员（也就是"神角"），皆须清净素养，出灯前领队通常要带领众人到山庙祭拜并迎接灯神。也有祭拜山神土地神、杀生见血等，仪式感很强。出演时香灯开路，香篮和账务先生随后紧跟。随其后是一班锣鼓唢呐队，锣鼓唢呐队后是大师傅手持1面令旗，叫"头旗"，带领14位神角鱼贯而行。每个神角前后各跟1面彩旗，恰好16面。现在为了与时俱进，又增加了2面旗帜，成了18面。一面书写"千军村"，另一面书写"秧歌灯"，后又增加8面小旗帜，将"和谐社会，国泰民安"8个字各写一面，连接成句。之后出灯基本保留不变。"千军村、秧歌灯"为高杆门灯，若干"福"字的灯笼、2个花篮、2班锣鼓，外加勤杂人员。出发表演时，高杆门灯在前，彩旗随后。2盏高大的门灯进入接灯的亲朋门庭时，这2盏门灯就高高地靠在大门左右。每到一处，由领队人高声颂扬新春祝福语，接灯主人一般都会鸣放爆竹，热情迎接，然后选在村民家门前空场地开始表演。

繁昌峨山镇千军秧歌灯演出团队合影　　　　　汤明余/摄

秧歌灯演出队伍一般有四五十人，所有角色均由男子扮装，扮装神角的有 14 人，分别是：1 名土地，整场不能开口，1 名老生，3 名小生，2 名花子（丑角）等几人为说唱人物。花旦 7 名，合计 14 名（又称七仙女，最小的 1 名为童子 10 岁左右，是专门挑花篮的，喜庆、吉祥、可爱）。其他人员都有序安排。14 位神角中土地为尊，故而走在最前，玩灯期间所拜的神明都是土地。小童子挑花篮在神角队伍中走在最后。花篮后是又一班锣鼓、唢呐队，师傅有 2 面令旗，最后就是师傅的尾旗。

据传说，千军秧歌灯源自芜湖县，有剧目 18 段，经过千军前辈们的漫长打磨，吸收了全国各地多剧种的营养，尤其是唱腔融合了京剧、庐剧、黄梅戏、民歌曲调的唱法韵味，兼容并蓄。能把曲目里的段子与当下生活结合，用自己的风格演绎出独特的韵味。剧情诙谐喜庆，贴切生活，深受四邻八乡民众的青睐。戏中九腔十八调，百转千回、婉转悠扬。花子角色在戏中的搞笑滑稽动作语言，让观众掌声不断，流连忘返。

秧歌灯主要剧目作品有《金瞎子算命》《种大麦》《看相》《老先生讨学奉》等 18 个相对独立的段子组成，分段表演，兼具传统玩灯的特色，独具魅力，具有一定的文化价值；表演人物从身份、服装到脸谱形态，一概为古代戏剧中的相应角色。如公子、书生、小姐、老生等，各角色基本都是男性担当。表演时众角色形成圆圈或摆成半圆形，接着根据古代戏剧传说中的人物，由单人或配对依次轮番出场，按照戏剧传说中的规定情节进行舞蹈和演唱，边舞边唱，其余角色则在原地配合或呼应。一对演完，锣鼓串联接应下一对继续演，其结构既相互连贯又相对独立。

2012 年 2 月 2 日在繁昌县体育馆演出现场　　　　汤明余/摄

秧歌灯的独特之处在于它既有对于古代戏剧人物表演的成分，又有对民歌时令小调等的广泛吸收，还有从曲艺、乐曲中引进，具有共同生成的多源性和本土与外来的共存性。其基本曲调、声腔充满浓郁的江南水乡风韵，抒情悦耳，幽默搞笑。舞蹈动作柔美朴实、轻松愉快，歌词通俗流畅，动人以情，具有明显的地域特性。表演时角色沉浸在规定的情景中，含蓄儒雅、脉脉传情，具有典型的江南民间舞蹈神韵。秧歌灯将说唱舞蹈与玩灯结合起来，欢快祥和，弘扬了团结协作精神，丰富群众精神文化生活，受到群众喜爱。

"千军村秧歌灯"在繁昌县文化旅游局和峨山镇政府大力扶持下，2008年2月被入选芜湖市首批市级非物质文化遗产名录。

2012年2月2日，在龙年新春佳节之际，繁昌县举办的"守望民俗·幸福繁昌"大型民俗文化活动中，峨山千军秧歌灯精彩演出获得"最佳团队奖"①。

千军秧歌灯剧目有18段。其中三段为《见事歌》由看灯观众自由选项。秧歌灯段子戏内容，主要是封建社会底层百姓生活经历提练而成，夹杂极少低俗逗笑内容。有讽刺、有爱情，有普通百姓生活的艰辛，更有嫉恶扬善劝良言。15段剧目内容大意简介如下：

（1）金瞎子算命

封建社会盲人会算命的当面称先生，俗称瞎子。这段戏，描述一位姓金的盲人靠帮人算命维持生活。盼望有个好天气，让助手来巧揽他出门去算命。出门要将门锁好，又怕邻居偷衣被。一路叫喊，自称算命灵，走了很远才遇到一家请先生的。由于先生实话实说客人命不好，不仅被骂、还被掐脖子赶出了门，先生很气愤，钱不要就走了，决心今后不算命。不算命，挣不到钱，生活靠何人？……

（2）种大麦

戏中主人是一位种田的农民，春节后农闲无事，想找点儿事做赚点儿钱，路过陶器窑厂，就挑一担陶罐到街上卖，结果在街上被购买者碰坏了好几个，请人算一算，还亏了钱。回家夫妻商量，认为"七十二行，种田为上行"，于是夫妻二人安心做田"种大麦"。而种田，男人怕累，女人不会，于是夫妻俩演出滑稽幽默，互相打拼种田的故事。

---

① 2012年2月6日"中国文明网"。

（3）看相

主人翁为一中年女子，身背雨伞包袱，以看相挣钱维持全家生活，腊月二十八还要出门看相挣钱。遇一大爷要看相，为了挣八个铜钱一分银，她认真看相，却被"大爷"百般刁难，结果被戏弄不给分文，逃之夭夭。

（4）老先生讨学俸

私塾教书先生，10个学生教了3年，只有学生家长"陈大嫂"最为小气，不仅平日提供伙食差，（学俸）学费也未付。先生上门向"陈大嫂"讨学俸。"陈大嫂"借口先生教了错别字，拒不付钱，并以猜字谜为名，将先生尽情奚落，赶出门外。最后，不仅没能讨到学俸，还饱受"陈大嫂"一肚子冤枉气。

（5）小放牛

一个小放牛，出门放牛，见一美少妇心生爱慕，趁其问路之际，先用猜哑谜刁难她，猜不着就留下做老婆。而少妇一一答对后，又用挑逗语言死缠烂打，结果又被少妇一一巧妙化解。

（6）码纸牌

戏中表现一对亲家男人喜欢赌钱，乙亲家到甲亲家的家里想赌钱，并吹牛不怕老婆，于是两人用纸牌赌钱，偷牌、打牌正在兴趣头上时，被双方妻子抓了个正着，奉劝大家莫赌钱。

（7）大补缸

戏中描述一位民间补缸手艺人，到王家庄一居民家中补缸，讲好价钱，跟随主人进家门、入绣房，一路好奇，发现缸既裂缝又通了洞，明知吃亏还是要补。结果失手将缸打碎，赔不起，只好跪拜女主人为少干娘，心软的女主人才免赔放他回家。

（8）十大送

该剧类似《梁祝》，一对男女中，女扮男装为"兄"。梁哥哥十送"尊兄"，"尊兄"沿途一路以景暗喻"相思相爱"之情，而对方却不知。

（9）过关

本段剧目为讽刺剧，一名想做官的滑稽之人，自导自演一场，自我想象的官场闹剧。

（10）小刘扒沙

该段短剧，主人翁小刘代妻子上街去卖纺线和做的鞋，欲以所得收入买黄豆做豆腐。路上遇到两赌友，将所卖收入全部输光，无法交代，就将路旁的沙子用口袋装回去冒充黄豆，最后被老婆发现，求饶没挨打。晚上床笫之欢，让男人"出了气"，也更和气。

（11）打补丁

一孤老单身汉，生活寂寞，衣服破了去求"干妹妹"帮忙补一下，两人年轻时，曾有来往，也有经济联系。干妹妹却因父母包办嫁给了残疾人，生活很贫困。女子本不想帮他补，却被逼无法推脱，帮他打补丁，还被逼唱上一段当年两人在一起时所唱的小曲调子。

（12）大相公调宴

戏中描述一位花花公子，游手好闲，到风月场所，调侃妓女，摆阔消费，让妓女留恋不已。

（13）货郎担子卖杂货

本剧描述肩挑货担，摇着手摇鼓，走村串巷卖小杂货的年轻卖货郎，遇到一年轻女子动了心、动了情，竟然以不收货款，甚至以全部货物换爱情，被女子斥责后，跪地求饶。后被女子原谅，继续谈生意。

（14）蝶断桥

一段男女两人合唱的情歌。从花唱到人，又从人唱到花，以花引爱情。痴男求爱跪门外，情人把门开，轰轰烈烈一场爱。

（15）栏桥

高大帅气的读书郎，放假回家路上，一路心情愉悦，浮想联翩。来到栏桥上，被栏桥及周边景色所迷恋。在一凉亭偶遇漂亮挑水女子，心生爱意，向女子讨水喝，并主动搭讪，然后当面求爱，因对方已婚，虽心生矛盾，还是罢休。

（16）~（18）3段见事歌

整个秧歌灯演出队伍里的大师傅，是一位德才兼备的老者。这位老者的角色至关重要，一般都是见过世面，见多识广，礼数通达且机智灵活。能够妥善、及时处理好出灯期间在外面遇到的各种事宜，保障出灯在外出入一切顺利。

大师傅手拿着那面令旗是开路旗，也叫领路人。他又是一位多才多艺的主角，他可以触景见物用吉祥喜庆的语言或用苏腔庐调，或用山歌黄梅脱口而唱，俗称见事歌。所谓的见事歌，就是像春节送春、唱门歌一样，由队伍中师傅临场发挥，见什么就现编内容、现场唱出。内容要与时俱进，紧密联系政治、经济、生活，特别是将当时所见场景用既定曲调和自然叙述、诙谐幽默，人们喜欢观看与欣赏。

例如，秧歌灯队伍到了一处接灯人家中，师傅就会用见事歌秘诀唱到：

"感谢府上接我灯，我今送灯上府门。老者看灯添福寿，小青年看灯取好亲，府上大门坐南朝北开，金银财宝滚进来……"四言八句，山歌短调信手拈来！于是一场场美好喜庆的开场白就这样在这人头攒动的热闹场合中，自然而然地在接灯人家堂前院内展开了。

如果接灯人家的场地比较小，只能由师傅领着 14 位神角前往，在家中只有师傅用见事歌唱，其他神角仅需帮腔配合就行。玩灯唱戏最好在接灯的村庄较大的空旷地进行，这样演出效果较好。

千军秧歌灯现代传承人刘承木，热心秧歌灯传承事业，邀请姚有林先生口述原剧本内容，由程后明记录整理、充实完善，使剧本内容得到更新并更加完整。

4. 千军文艺宣传队①

在 20 世纪六七十年代，全国上下掀起了"现代戏"的创作、宣传、演出新高潮。城山大队金村和汤村部分文艺爱好者自愿组织戏剧团。团长金一宏，副团长汤天祥。金一宏先生一生爱好戏剧，他卖掉自家养的一头耕牛，用来买服装、制道具，为的是城山剧团能够成为像样的演出团体。他带领大家一起自导自演庐剧《鸠江口》和《乌江树》等剧目。戏剧角色主要有金一宏、汤天祥、郭元贵、汤铎良等，分别扮演花旦、小生、小丑等上台表演。他们配合融洽，不分昼夜，演出了多个戏剧节目，得到了广大人民群众的喜爱和一致赞扬。

20 世纪 60 年代末，汤村、门楼两个生产队成立了一个演出团队，组织排练演出现代京剧《奇袭白虎团》。他们自筹资金，自备道具。此剧中主要人物杨伟才由郭元贵扮演，崔大娘由汤家梅扮演，曾经到周边的几个乡镇巡回演出。当时被邀请到新林公社茅王大队演出时，红旗招展，锣鼓喧天，鞭炮齐鸣，受到了热情接待。大家精彩的演出，得到全场热烈的掌声，个个拍手叫好。

20 世纪 70 年代初，爱好文艺的年轻人受前辈戏曲表演的直接影响，有几个生产队组织演出了不同剧目的现代戏剧。

----

① 汤家恒搜集整理。

上蒋生产队组织演出《智取威虎山》，主演杨子荣——蒋良培，少剑波——蒋白云，座山雕——蒋良兴扮演。

汤村生产队组织演出《沙家浜》，主演阿庆嫂——金玉英，刁德一——汤正本，胡传魁——汤金保，刘副官——鲁守伦扮演。

门楼生产队组织演出《奇袭白虎团》，主演杨伟才由汤成道扮演。

还有金村生产队组织演出的《红灯记》，主角李玉和——潘豪华（下放知青）、张玉龙，李铁梅——金莲，沙奶奶——汤桂娣，王莲举——金一淮扮演。

所有剧目均以庐剧唱腔，晚上集中邀请繁昌庐剧团老师导演排练。其中，戏剧表演中穿插的舞蹈均由姚家栋老师组织人员负责编导表演。每部戏的排练、演出，大家都付出了许多汗水和心血，所有参加演出的演员，晚上排练或演出都没有收入报酬。白天突击排练生产队记工分。这些文艺爱好者的无私奉献，给乡亲们带来了一场场精神盛宴，既丰富活跃了广大群众的文化生活，也增添了城山冲的艺术色彩，得到了人民群众的高度赞扬。

二、千军村的文化教育①

赓续和传承民族文化，靠的是教育；提升民族整体素质，靠的是教育；教育是国家强盛、民族复兴的必由之路。发展教育利在当代功在千秋。教育需要全民重视，教育的发展需要经济实力的保障，也要有社会资源和师资力量支撑。

千军村城山冲和全国多数农村一样，在漫长的封建半封建历史阶段，经济落后，绝大多数农民生活难以温饱，贫苦农民的孩子，很难接受到较好的文化教育。经济条件好一点的家庭，孩子进入学龄后，可以请先生上门教学或进私塾接受启蒙教育，而绝大多数孩子可能终生没有上学的机会。

新中国成立后第二年，千军村城山冲就开设小学，招收适龄儿童入学，接受初等教育，后逐步提升教育空间，许多孩子有机会读初中、考中专，读高中、上大学继续学习深造，带着知识走向社会，从事适合自己的社会工作。

---

① 施镜澄、汤炳良搜集资料。

1. 私塾教育

关于私塾，有两种教学形式：一是家境条件很好的财主、官商巨贾，家里房子多、孩子多，为了让下一代进取功名，或继承产业，不惜重金，聘请先生（老师），上门设馆讲学。私塾先生中有入过学的秀才，也有功名不遂的文人。学生除富家自己的子弟外，也招收亲戚、邻近的孩子一道学习，或是"陪读"。二是由先生自己设馆招收学生，或由同乡会馆、宗族祠堂出资聘请先生招生教学，能让一般平民百姓的孩子得到求学机会。每馆私塾学生少则七八人，多则 20 余人。就读时间一般为 3~5 年，学生辞学（毕业）后，或学徒就业，或继续求学深造，求取功名。

延续千年的私塾教学模式根深蒂固，学生就读上课前，须向孔子神位叩头膜拜。对先生（老师）同样也须毕恭毕敬叩头拜师。先生待遇由主宾双方议定，一般年报酬为大谷（水稻）一二十石（1000~2000 斤稻谷）。逢年过节，还要向先生奉献节日礼物。

学生课业主要讲授传统文化，偏重于灌输"敦孝悌以重人伦，笃宗族以昭雍睦……"的意识。从《三字经》《百家姓》《千字文》开始，继学"四书五经"、诗、词、歌、赋，以至"诸子百家"施以开讲。私塾讲究习字，每日大小字各一篇，交先生评阅。先生教学方式采取复式"点读"，即接受能力强的学生点的篇幅长，接受慢的学生点的篇幅短。偶有顽童或成绩差的学生连《三字经》启蒙篇还未学完时，一些天资聪颖的学生就已经在学"四书五经"了，与现在的年级课堂教学大相径庭。

民国年间，千军村城山冲这地方的区名为接晏乡（也曾经归属新林乡）金汤保，当时儿童的基础教育同样是由私塾实施完成。至于民国初期乃至上溯清朝及以前的私塾教学，由于时过境迁，年代久远，且无文字记录，不得而知。根据施镜澄先生对民国末年千军村城山冲私塾教育情况回忆大致如下：

20 世纪三四十年代，正值抗日战争、解放战争期间，城山冲私塾教育既无固定校舍，又无稳定的先生，变化很大。前期由骆为洲在姚杨董村开设私塾，继而施福堂老先生在上施村设馆讲学，之后又在下施村开设私塾，先生汤胜文；后迁至高塘小庙，先生张后坤；李湾叶道昌家和李玉庆家曾设立过私塾，先生分别是张传本、强世佩；在汤氏祠堂开私塾学堂的先生是张日新；杨邦云在上蒋祠堂办过私塾，后迁至金村金孝兵家；在浮山蒋祠堂里，先后有桂道昌、佘瘸子等任先生。直到后来，私塾开设在王村祠堂里，先生强家宽、桂一民，后由强国继任。金孝璋和汤一海两位先生也曾分别在金村、汤村办过私塾，为城山冲学子施以启蒙教育。

私塾学堂没有固定的教材、教学计划和教学内容，习字书法、算盘（珠算课）是必学内容，学习时间长短也不确定，因老师教学知识水平和能力不同，学生毕业可到另一私塾、官办学堂续读或学徒就业，部分家庭条件好成绩优秀的学生参加官府每年应试，获取功名当教师或到衙门当差、做官。

2. 小学教育

1949 年 4 月繁昌解放，刚刚建立起来的新中国，百废待兴。1950 年，繁昌各乡村就开始着手兴办小学。1951 年，城山和东岛正式创办了第一所小学——东城（东岛和城山）小学，校长施镜澄。校址分两处，东岛一个班在东岛祠堂；城山一个班在晏公殿（现下施村的一座庙里），后迁到浮山蒋祠堂（本部），圆通庵设一分部，1954 年合并到王村祠堂。

1955—1958 年华壁乡成立，随即创办紫岚中心小学（高小部），校址在接官亭。施镜澄由东城小学校长调任紫岚中心小学校长，并分管东城小学。杜芳飞接任东城小学校长，随后由金玉麟继任。先后在东城小学任教的有：徐霈、张正庭、陈怀昭、赵茂荣、施时荣、柯为民、汪学忠、杭一文、许大楠、程文秀等老师。

峨山人民公社成立后，东城村撤分为"东岛大队"和"城山大队"。城山大队部建在王村生产队，东城小学随即搬迁到大队部，同时易名为"城山小学"。不久，城山小学又迁到圆通庵（寺庙），直到 1969 年。这一时期，胡文道、刘惠安先后担任校长，吴淑芝、强昌言、鲍正广、杨展叶、强世霞、王玉木、汪佳木、盛明茹、金瑞云、杨仕枝等老师先后在城山小学执教。

1966 年，李湾村设一低年级教学点，先后在李湾教学点任教的有：高昌美、刘鸿来、张继祥、吴玲玲、杨有春、吴恒元、束凤英等老师。

1969 年，公社通知将圆通庵拆除，将材料搬运到上施村的村后重建校舍。将学校高年级（三年级以上）学生迁往下蒋村租用民房，作为临时校舍安排教学。将几个低年级班安排在汤氏祠堂里，作为教学点，由杨展叶、强世霞、金一淮 3 位老师同时任教。

之后，汤氏祠堂教学点搬到门楼校舍时，命名为"立新小学"。立新小学，当时虽是教学点的编制，但已具备完全小学的规模。这一时期，立新小学由金一淮主持校务工作，强世霞、李祥庆、蒋良培、程占柏、施大怀、尹志忠、俞启仁、李庆林、汤家恒、杨光明、汤根道、汤海龙等同志先后在该校任教。

1974年，上施村新建的2幢16间砖木结构的新校舍——城山小学本部竣工，所有教学班都搬入新校舍教学。

小学部任教的先后分别有刘惠安、王宝莲、庆绪清、崔思淑、洪其娟、汤家恒、张建华、俞乃珩、李德敬、施大庆、张继祥、汤宏秀、董义元、高昌美等老师。

在此期间，刘惠安、金家贵、俞乃珩、汤炳良于不同时段先后担任校长。1978年，城山大队撤分为"东风大队"和"城山大队"，同时学校也分开管理，随之相应易名为"东风小学"和"城山小学"。1979年，李湾小学撤并于城山小学本部。

东风小学先后由杨禹平、桂万来担任校长。任教老师先后分别有：张继祥、汤宏秀、施大怀、施大庆、杨有春、董义元、汤家玉、朱和平、束凤英等。城山小学先后由汤炳良、金一淮担任校长。任教老师先后分别有：强世霞、汤家恒、汤海凤、俞启仁、李庆林、蒋良培、胡文道、蔡克广、陶芳胜、邢同流、汤家玉、王津华、金家刚、金家敏、张庆梅、吴恒元、张居秀等。

1981年，全县开始对青壮年进行文化扫盲工作。城山冲里的城山小学和东风小学的在岗教师分派到各个生产队，对40岁以下青壮年进行文化层次摸底登记，分类统计文盲、半文盲（未上过学的为文盲，仅读过一、二、三年级的为半文盲）人数，并重点摸清由于家庭经济困难或特殊情况而辍学的适龄儿童人数，杜绝新的文盲出现。2所小学的全日制教师，利用星期六、星期日的时间，在学校教室为辍学的适龄儿童补课扫盲。利用学校的教室，夜间为文盲、半文盲的青壮年进行不同层次的授课扫盲。此时的农村小学教师肩负着课堂教学和课外教学的多重任务，为山村教育事业付出艰辛，作出重要贡献。

1986年颁布的《中华人民共和国义务教育法》，明确规定"适龄儿童必须接受九年义务教育"。农村"普九"（普及九年义务教育）任务艰巨。当时县级、公社（乡镇）及县城小学教师队伍得到壮大。而村级小学教师仍然匮乏，主要依靠民办教师和代课教师为主体支撑正常的教学活动。中等师范学校毕业到村级小学教书的教师数量很少，调动频繁，流动性很大。有些参加考试继续学习，有些转行进入企业或行政单位工作。如施大庆、汤家玉、王津华等，都是从小学教师队伍中走出的优秀青年。

此后，国家对民办教师给予政策照顾，让大部分民办教师通过考试或进修进入公办教师岗位，基础太差未能通过考试的部分民办教师、临时代课教师被淘汰，但也给予适当照顾。

20 世纪 90 年代开始，是农村基础教育改革发展的阶段，实行"分级办学，以乡为主"的教育管理体制，实践"县办高中，乡办初中，村办小学"的办学模式。

1993 年，中央文件提出到 2000 年全国实现"双基"达标——在全国覆盖 85%人口的地区基本普及九年义务教育和基本扫除青壮年文盲。小学教师又肩负起课堂教学和"双基"达标、扫盲的多重任务。

东风小学于 1994 年在原校址上盖起了一幢砖混结构的教学楼。由吴恒元担任校长，任教老师先后分别有：张继祥、汤宏秀、施大怀、桂龙华、杨有春、程建、聂德贵、范梅宝、刘燕等。

城山小学于 1997 年迁址兴建了 24 间砖木结构的新校舍。先后由金一淮、汤炳良担任校长主持校务工作，强世霞、汤成良、汤秀云、桂燕华、俞日恒、聂德贵、范梅宝、金小伟、金亚娟、俞启仁、程建、杨有春等在该校任教。

2000 年之后，城山小学先后由汤炳良、程建担任校长。任教老师先后分别有：金一淮、强世霞、杨有春、金亚娟、黄作文、强昌南、刘燕等同志。千军小学先后由吴恒元、程建担任校长。施大怀、聂德贵、范梅宝、桂龙华、刘燕、俞时希、俞熹、汤炳良、杨有春等同志先后在该校任教。

由于本村青壮年外出务工、经商人员增多，适龄儿童或随其父母购房进住县城，或随父母到外地借读，村小学的生源不断减少。为了适应现实情况和配合国家义务教育均衡发展，学校布局进一步调整。2004 年 5 月，千军岭村和城山村又合并为千军村后。2005 年，城山小学撤并于千军小学。2007 年，千军小学撤并于峨山镇第二小学（沈弄村境内），直至 2021 年。2021 年 9 月，峨山镇所有小学全部撤并于繁昌区城东小学（繁昌区实验小学教育集团）。

随着社会经济快速发展，国家对教育投资进一步加大，2007 年春，农村中小学全部免除学杂费，2007 年 9 月，农村中小学全部免费提供教科书，给贫困寄宿生补助生活费。实现义务教育，进一步降低了受教育支出。

3. 中学教育

千军村所处的城山冲，虽然地处深山，但是，山岭挡不住山里人追求文化知识的欲望。新中国成立后，小学教育蓬勃发展，一些成绩优秀小学毕业生希望继续升学接受中学教育。在 20 世纪 60 年代初，繁昌全县仅有几所中学，在全县实行考试方式，录取招收人数有限，全县能考入繁昌中学高中的学生数量很少，城山冲仅几人考入。"文革"中取消考试制度，各乡镇自办初级中学，峨山公社于 1969 年开始创办"五七"中学，并于春季开始招收初中学生，1972 年春首次招收高中学生。

初中教育 1969 年春，在童坝村的毛栗山创建峨山公社"五七"中学，开始招收第一届初中学生。1969 年 8 月，芜湖市第三中学下迁部分老师和设备来到峨山"五七"中学支教。当时小学就读人数快速增加，对整个社会初中教育造成巨大压力，校舍紧张，教师紧缺，教学矛盾日益加剧，峨山"五七"中学教学资源无法满足各村小学生毕业升初中的要求。当时，教育行政管理机构出台文件，鼓励并扶持有条件的村小学将毕业学生留在本校升级，继续读初中一年级，甚至初中三年连读，当时称为"戴帽子中学"。实际上各村小学无论是办学硬件还是师资力量，均达不到完成初中教学的条件。

城山小学根据上级要求，克服重重困难，先后于 1970 年和 1976 年两度办起了初中班，即"戴帽子初中"，由小学本部统一管理。1969—1972 年，学校安排刘志发、金家贵、桂万来、刘鸿来几位担任初中老师。其中，仅刘志发老师属芜湖教师进修学校（1971）毕业，其他均为小学民办教师。1976—1979 年，学校安排桂万来、金家贵、汤炳良、朱海洲（贫下中农管理学校委员）、程占柏、施大怀、尹志忠（后三位于 1978 年由立新小学调入本部）到本部初中班代课，当时叫东风中学，只有初一和初二两个年级。1979 年前后，东风中学初一班，数学老师为施大庆和施大怀、语文老师为程占柏和杨禹平，英语老师为杨有春等。这些村小学初中班的教师全部由小学民办教师兼任，初中班一切事宜归小学管理。

1980 年以后，宣城师范、南陵师范、当涂师范及后来芜湖师专改革招生制度后第一届学生，陆续毕业回到原籍，开始进入教师队伍，各公社的初级中学的教学设施得到扩建，师资队伍得到扩充，各村小学停止招收初中学生，至此以后，初中教学全部集中到公社（乡镇）中学进行。

峨山中学原址在童坝村毛栗山，城山及东风小学不再招收初中生以后，所有升入初中的学生，都要翻过尖山岭、经过东岛、翻越徐岭头，经柳塘到童坝村的峨山"五七"中学上课学习。

1975年春，峨山"五七"中学搬迁到位于柏树村新建校舍，与公社所在地"四大站"靠近。千军村所有升学入初中的学生，每天需翻越尖山岭、经过东岛村、再翻过徐岭头，到柏树的峨山"五七"中学就读。1980年秋，峨山"五七"中学改为"峨山初级中学"。

2014年，峨山初级中学由柏树村整体搬迁到位于凤形村中坝组的原县苗圃场的场地，更名为"繁昌第五中学"，现在千军村的初中就读生不再翻山越岭长距离徒步上学了，每天早晚乘公交来回或者住校，学习条件发生了翻天覆地的变化。

高中教育　新中国成立后，由于经济发展缓慢，文化教育以扫除文盲为工作重点，普及初中教育起步较晚，读高中更加困难。早期考入繁昌中学高中部学习并毕业的学生只有3人，分别是：上蒋村的蒋良培1960年毕业；下施村的金家贵1966年毕业；毛园村的李祥庆1972年高中毕业。

1972年春，位于童坝大队的峨山"五七"中学，开始招收第一届高中班学生，城山大队无应届初中毕业学生入学。遵照毛泽东主席关于"学制要缩短，教育在革命"指示，高中教学实行两年制，即高二毕业。1972年12月，在千军城山小学"戴帽子初中"毕业的程占柏、汤炳良、李庆荣3位同学，于1973年春被峨山"五七"中学高中部录取，成为峨山中学第二届高中生。1974年12月，与本村在新淮中学高中学习的汤家恒同时毕业。

1974年春，千军城山冲的吴恒元、施大怀、施大庆、李庆余、俞启仁和朱必成6位同学考入峨山"五七"中学高中部学习。1975年冬，城山6位高中生同时在峨山"五七"中学毕业。

这两届高中毕业生，没有高考机会，除朱必成参军入伍外，其他同学全部回千军、城山大队担任小学民办代课教师，成为山冲小学教学骨干，为千军城山小学教育事业作出了重要贡献。

1976年春，峨山"五七"中学实行教育变革，将升入高中一年级的学生与高二班学生混合重新编班："农机班"和"农技班"，千军城山冲的石教美、班先进、董仕良、李仁木4位同学由初三升学编入高中农机班和农技班学习一年，1977年1月结业，由于高中只学习了一年时间，学校只给大家发了一张"结业证"证书。

1977 年春,千军村王培林、李庆根、李庆美、汤宝良、王小玉、汤涛良被录取进入峨山"五七"中学高中部学习,由于教育改革,高中一年级读了一年半,1979 年夏,王培林、李庆根、李庆美、汤宝良 4 同学高中毕业,参加全国高中专考试,李庆根被安徽气象学校录取。

1978 年秋,千军城山冲的张成才、汤家旺、汤家启、金家平、汤海凤、万晴美、刘福霞、董仕宝、王小玉、蒋国泰、姚有景共 11 位同学进入峨山"五七"中学高中学习,1980 年夏季高中毕业(80 届)。(同时本村施惠珍、施惠琴在新淮中学高中毕业。)这是峨山"五七"中学高中部最后一届学生。1980 年夏毕业后,峨山"五七"中学高中部撤销并入繁昌二中,峨山"五七"中学改为"峨山初级中学"。

20 世纪 90 年代以后,峨山公社和周边公社一样,只保留初中部。学生初中毕业后,通过中考,根据成绩,部分被录取进入繁昌一中、二中高中部学习,其他同学或直接考进中专或技校学习,或回家参加农业生产劳动,减轻家庭经济负担。考入一中、二中的学生就读三年高中毕业后,参加全国高考,进入大学继续学习深造。完成学业后,在全国选择就业岗位工作,千军城山冲已经成为他们永远的"老家"!

1977 年,全国恢复高考,当时城山大队的历届初高中毕业生,多数人参加了高考和中考。

1977—1987 年,千军村参加中考、高考录取的考生:

1977 年秋,第一次参加高考的毛园生产队李祥庆,1978 年春被芜湖师范专科学校录取,他是城山大队第一位被大学专科学校录取的学生,毕业后一直从事教育工作直到退休。

1978 年上半年,全国又一次高考,王村生产队的程占柏被芜湖师范专科学校录取,1978 年 9 月入学,毕业后一直从事教育工作直到退休。

1979 年,毛园生产队的李庆根参加中考,9 月被安徽气象学校录取,毕业后一直从事气象工作。

1981 年,汤后村的汤家玉参加中考,被宣城师范学校录取,毕业后先后在千军小学、城山小学担任教师,后又几次通过考试入学,逐级提升学历,研究生毕业后被特招入伍,在军事院校工作。

1985 年,上施村的王津华参加中考,被南陵师范学校录取,毕业后回乡从事教育工作,后转行入职行政机关,现任市直某机关主要领导职务。

1985 年，高塘村的刘福材参加中考，被芜湖机械学校录取，毕业后分配到宣城皖南机动车辆厂工作，后转行某制药企业工作。

1986 年，李湾村的朱润民（曾用名：朱阔民）参加中考，被安徽纺织工业学校录取，毕业后分配到芜湖印染厂工作，后离职到"三资"企业就职，现任某上市公司企业高管。

1987 年，李湾村的刘福果参加高考，被安庆农业学校录取，毕业后回家乡一直从事行政工作。

1990 年以后，随着全国每年高考扩大招生，录取人数不断增加，城山、千军村被高校和中专学校录取的学生越来越多，这里不再一一记录。

4. 老年教育

随着经济和社会的不断发展，人口老龄化速度也不断加快，老年教育也随之产生和发展。2002 年 4 月 22 日，由原城山大队副书记、大队长杨玉林发起成立了"千军村老龄协会"，落实活动场所，随后成立了"千军老年学校"。为老同志晚年搭起丰富的学习、生活平台，使他们老有所学，老有所乐，老有所为。老同志利用这个平台，学习党和国家对农村的各项政策、法律、法规，并帮助宣传到各家各户，既能调解民事纠纷，搞好邻里关系，更有效地促进了农村文明建设的健康发展。随后《繁昌报》《芜湖日报》《中国老年报》均对"峨山出现新鲜事"进行详细报道。经过 20 年的发展，千军老年学校不断发展壮大，并担负起关心下一代的工作，对青少年进行思想、道德、普法等教育，还引导青少年传承红色基因，教育他们学会感恩，听党话、跟党走，要努力学习做中国特色社会主义事业合格的接班人。

三、村级医疗和公共卫生

1. 地方疾病与医疗

千军地处城山冲，新中国成立之初及以前，交通闭塞，经济落后，医疗卫生条件差，缺医少药。村民一旦得病，多数人只能听天由命。婴幼儿童普遍易患"麻疹"，也叫"过花"。家长就要烧香求神，送"花娘娘"。孩子偶尔发冷发热，就认为是"受了吓，掉了魂"，傍晚由孩子亲娘帮助"喊魂"。有些在家里喊，有的站在门边喊，有的还带着孩子到村子或常玩耍的地方去"喊魂"。有的孩子病重一点的就认为是"摊了鬼，缠了身"，就要请巫婆神汉请神驱鬼。每当遇到传染病疫情（包括禽畜疫情），如"天花""霍乱""伤寒"等，都认为是"瘟鬼"作怪，人们采取各种迷信措施，驱鬼消灾，结果当然是徒劳的。一些伤风、感冒、拉肚子等之类小病，一般全靠自愈。对于重症肝炎、肺结核等病，称为"痨病"，虽然求中医郎中治疗，也难以治愈。

疟疾、血丝虫、吸血虫等地方疾病，在千军城山冲也经常流行。其中，吸血虫病危害最大。1949年以前，由于城山冲涧沟有大量钉螺，水中生长大量的吸血虫。当人们赤脚涉水、在水田中劳作，或在水塘中洗涤，都有可能感染吸血虫病。得病后，吸血虫慢慢侵害肝脏并无知觉，待发现肝肿大、腹积水成为"大肚子病"时，已无药可治，死亡率极高，历史上城山冲有众多村民死于该病。新中国成立后，党和政府高度重视吸血虫防治工作。1955年，县血防站派员到千军村进行筛查，第一批发现3名感染者，送到新林乡集中免费住院治疗一个多月，朱海涛先生就是其中之一。治愈几年后，他又一次感染，再次治疗，同时也有发病者医治无效而病逝。随后几十年，政府一直免费帮助千军城山冲查螺灭螺，并于1977年开通从千军至胡门的血防沟，达到新沟无钉螺的效果①。同时，定期为村民检查吸血虫病，发现病例及时治疗，直至消灭吸血虫病。与此同时，经过公共卫生防疫、查病治病，本村疟疾和血丝虫病也基本绝迹。如1954年，疟疾、伤寒、麻疹、白喉疾病曾在全县流行。县委、县政府组织华东医疗队53人，县内医务人员321人，奔赴各乡镇、村开展防病治病工作。人民群众才真正感觉到党和政府派来的医疗队才是驱赶病魔的"神"。

1949年前，东岛西边周有一位老中医周守本，是东岛、城山一带较为出名的老中医。东岛村民李亚白（1929—1979），读过私塾有点文化，从小喜欢医学，师从于周守本，十几岁就跟随周郎中学习中医药知识，上山识别、采集中草药，学习用中医为群众治病。由于李亚白有文化，可以看书学习更多的医疗知识，进步很快。新中国成立以后，他便开始独立行医。由于

---

① 峨山乡政府1986年8月编纂的《峨山乡志》大事记（未出版）。

他聪明好学，刻苦钻研中医学，医术精湛，医德高尚。在运用传统中医对一些疑难杂症治疗方面颇有建树，在本县及周边地区知名度很高，也深受患者的敬重。曾受邀在芜湖中医学校授课。1949—1961 年，东岛和城山一直是一个行政村、一个小乡或一个大队，李亚白就成为东城村（大队）唯一的村医。

东岛村西边周村有位周家宽（1943—2012），因幼年受堂祖父周守本影响，喜爱中医学。1957 年从繁昌紫岚学校高小毕业后，考入安徽黄山中医职业学校学习中医。毕业后响应党的号召，回到东城大队与李亚白医生一起工作，两人亦师亦友，相互学习，共同钻研中医药治病技艺，形成了很多中医良方，尤其在运用中草药医治甲型肝炎、乙型肝炎方面成效显著。东岛、城山有丰富的中草药资源，也为他们发挥中草药治疗疾病提供了很好的自然条件。

在东城大队的卫生室，2 位赤脚医生中，李亚白以中医为主，周家宽则以中西医结合，他们为东岛、城山的村民提供了很好的医疗服务，周边乡镇的一些患者也纷纷慕名前来求医问药，随着被治愈病人的不断增多，2 位赤脚医生在周边也享有盛誉。

1962 年 4 月 2 日起，为改善全县乡村医疗条件，县委、县人委决定，各公社设立卫生院，大队设立卫生室，生产队设不脱产的卫生员和助产员，解决农村群众看病难的问题。这一年，东城大队拆分为东岛、城山 2 个大队，城山大队医疗服务仍然由东岛村卫生所 2 位医生兼任，周家宽相对年轻，经常身背药箱到城山寻诊治病，因为他头发白得比较早，人们通常称他"老白毛"医生。为缓解人民群众就医难的问题，20 世纪 60 年代初，中央政策要求动员从卫校培训、学习毕业的医护工作者，下放分配到农村大队从事医疗卫生工作。

1963 年，原童月村的金国建经卫校学习培训后，分配到城山大队，在新建的村卫生室担任医生。这是城山大队最早的卫生室，金国建也是城山大队第一位村卫生室医生。从此，城山冲的民众小毛病就能在家门口卫生室得到医治了。

20 世纪 70 年代初，金国建医生调离城山卫生室，县医院下放医生陈芝柏到城山卫生室担任医生。上施村王培民（1944.2—1988.6）早期就与陈芝柏相识，并有学医的愿望。在陈芝柏调到城山后就开始跟随他学习医疗技术，并进入村卫生室工作，成为城山冲第一位土生土长的赤脚医生，后被推荐到芜湖中医学校培训学习。陈芝柏医师和蔼可亲，平易近人，医德双馨。王培民热爱医学，虚心求教，刻苦钻研，师徒俩深得民众信任青睐。

王培民热衷于中医学，经常上山辨认采集中草药，当时本村李朝清也喜欢中草药，并经常与王培民一起上山采药，后来也到卫生室工作。1974年年底，陈芝柏医师调回县医院，村卫生室由王培民与李朝清、汤春良3人一起工作。1974年3月，城山大队上蒋生产队女青年蒋兴霞被推荐到螃蟹矶（县）"五七"大学，学习临床医学。1975年年初结业回到城山大队，安排到卫生室担任赤脚医生，秦贤凤接替汤春良工作，卫生室人数保持3人，1976年年末秦贤凤又离开卫生室。1977年下半年，门楼村汤俊道初中毕业后被大队推荐到公社卫生院学习临床医术，并安排进入大队卫生室学习并从事"赤脚医生"工作。前期定期到公社卫生院参与实习坐诊，跟随公社卫生院医师学习诊疗技术。

1978年，城山大队撤分为城山大队和东风大队。王培民和李朝清在东风大队卫生室工作，蒋兴霞和汤俊道在城山大队卫生室工作。

东风大队（1982年改名千军岭大队），赤脚医生王培民于1988年逝世后，由李朝清1人坚守赤脚医生岗位。1999年10月，原本村在县卫生防疫站工作的施钻峰主动转岗到千军卫生室工作，编制在峨山乡卫生院，2001年李朝清离岗。当时，芜湖卫校毕业的骆成生、李有林回村从事个体医生职业。

城山与东风大队分卫生室时，城山卫生室以蒋兴霞为主，汤俊道在工作实践过程中，为提高业务水平，于1982年报名参加皖南医学院函授学习，充实提高自己的医学理论知识水平。1983年，汤俊道经考试合格，由县卫生局批准，正式成为安徽省第一批"乡村医生"，2001年他离开村医岗位从商，蒋兴霞仍然坚守赤脚医生岗位。

2004年4月，千军村与城山村合并为一个行政村，合并后的村卫生室有蒋兴霞、施钻峰、骆成生、李有林4位赤脚医生在岗。同年，李有林外出经商退出村医岗位。2007年蒋兴霞退休时，皖医毕业的程业彦加入赤脚医生行业，到村卫生室工作。

2008年，上级投资6万元重建千军村卫生室，建筑面积为100平方米，极大地改善卫生室的整体格局和环境，2009年10月，开始实行镇村卫生一体化管理。

峨山镇千军卫生室　　　　　　　　　　施钻锋/摄

虽然国家开始对卫生室进行镇村一体化经营，实行药品零差率补贴，但仍然"自负盈亏"。起初，施钻峰和程业彦各自带着个人医疗器械到村卫生室开展医疗服务工作。

自实行镇村卫生一体化管理后，卫生室药品实行零差价销售，卫生室主要工作为：基本医疗和基本公共卫生均等化服务，2014年按照上级政策要求增加了家庭医生签约服务工作。

村卫生室及医生收入有以下几方面：

一是基本医疗的诊疗费收入。村医每接诊一位病人，病人自付1元诊疗费，新农合补助5元。即村医每接诊一位病人，可获得6元收入，多劳多得。

二是享受零差补助。以本村实际户籍人口总数，每人补助9元（省补5元、地方补4元），主要用于支付村卫生室医疗收入补助和日常费用开支。

三是基本公共卫生均等化服务收入。公共卫生均等化服务主要工作是为全村中老年人、儿童、孕产妇、残疾人、慢性病人和特殊人群做好服务工作。村卫生室为村民建立居民健康档案，老慢病健康档案，健康宣传教育，老年人健康体检服务工作，上级主管部门根据服务人口总数和服务质量，进行考核给予服务经费。

2011年1月，施钻峰抽调到镇卫生院工作，随后程业彦又离职外出经商，千军村卫生室出现无人从医的状况。镇卫生院为保证千军村医疗服务工作不能间断，1—6月，由施钻峰实行半天到村卫生室顶岗，半天在镇卫生院工作。7月，由镇卫生院协调，将东岛村桂万林调到千军村卫生室工作。2018年4月，由于他个人健康原因退出工作岗位，千军村卫生室再次出现空岗情况，镇卫生院又将施钻峰委派到千军卫生室暂时从事医疗及相关工作。工资从基本公共卫生经费中支出。同时为配合工作，聘用了一位本村人员从事基本公共卫生服务工作。

峨山镇千军卫生室部分间室　　　　　　施钻锋/摄

2. 农村合作医疗

1965年6月26日，毛泽东主席提出："把医疗卫生工作的重点放到农村去。"1968年9月14日，毛泽东主席批示："赤脚医生就是好。"为响应毛泽东主席号召，方便农民求医问药，造福乡村农民，各社镇分批培训赤脚医生，推行合作医疗制度。按照文件要求，城山大队开始实行农村合作医疗制度。

合作医疗形式分公社办、社队联办、大队办3种。经费来源：社员按家庭人口每年人均1~3元，社队在集体资金中提取部分作为医疗费用，对社员看病实行减免费用。

在实行农村合作医疗制度下，赤脚医生拿工分，简单医用药品和器具费用在大队报销，一些预防疟疾、流脑、麻疹等传染病的"糖丸"和预防针都由赤脚医生发放和接种，使这些传染病在农村发病率迅速降低。

改革开放以后，随着农村经济管理体制的变革，村级集体资金减少，加之合作医疗制度不够完善。1983年，在农村施行10年多时间的合作医疗制度自然消失。

1983—2009年，村卫生室没有了补助资金，完全实行"自负盈亏"的工作模式。村卫生室医生收入主要来源诊疗费收入、注射费和药品利润。乡卫生院负责村医的医疗业务、技术培训、资质申报工作。各种药品由村医自行采购，收支独立。20世纪90年代以后，农村大量人口外出，常住人口逐渐减少。随着交通条件的改善，人们出行到城里看病更加方便，导致村卫生室的业务量逐年减少，迫于生活压力，导致很多乡村医生退出岗位外出务工经商，2001年后，每个村基本上仅剩一位选定本行业赤脚医生坚守岗位。

2004年10月12日，经省新型农村合作医疗协调小组批准，繁昌县被正式列为2005年新型农村合作医疗试点县。2005年1月1日，繁昌县实行新型农村合作医疗制度。本县范围内的农村居民均可以家庭成员为单位，每人每年缴纳10元参保金，参加新型农村合作医疗（以下简称新农合）的村民，每年除住院按比例报销外，还可获得门诊返还110元门诊药费，分次使用，超过部分费用自理，因病住院可获得医疗费用的补助。2005年8月，《繁昌县农村医疗救助管理办法》出台。使农村因患大病、重病住院治疗，导致生活特别困难的家庭，及时得到大病医疗救助，以体现党和政府对困难群众的关怀和照顾。

2006年，每人每年缴20元医保费。门诊可享受报销药费75元，超过费用自理，住院按比例报销。在镇、县及更高等医院住院治疗费用报销比例不同，等级越高报销比例越低。该制度一直持续到2009年。

2009年10月，实行村镇卫生一体化管理后，千军村卫生室医疗设施由镇卫生院统一管理，医务人员由卫生院统一聘任调配管理，各项费用按国家相关文件规定开支。

动员和要求村民自愿参加基本医疗保险，每个村民在年末按规定缴纳下一年的"城乡居民基本医疗保险费"（每年有所增加）。小病自愿到村卫生室诊治，卫生室收取诊疗费和药品成本费。大病纳入《城乡居民基本医疗保险》，如果遇到大病住院治疗，可按比例报销医药费，费用越高的部分，报销比例越大，杜绝人民群众因病致贫，同时还给予适当的社会救助，确保居民不因病导致贫困。

2021年9月底发布《致全区广大城乡居民朋友的一封信》，宣传政策动员居民积极参加2022年城乡居民基本医疗保险。具体内容如下：

广大城乡居民朋友：

城乡居民基本医疗保险是政府组织实施的一项重大民生工程，对于减轻群众就医负担、防范因病致贫返贫、提高健康保障水平，起着十分重要的作用。2022年度城乡居民基本医疗保险费征缴工作已经开始，现将有关事项告知如下：

一、缴费对象和范围

2022年度我区城乡居民基本医疗保险费征缴对象为全区范围内城乡居民基本医疗保险的应参保人员，主要包括：

1. 具有本区常住户口且未参加或未稳定参加城镇职工医保的城乡居民（在校大学生原则上在由学校组织统一在校参保）；

2. 长期居住在当地尚未办理户口转移手续的城乡居民；

3. 区内登记在册的宗教人员。

二、缴费时间

2022年度城乡居民基本医疗保险缴费期限为2021年10月1日至2021年12月20日，逾期不予补办。新生儿实行"落地参保"（只缴纳个人应缴部分），在出生后3个月内完成缴费，自出生之日起享受当年城乡居民基本医疗保险待遇。退役军人、刑满释放人员参照"落地参保"政策执行。

三、缴费标准

2022年城乡居民医保筹资标准提高至900元，其中财政补助580元，个人缴费320元。待遇享受时间为2022年1月1日至12月31日。参加城乡居民基本医疗保险人员自动享受城乡居民医保大病保险待遇。

通过医疗救助资金对特困人员全额资助；低保对象个人缴费40元，定额资助280元；乡村振兴部门认定的边缘易致贫户、脱贫不稳定、突发严重困难户等纳入相关部门农村低收入人口监测范围的人口个人缴费 160 元，定额资助 160 元。

重点优抚对象的个人缴费部分由优抚医疗救助资金全额支付，一级、二级重残人员的个人缴费部分由残疾人就业保障金全额支付，以上资金不足部分由区财政承担；计划生育特扶对象的个人缴费部分由区财政支付。

四、缴费方式

缴纳城乡居民基本医疗保险费应当按照先参保登记、后缴纳费款的顺序进行。

（一）"芜湖医保"小程序缴费。通过微信、小程序搜索"芜湖医保"，选择"2022 年度居民参保缴费"输入应参保人身份证号完成缴费。

（二）"皖事通"缴费。登录"皖事通"手机 APP，通过搜索框中搜索"城乡居民医保缴费"栏目选择"2022 年度居民参保缴费"输入应参保人身份证号完成缴费。

（三）银行网点缴费。持本人身份证（或社会保障卡、户口本）到代收银行网点，通过银行柜台或银行自助终端缴费（代收银行网点有：中国农业银行、徽商银行、芜湖扬子农村商业银行、繁昌农村商业银行）。

集中缴费：不会使用手机的群众可直接前往村（居）委会由工作人员进行集中参保。各类特殊人员缴费均由村（居）委会审核后统一导入信息系统进行缴费。

芜湖市繁昌区医保局 2021 年 9 月 28 日

通过全村动员和村委工作人员电话催缴，2021 年年底，全村有 2232 人缴费参加医疗保险，参保率达 98%。

3. 农村公共卫生

早在 1954 年，由于水灾造成多种传染病在繁昌流行，为消除传染病传播载体，截断疾病传染源，减少疾病，1955 年 7 月，全县开展以除"四害"（老鼠、苍蝇、蚊子、臭虫）为中心的爱国卫生运动，收效并不明显。农村的公共卫生条件依然比较落后。农村生活垃圾基本上是自由处理，大多数垃圾通过燃烧作为肥料。人畜粪便，仍然作为主要肥料使用。每个生产队都在村中田边挖掘一个大粪坑，上面搭棚挡雨，将牲畜粪便和人粪尿集中存放发酵，然后作为农家肥浇灌经济作物。每到夏天，几百米内都能闻到臭气。实行家庭联产承包制后，生产队不再使用大粪坑积肥。

农户家庭一般每户也建一座茅坑式厕所，用陶制水缸埋入坑中，或挖坑以石块砌壁水泥砌缝防漏。以茅坑积蓄人粪尿定期清理作为肥料，用于蔬菜、油菜、小麦、山芋等农作物施肥，通称"浇粪"。这些茅坑每到夏天，也是臭气熏天，苍蝇乱飞，极不卫生。实行家庭联产承包责任制以后，各生产队的大粪坑虽然全部填平淘汰，但农户家庭茅坑式厕所仍在使用。

2003年6月17日 县委办、县政府办作出《关于进一步加强改厕工作的意见》。要转变广大群众的卫生习惯，广泛的传播健康、文明、卫生的新观念，改厕与改善居住环境同步发展，要求农村卫生厕所普及率提高到90%；随后，国家给予经济补贴，各农户开始改造"三格式"卫生厕所。经过多年实践，原"三格式"卫生厕所不够科学适用，自然损坏较多。2018年开始，进行新的卫生厕所改造，由县农业局负责实施技术指导并补贴资金，全村又有283户村民重新改造厕所化粪池，全村环境卫生得到极大改善。

城山冲居民，原本世世代代都饮用山上的泉水、井水和塘水。在金村、汤村和李湾等村都有水井，很少干涸。居住在山脚下的部分居民，用半边毛竹，除去内节，一根接一根将泉水从山上接到山下，人们就用水桶在下边接水挑回家倒入水缸储存使用。随着时代的进步，人们购买水管从山上泉

2019年11月17日村干部为村民送水情景

水口将泉水接到山下甚至入户使用。这样的"自来水"，一是水源不稳，每当遇到大旱就不够用；二是水质得不到保障，水的源头容易遭受污染，下雨时容易浑浊。水管由农户各自安装，水量不能协调控制。其他村庄多数居民都是在水塘、小溪、山涧挑水饮用。受气候条件影响，水质和水量都很难满足人们的生活需要。2019年11月遭受大旱，部分村民饮用水取水困难，为

了保障群众饮水安全卫生，村委会组织人力、车辆，将清洁的自来水送到村口，让村民挑回家中烧水做饭使用。

2020—2021年，国家投资100多万元，为全村700多户居民安装了由区自来水厂生产的自来水，保障全村绝大多数居民的用水安全。

近几十年，居民家庭改为电或燃气等清洁能源，不再烧垃圾。特别是随着工业生产的快速发展和进步，人们生活中产生各种包装垃圾和废品垃圾到处丢弃，对环境造成严重污染。2017年开始，镇政府投资建设2处垃圾房、2处分类垃圾亭，统一招标保洁公司承包全村环境卫生保洁工作，全村聘请9名保洁人员，实行统一管理，统一考核，对生活垃圾统一收集，集中清运处理。

新建的千军村卫生工作房垃圾转运处

村边垃圾分类收集亭

第五章　人民生活与习俗

　　千军城山冲，人们的生活水平和生活习俗与本地社会大环境息息相关。很多生活习俗坚守千百年之久，直到如今进入文明社会才慢慢消退。古代城山冲人口稀少，特产丰富，经济收入水平略好于山外，所以就有了自古流传的俚语"好一个城山冲，无柴无米过三冬"之说。新中国成立后，城山冲人民生活水平仍然高于山外，多数生产队的工分值都超过 1 元，略高于圩区农村。关键是勤劳的城山人，在参加集体生产劳动的同时，起早贪黑在家编织加工竹器到山外销售，手里有了"活钱"，生活水平自然好于山外。

　　改革开放以后，城山冲的村民们首先种好承包田，自制竹器多赚钱。随着社会发展和进步，竹器山货市场逐渐萧条，卖山货的收入渐少，已经不能满足人们日益增长的物质文化生活需求。于是，勤劳智慧的城山人，开始紧跟时代潮流，背井离乡外出务工经商。很快，多数人收入大增，经济实力提高，生活条件改善，提前迈入了小康。然而，在绝大多数人勤劳致富的同时，也有一些家庭因为种种因素，导致不能同步致富，甚至贫困，这些客观存在的少数人群体，需要社会的救助和生活保障，让他们脱离贫困。

一、人民生活变化

1. 人民收入来源变化

　　千军村村民的经济收入，是随着历史的发展和社会制度的进步而不断变化的。新中国成立以前，城山冲的村民主要是传统农耕生产粮食和其他经济作物，尽量满足基本生活需要。经济收入主要依靠向大山的索取，就是将山上的竹木柴炭、竹笋和狩猎所获，拿到山外销售，换取所需粮食和其他生活必需品。山多、田多的农户，收入就多。多余的钱财，一方面用于购买更多的山场和土地，建豪宅，也有少数捐款捐稻谷用于修祠堂、办教育、修路、修桥等。同时，也留存一定的稻子、货币备用。凡家庭土地、山场、房屋财产远超普通农民的这部分人，土改时都被划为地主、富农成分，将部分山场和耕地没收，重新分配给缺少土地的贫雇农。

新中国成立后，特别是在土地改革以后，所有农民的土地和财产基本平均相等，劳动收入基本相同。以收入水平衡量，当时人民生活基本处于"贫困线"以下。经过多年的制度变革，在实行集体所有制条件下，由于劳动生产率不高，集体经济增长缓慢，农民收入来源主体就是以生产队为核算单位的集体收入。1962—1980年，由于人口快速增长，抵销了经济增长对生活水平的拉动，多数村民家庭都因为人口多劳动力少，因分配"超支"陷入生活困境。

改革开放以后，迅速实行的家庭联产承包责任制，使农民的生产热情得到了释放，劳动生产率迅速提高，无论是种植业生产还是林业生产、竹器产品加工的经济收入都迅速增长，人民生活明显改善。然而，农耕、林业生产经济收入增长的空间有限，加上竹器市场逐渐萧条，迫于生活压力的城山青壮年，各自寻找出路，开始走出城山冲，或在附近、或远走他乡务工经商，经济收入逐步追赶社会经济的增长。

2. 住房和交通出行变化

城山冲居民住房，一般沿山脚建造，以坐北朝南居多。在新中国成立以前，城山冲仅有六十户经济条件很好的"大地主"建有深宅大院。也有房子较好的粉墙黛瓦。多数经济条件差的农户家庭是土墙草房，也有用土坯砌墙的瓦房。一般根据人口多少建造3~5间。中间客厅，一边为厨房，另一边的一间或两间为卧室。屋顶盖草，一般采用长度好点的早、中稻草覆盖，外加草绳编成网格固定，防止大风掀开漏雨。一家一般只开一道或两道门对外。草房每年要加盖新草，隔三五年全部掀掉，重盖新草。土墙草房保暖性能好，就地取材，建造容易且成本低，但耐用时间短，抗风、雨、雪灾能力差，易发生火灾。随着水稻品种实行矮秆化，稻草不再适宜盖房子，条件好一点的家庭都淘汰草屋建瓦房。

20世纪七八十年代，千军村村民开始大量翻建瓦房。仅1985年一年，城山和千军岭2个村就有39户居民新建了住房，面积达3204平方米，共耗资9.92万元，全部为平房。一般都是穿枋屋，先做好穿枋屋架，再用砖砌墙，内墙以石灰粉刷光洁，有些还画上装饰线。外墙有的直接在砖墙上石灰勾缝或水泥砂浆粉刷，在木料穿枋上架桁条、钉屋椽子固定，再加"油毛毡"，钉"挂瓦条子"，最后加盖烧制的大青瓦。房屋结构与之前草房基本相似，3~5间，两头包厢，根据房屋深度，可将客厅横隔一道墙，后面另作他用。门框、门顶、门槛都是用石料加工好拼接，再砌墙加固。那时千军村村民建房是很

20世纪七八十年代住房室内照

困难且费用很大的工程，首先各准备建房的农户，要找一块地方挖土制作砖土坯，晾晒干透后，请烧窑师傅指导挖好土窑，几户合伙烧一窑几万块青砖。还要准备好建房用的石头、竹木材料，最后再到山外购买其他建筑材料。水泥、石灰、沙子和屋面盖的瓦，都需要翻山越岭从山外采购挑回来，一家人建房，往往需要多年的准备才能开工建造，施工过程也需要请很多人帮忙。在20世纪八九十年代，建一幢房子需要2000~4000元才能完成。21世纪后，随着居民收入的快速增长，交通运输条件不断改善，许多村民开始采用钢材、水泥等现代建筑材料建造楼房。其建造结构因地制宜，层高、面积、装饰形式及豪华程度，依各自经济实力确定。现今千军村的村民住别墅，也已常见。这些房屋建筑价值，少则几十万元，多则近百万元不等。人民的居住条件得到极大改善。但也有经济条件较差的居民，仍然居住在几十年前建造的平房内生活，但内部都进行了适当改造，与之前

也大不相同了。

别墅式的住宅楼 （2020 年 5 月 13 日拍摄于毛园村）

2020 年 10 月 30 日，千军村的 70 岁以上老人都到镇政府免费集中办理了公交卡，70 岁以上老人出门不仅有公交卡，而且凭卡免费乘坐繁昌区内所有公交车。20 年前靠翻山外出的一代人，今天可免费"公交代步"，这种变化是巨大的。同时，一些村民家庭陆续添置了电动自行车、摩托车和小汽车等，出行非常方便。

3. 耐用消费品变化

农村住户家庭耐用消费品的数量和档次，是衡量农民家庭经济实力和生活水平的重要标志。

中华人民共和国成立之前，城山冲居民家庭的耐用消费品主要是木制家具用具。城山冲盛产竹木，竹器家具和木器家具均由自己制作或请工匠师傅上门制作。数量和档次因经济条件确定。凡是子女结婚，都要制作像样的新家具，刷上红漆。男方娶儿媳妇，都要订做花床、衣柜、条桌、八仙桌等家具；女方一般制作木箱、木制洗澡盆、木制洗脚盆等陪嫁妆。条件好点的多陪，条件差点的少陪。新房家具的数量、档次，是展示新郎家庭经济条件的关键。20 世纪六七十年代开始，家庭拥有"三转一响"（缝纫机、自行车、手表和收音机），就是条件不错的家庭，也是新婚家庭必备的耐用消费品。

20 世纪 90 年代开始，部分经济条件较好的家庭，或是年轻人结婚，开始添置黑白电视机、录音机等电器产品。近 20 多年来，由于经济快速发展，人民收入不断提高，冰箱、彩电、洗衣机、固定电话已经逐步进入寻常百姓家。

近十几年，千军村许多家庭的青壮年外出务工经商，经济收入快速提高，电瓶车、摩托车、燃气灶、油烟机和智能手机基本普及，部分家庭已经购买小汽车。耐用消费品发生了翻天覆地的变化。

4. 脱贫与社会保障

中共中央在 1982—1986 年连续 5 年发布以农业、农村和农民为主题的中央一号文件，对农村改革和农业发展作出具体部署。2004—2020 年又连续 17 年发布以"三农"（农业、农村、农民）为主题的中央一号文件，强调"三农"问题在中国社会主义现代化时期"重中之重"的地位。

"三农"工作的难点是扶贫，实现全面小康就要贫困群众进行脱贫致富。自 20 世纪 90 年代以来，本村大量劳力开始外出务工经商，大多数已经脱贫致富，也有极少部分村民因多种因素导致贫困，为了保障每一户村民杜绝因病、因灾导致贫困，村干部必须入户调查了解情况，具体制定扶贫细则，实行精准扶贫，实行动态管理。

千军村大部分率先脱贫致富的村民家境，已经令人羡慕，而困难群体还必须依靠政府资助维持生活。突发事件、灾害和患病导致一个家庭陷入困境的现象随时可能发生。如毛园村有一户三代 5 口之家，原本生活幸福，只因儿媳突然出走导致儿子（主要劳力）精神分裂，两位老人也致病难愈，孙子年幼，一家人立刻陷入极度贫困；还有许多家庭因一人患重病导致全家困难。对这些困难群体的救助与保障，是一项动态、细致、复杂的工作。

2020 年年底，千军村现有低保户 92 户 130 人，主要是老弱病残特殊家庭，最困难的低保人员每人每月能得到 662 元低保补助，补贴少的也有 320 元，基本保障了最低生活需要。一些特殊困难家庭每年还会得到民政、社会和"双联系"单位的慰问救济。

二、民间习俗

城山冲，谁的祖先是土著人或是来得最早已无法考证。有的姓氏家族有宗谱记载，知道自己的祖辈迁徙源头、迁徙时间和迁徙过程。有的姓氏人口少或来得晚，甚至不知道自己祖先迁徙的历史。多元人口也带来了多元文化和生产生活习俗。俗话说"家住三五里，各处一乡风"。大家在"入乡随俗"的同时，也保留了各自祖先留下的部分规矩，久而久之，就分不出哪个风俗习惯是城山冲独有的了。

由于地域文化不同，而又存在着习俗内容或细节上的差异，在传承发展中承载了丰富多彩的历史文化底蕴。城山冲居民生产生活习俗，与皖南农村大同小异。这里的"小异"，除大家共有的习俗外，还有各家各户生活习惯的差异、主人文化程度不同和经济条件的差异，所以不是每一户人家生活习俗都百分百的相同。这里笔者就将城山冲的部分新旧习俗，以文字记录下来，供后人鉴赏和分享。

1. 春节（过年）的习俗

春节是中国民间最隆重盛大的传统节日，由上古时代岁首祈岁祭祀演变而来。春节是以农历年度更替时间确定，农历十二月为"腊月"，最后一天三十或是二十九都称之为除夕。从腊月到正月所有活动的过程称之为"过年"。过年是集祈福攘灾、欢庆娱乐和饮食为一体的民俗大节。

在封建社会里，以农业生产为主导的农耕时代，本地都是一年只种一季水稻，过年的时候，正是农闲季节。民间曾有"正月里好过年，二月里赌赌钱，三月里看看戏，四月里好种田"的说法，即农历四月才开始农忙。新中国成立后，大力推广科学种田，推行双季水稻生产，"农闲"的时间就少了。特别是在"三级所有队为基础"的集体所有制经济条件下，一般的过了正月初七或十五，生产队就要集中劳力开始准备春耕生产了。而如今，虽然农事不忙，但在外地就业回乡村民基本上春节一过就回到外地工作岗位开始工作了。我国过年历史悠久，在传承发展中已形成了一些较为固定的习俗，有许多还代代相传，如备年货、扫尘、贴对联、吃年夜饭、守岁、拜岁、拜年、舞龙舞狮、拜神祭祖、祈福攘灾、赏花灯等。

从进入腊月开始，就有了过年的氛围了。本地一般对"腊八节"和腊月二十三"小年"并不注重。这里过年的重点就是除夕这一天。因为，这是农历计时一年的最后一天，也是每一个人"即将长一岁"前的最后一天，所以，这一天对农村来说特别重要，特别值得珍惜，这一天的仪式感特别强。

年前准备　俗话说："小寒打年货，大寒把年过"——为了"年"这个日子，早在腊月初的小寒就开始做准备了，人们忙忙碌碌，各项准备工作都在自然、紧张有序地进行着。

腊月上中旬的准备是综合考虑过年要花多少钱，给哪些孩子添置新衣服，是否要添置一些新家具用具，买些新餐具替换受损的碗盘筷子。还要考虑孩子的压岁钱给多少，是不是比上年涨一点。

在集体所有制条件下，关键还要看生产队年终收入分配情况来确定。收入好的年份，年就过得宽松、热闹、愉快一点。"超支户"肯定比"进款户"经济压力更大。

腊月刚到，多数人家都在准备蒸团子。先将糯米与籼米按照30%与70%的比例混合，放清水里浸泡一两天后，再用石磨磨成米浆，等米浆沉淀去掉多余水分后，在大蒸笼里放好大箬竹叶（宽7~10厘米，长30~40厘米），将半干的米粉用手搓成圆形（500克粉做七八个），放在箬竹叶上，放满一笼拿到已烧开的蒸汽锅上去蒸，一次可蒸4~6屉，蒸50多分钟就熟了。蒸熟后先放大竹匾子里晾着。刚蒸熟的可趁热用芝麻糖粉蘸着吃一点，叫"吃毛团子"，味道很好。凉透后过两天再去除竹叶，放进清水中浸泡。隔些日子换一次清水。按经验，用腊月水泡后保质期可长一些，一直可以保存到农历二月。食用时先将水烧开，将团子放进开水中烧软加点青菜苔、食盐、猪油就可以食用，也可用火烤软食用，是非常好的方便食品。由于各家人数和喜好不同，有的家庭一次制作几百斤，用大缸浸泡。有的家庭只做几十斤甚至不做。在城山冲不是每户人家都有石磨和蒸笼等工具，要人工推磨，用大锅、大灶、大蒸笼。一般都是几户合作，互相帮助，一套设备共同使用。做的时候是夜以继日，蒸团子是年前一项繁忙而辛苦的大事。随着社会进步，做团子已成为机械化、专业化的生产加工，并进入市场销售。城山冲的村民们，由于大量劳动力外出，就很少自己再做团子了。

祭灶神 腊月二十三是"送灶"（指烧柴灶）的日子。人们认为灶神主掌一家祸福，城山冲的许多村民比较重视，每年都要举行"送灶仪式"。到 21 世纪才慢慢被大家忽略，只有少数人家仍在坚持。"送灶仪式"的具体程序，并未找到文字记载，根据本地了解的情况记录如下：晚饭后把锅碗洗干净，把灶台整理得井井有条。此时，锅膛里火已经灭了。一家人洗过了脸和脚，就不再去厨房活动了。送灶有一套仪式：男主人独自走到厨房，围着灶台转几圈，停下来，点香烛、烧纸，恭送灶神上天奏事。口中自言自语、念念有词，别人听得也模模糊糊，据说所默念词语是：

> 灶王老爷本姓张，今天腊月二十三。
> 骑着天马挎着筐，五谷草料备停当。
> 欢送您老西天去，参见玉皇王母娘。
> 人间好事您多说，除夕下界降吉祥。

一般人家都会在灶的烟囱柜上，用红纸写上"上天奏好事，下界保平安"的对联贴着。然后拿出一小串鞭炮点着扔在厨房的空地上，"噼里啪啦"地炸着，"送灶神"的仪式结束（是不是家家户户都如此操作未作考证）。在 20 世纪 60 年代"文革"期间，"送灶"被列为封建迷信活动范畴被禁止。改革开放以后，部分村民家庭又恢复了"送灶"活动。除夕之夜又要"接灶神"。现在大部分村民家庭已经不再使用烧柴灶，此"送灶"的仪式习俗基本不见，只有少数老人尚从此俗。

大扫除（掸尘） 关于腊月大扫除的日子有多种说法，城山人把掸尘的日子认定为腊月二十七这天。"掸尘"或叫"掸陈"，寓意扫除"晦气"，谚云："七掸金，八掸银，九、十掸灰尘。"这天每家每户都要把家的里里外外打扫干净，来迎接新一年的福气、好运。掸尘那天，家家户户一大早就忙碌起来，首先找来一根长竹篙，竹梢上绑着鸡毛掸或旧扫把，把屋檐下房梁上的蜘蛛网、线灰一一掸尽，接着打来清水，用抹布擦洗窗户及桌椅板凳和橱柜，将房屋顶、上墙壁的每一个角落，各种平常不动的大家具上灰尘、蜘蛛网全部掸下，再将其清扫出去。孩子们也帮助大人做些力所能及的小事。还要将所有家具、用具上的灰尘抹上几遍才放心。随后几天，只要是好天气，水塘边、水井旁或是涧沟边的水跳上，妇女们都在忙着清洗被子、蚊帐和换下的衣服，迎接新年的到来。如今，掸尘虽然没有仪式感，但是，春节前的打扫卫生是必不可少的。

个人卫生 男人，不论大人、小孩，都要在除夕前一二十天内剃头一次。一般由本村理发师上门服务，很少有人到城里剃头店去打理。

洗年澡是除夕前几天所有人都要清理的个人卫生。城山冲木材丰富，有些家庭有木制澡桶。一家人排队在里面洗澡，虽然用水多一点，但是很干净卫生。没有洗澡桶的家庭，也可到有澡桶的亲戚朋友家去洗年澡。也有用粗竹篾编一个直径 1 米多、高约 1.5 米的大罩子，双层中衬上隔层不透气，人在里面洗澡不太冷，但总没有大澡堂子洗澡舒坦。20 世纪六七十年代，集体经济条件较好的生产队，干脆用生产队两间房子建造一座简易的澡堂子，每到寒冷的冬天就约定时间烧水，供村里人免费洗澡，过年前可让男女分时段洗一把年澡。也有部分村民过年上街顺便花一两毛钱，带着孩子在城里大澡堂子洗一把年澡。到 20 世纪 80 年代后，生产队澡堂子停办，市场出现了塑料薄膜制作的澡帐这种新产品，很多人在寒冷的冬天就可以在家里挂上澡帐，烧一澡盆热水，在里面洗一把干净卫生的年澡。现在多数家庭新房中都自建浴室，与城市居民一样，使用燃气（电）热水器洗澡了。

办年货 过年最难、最大的准备就是"办年货"。年货是全方位的，城山人，柴火不成问题，家家充足。大米、糯米、面粉、菜油，做糖的材料、炒货的材料、油炸品的材料都要先备好。

孩子们的新衣裳、新鞋子、袜子也要提前准备，新餐具、过年的春联、年画、爆竹和几炷大小香烛也是必不可少的。还有迎客的烟酒、送礼的糕点都要准备。

做糖 是多数家庭犯难的事。那时市场上是买不到炒米糖、芝麻糖和花生糖之类糖食，而这些都是过年时传统必备的食品。做糖不仅需要糖稀、阴米（将糯米蒸熟先阴后晒干）、芝麻、豆子、花生等原料，还要有制作工具和加工技术。

做糖所需要的糖稀有两种：一种是糯米糖稀，一种是山芋糖稀。糯米糖稀颜色淡、味道好、成本高；山芋糖稀颜色深、味道差、成本低。城山冲的村民们根据自家的收成情况，先准备做糖稀。

糯米糖稀又叫麦芽糖，具体做法是：前期将大麦催芽后晒干再捣碎（可买），将糯米用冷水泡 24 小时蒸熟成饭，按照 100 斤糯米 3~5 斤干麦芽粉的比例，将糯米饭放在大锅里与麦芽粉、热水拌匀，趁着煮饭的余温，放在大锅里，保持 50℃~60℃的温度等待发酵。大约 24 小时后，糯米饭中的淀粉基本糖化，饭粒变"空心"与麦芽清晰地分离了，水已经发甜。便将糯米饭残渣连水都舀出来，用布袋将残渣滤出，这就是"糖糟"。将滤出的水放到锅里加热，多余水分蒸发后便是"糖稀"了。然后将含水较多的糖稀熬成"饴糖"状态，便可以制作各种糖了。熬山芋糖稀的方法与此大致相同，只是将糯米饭换成煮熟的山芋，然后加大麦芽粉搅拌，控制温度发酵后，去除残渣熬成糖稀。本村会做糖的师傅，一般会热心帮助不会做糖的人家制作。这些求助做糖的村民，准备好糖稀等材料，约定时间，或请师傅上门，或到师傅家去做，并当好助手。几次跟着做也就学会了操作，下一年自己准备几样工具就可以自己做糖了。自从市场上有这些糖食销售以后，自家做糖的人就越来越少了。

炒货是在做糖前的准备。如果做糖，必须准备炒米，将黑色细沙在锅中烧至高温，再将适量阴米放入搅拌，在阴米膨化发白的时候，将米和砂子一起铲起用铁筛子去除沙子，炒米就做成了。炒米可以做炒米糖，也可做欢团、子糕，也可用开水泡着吃。将炒米炒好后，再炒蚕豆、黄豆、豌豆、山芋干子、花生……有什么就炒什么。炒熟后一一分开存放，这些都是过年家人和招待客人的必备零食。

除夕前两三天的晚上，炸油锅是一重要的准备工作。主要为年夜饭准备食材。首先是炸圆子，做圆子的材料成分由各家习惯口味确定，大家炸的圆子多数为藕圆子，主要由藕泥、糯米饭加少量肉泥、大葱、各种作料制作，油炸成形后互不粘连便于存放。炸好圆子再炸豆腐馃子、鲜鱼等。

准备年夜饭　除了大饥荒的几年外，餐桌上的鸡鱼肉是必备的"大菜"，必须提前落实好。一般都是自家养的鸡，生产队集体鱼塘分的鱼，不够就到市场去买点。村上有哪家杀年猪，大家都提前打招呼订购，如果订不到，就会有另一户人家杀年猪。每家每户，猪肉肯定是少不了的。

由于城里豆腐干子凭票供应，有条件的家庭过年还要做一桌豆腐，也有几户合伙做一两桌豆腐，以保证过年的年夜饭有豆腐这道菜。村民们自家做豆腐，一桌用8~10斤黄豆。将黄豆浸泡一两天后，用石磨磨出豆糊，放缸里用开水浸泡一下，搅拌后用白棉布留住豆渣，滤出豆汁放锅里烧开，便是豆浆了。将豆浆放进水缸里，根据经验加入适量的熟石膏粉搅动，用瓢舀一点，看到豆浆有点点的块状了，便将缸盖上盖子，稍微冷却后，水豆腐便成功了。再以专用工具将水豆腐制作成豆腐、豆腐干、千张等。制作豆腐需要大锅大灶、石磨等工具，也要由内行人操作，一个村也只有几户人家能制作，其他村民只能求助帮忙或者买一些凑合。

城山冲的村民家庭都种一些蔬菜，需要就在自家菜园里摘取，自家没有又确实需要的菜，就要到市场上去购买。所有计划内需要的荤菜和蔬菜都要提前备好。到这里，过年的准备工作基本完成了，除夕也就到了。

除夕盛典 万事俱备，只等除夕盛典。说盛典，一点不为过，这是全国乃至全球华人共同欢度的节日活动。都大同小异地遵循同样的程序，贴春联，吃年夜饭，给孩子压岁钱……

除夕盛典这天，是城山冲人最忙最充实的一天。人们都早早起床，大人们有很多事情要做，孩子们也激动得睡不着觉。

一顿年夜饭，必须从一大早就开始准备。杀鸡、剐鱼、择菜、清洗，必须限时做好。关于年夜饭的菜谱，各家各户不尽相同，由各家祖上传承的"规矩"确定，还要考虑经济条件、人数多少。条件好、人口多的家庭，桌上要凑个"十碗八碟"。一般人家，碗、盆、碟子凑到两位双数就算不错了。菜的花色品种搭配就要看各家"掌勺主厨"的手艺了。几个"大菜"从上午就开始制作了。先将洗好的老母鸡、大块猪肉放在大铁锅里，加上水和少许盐慢慢煮成半熟，然后将鸡放到砂锅里继续慢炖。将半熟的猪肉取出准备红烧和炒菜使用。"卤髈"也是多数人家必备的大菜，也要从上午开始制作。中午时分，每家每户都飘出炖鸡、卤肉的香味，还有葱蒜等蔬菜的芳香，闻闻就饱了，那顿中餐也被多数人家忽略了，主要还是锅灶不够用。有零食香香嘴，有肉汤、鸡汤泡点锅巴、炒米尝尝鲜，自然也就不饿了。

除夕盛典，首先是孩子们换上节日的"盛装"。成长中的孩子，每年的衣服和鞋袜都在"变小"，好动也让衣服鞋子折旧得更快。穿新衣新鞋，是孩子们最开心的事，孩子们都早早换上新衣到村上与小伙伴们比美。

最能烘托盛典气氛的是贴春联、换年画，也是辞旧迎新最为明显的标志，这事一般都由大点的孩子去做。揭去门面上发白的旧春联，将门板洗擦干净，然后贴上红红的新春联。各家的堂前大中堂画比较讲究，每隔几年也要更换。还有那不够光洁的墙上，一些旧年画已经残破、变色，需要揭下来，将新买的年画换上，马上就有焕然一新的感觉。连猪圈、鸡笼上也贴上"六畜兴旺"的红贴，预祝新的一年有好的光景。那春联、那年画，不仅是让眼睛享受到了艳丽的新色彩，那沁人心脾特殊的气味，也增添了节日空气的芳香。

除夕祭祖 除夕盛典仪式感最强的就是年夜饭前的祭祖仪式。先端上鸡（有头有脚有翅膀）、鱼（看鱼）、肉（几块红烧肉）、煎豆腐、煎鸡蛋、圆子三荤三素6道菜就够了。"祖宗不喝汤，喝汤要人搀"，汤菜免上。在桌上按规定座位方向，放好6双筷子（背对大门一方不放）、6只酒杯并斟上酒，加两小碗倒扣过来的圆头饭，点燃两支蜡烛。然后，打开大门，点燃一炷香，让"祖宗"进门入席，先用餐。与此同时，家长带着孩子到室外山脚空地烧三堆冥票并磕头祭拜祖先。回来后吹灭蜡烛、倒掉杯中酒，将两碗饭倒回锅里，然后放一挂长一点的爆竹，仪式结束。

有些村民家的祖坟就在住宅附近，家长率领孩子们带上"六道菜"和米饭、酒水及祭品，来到祖坟前"送饭""烧纸钱"，然后回家吃年夜饭。从"文革"以后，这一仪式逐步被淡化，现在还有部分村民家庭仍然传承这一祭祖仪式，就是让大家不要忘记逝去的先人。

年夜饭 祭祖后年夜饭才正式开始。这是一年中最丰盛的晚宴。那五颜六色、香气扑鼻、满桌子的佳肴，让每个人食欲大增，在家长的催促下，大家立即动起筷子。

盛典年夜饭的菜谱是有讲究的，上什么菜是讲规矩的。有吉祥菜、富贵菜和一般菜，"看鱼""圆子"和"子糕""青菜豆腐"等吉祥菜是必备的。老鸡、红烧肉和一碗大鱼是富贵的象征，不能少。一般菜可根据各自条件确定，凑个碗数。

"看鱼"要用一斤左右的鲢鱼制作，寓意"年年有余"。是城镇和乡下所有家庭都必备的一道菜。看鱼要精心制作成红烧整鱼才好看。不能脱皮掉尾，更不能拦腰折断。它是年夜饭桌上的第一道菜，但不准动筷子，保持完整。从初一到十五，每次有客人吃饭，都要端上去"看一看"，如果菜多，一会儿就先撤下来。中间隔几天要加热一次，防止变质。

"圆子"是年夜饭中必不可少的，寓意"团团圆圆"。圆子有几种，一是将前几天的油炸圆子加点鸡汤蒸一碗凑数，动筷子的并不多。二是可以做一盘"红烧小狮子头"或是一盘清蒸"珍珠圆子"，也可做一小盆"清汤肉圆子"。

"子糕"也是年夜饭一定要上的一道菜，寓意孩子们"步步高升"。做法很简单，五六个鸡蛋，加炒米、香葱、作料搅拌好，用温火慢慢烘熟或放水中加热凝固，不可用旺火急烧。过去蛋饺子是不能上年夜饭桌的，"饺"与"胡搅蛮缠"的"搅"以及"狡辩"的"狡"字同音，忌讳！

一只"清炖老母鸡",是高档菜的象征。一般的家庭都有准备，即使端上桌子，也很少问津，就成了正月来客桌上的"白斩鸡"了。将炖熟的老鸡斩成小块，烫熟的蒜苗或菠菜切碎，加上作料，是正月来客下酒最好的凉拌菜。

"髈"，是大多数家庭必备的一道大菜，经济条件差的时候也可省略。髈是用猪后腿肥瘦相当的大块肉制作，没有骨头，至少近两斤重的髈才能让一家人解馋。髈用稻草捆扎，放入调料用砂锅慢炖。揭开砂锅，剪开捆扎的稻草，红的髈皮盖在肥肉上，下边是厚实的瘦肉块。那厚厚的瘦肉香喷喷的，吃起来特别爽口。

俗话说："鱼生火肉生痰，青菜豆腐保平安，"蔬菜是少不了的。青菜或黄心菜烧豆腐，也是一道必备菜，寓意"保一年平安"。由于菜中加了肉汤或鸡汤，味道好也很受欢迎。

后面的几道菜比较容易，以材料定数量，不是每年相同全做：红烧猪肉、肉烧豆腐馃子、红烧牛肉或切一盘卤牛脯、卤猪口条、一碗干丝、摊蛋皮丝或千张丝凉拌菠菜、松花蛋、煎豆腐、红烧鱼或水漂鱼、一碗千张蒸腊肉、蒸香肠、一盘鲜鱼（大鱼大块状先用酱油少盐腌会儿晾干，用油炸后存放，餐前切小块下锅烩闷即食）、再炒个肉丝、肉片什么的……虽然没有山珍海味，但也算是美味佳肴，已是人世间最好的美食了。

能喝酒的人，喝上几小杯烧酒或葡萄酒，增加年夜饭的气氛。大家都大块朵颐，不一会儿就吃饱了肚子，喝晕了头。为了年初"三天不开生"，每一家都煮一大锅饭，吃得很少，基本上是留到"第二年"吃了。随着生活条件的不断提高和物质资料的日益丰富，年夜饭的档次也在提高。尽情享用美食之后，家长掏出早已经准备好的压岁钱。不管多少，基本上都是新的。孩子们如获之宝，立即放起来收藏好。准备来年买学习用具或是"修五昌庙"（买零食）。

晚餐后的"守岁"，实际上是坚守这年末岁尾最后的时刻，以清醒的姿态迎接新的一年到来。这几个小时，灯火通明，一家人围着火坛，烤着火，聊天说事，多回顾展望，并致吉祥祝福之语，或打打牌，吃着平时吃不到的零食。快到午夜时，香喷喷、热乎乎的茶叶蛋又端上了桌子，肚子正好开始饿了，吃上几个。直到子夜，迎接新年的爆竹声响起……

20世纪90年代开始，多数家庭是在电视机前看央视春节晚会度过除夕之夜。在午夜的钟声、爆竹声中迎接新的一年，又开始等待下一年除夕盛典的到来……

欢度新春　大家都在爆竹声中进入梦乡，又在爆竹声中醒来。过去的爆竹都是小鞭炮，爆炸声不强，硝烟弥漫，闻起来感觉也好闻，这也是过年的味道。早晨每家人谁先起床，就谁开"财门"，放一挂长爆竹，点一炷长香，新的一年从这里开始。也有人在午夜12点后就点上一炷香、放爆竹迎接新年。从正月初一到初三，是"三天年"，有些人家每天开门都要燃放爆竹，表示庆祝。

从大年初一开始，无论大人小孩都要十分注意文明礼貌，见到亲戚、朋友和熟人都要问好祝福。不准说不吉利的话，特别是不得咒骂别人。

旧俗从初一开始的3天"不开生"，就是都要吃熟食。菜，是年前准备的，饭都是"年夜饭"剩的，一大筲箕，每餐热一点，吃到正月初三没问题，还有茶叶蛋、锅巴、炒米都可以充饥。也有的家庭正月初一的早餐是吃五香蛋加鸡汤下挂面，预祝这一年福源绵长。还有，从初一开始，不准动"铁"。菜刀不用，剪刀不用，就连一根针也不能用，一直要过了初七才能恢复正常。随着社会的进步，这些规矩也被慢慢地淡化了。

拜年　早上把除夕烧的茶叶蛋热好，再吃点糖食，孩子们就要按计划开始忙着去给长辈亲戚拜年了。带上父母准备好的糕点、礼品出客。距离一般不是很远，都是徒步行走。到长辈家，一般都要吃顿饭再回来。菜，当然也是丰盛的。那些堂兄弟、表弟兄，平时少见面，拜年聚到一起，格外亲热，也玩得痛快。

拜年后，对方家庭有小辈的，或由大人带着孩子上门"回年"。带着你送去的礼品（一般不会更换或拿错）回拜，吃一顿中饭，丢下礼品再回去。

城山冲如果那年有姑娘出嫁，新婚夫妻第一次新年到岳父家拜年，岳父家很重视，都会特别办一桌高规格的酒席，请主要亲人来陪新女婿吃饭。随后一对新夫妻带着礼品到女方主要亲戚家如叔伯、舅舅家去拜年，一般都要挽留着吃饭，如果不吃饭要视拜年礼品多少，适当"回情"。如，两条方片糕、现金红包可多可少、鸡蛋10~20枚。新女婿夫妻回家时，往往带回许多糕和鸡蛋。

贴财神　是用32开（A4纸的一半）的大红纸，刻印或画上"财神像"，一般由一两人走村串户来到村民家门边，将粘上糨糊的财神像张贴在主人大门框或者张贴在大堂的显眼位置。寓意"给你家送财神"，此活动比较简单，贴上了就行，每贴一户，主人随意给几个钱，就又赶去另外一家。

他们从初一贴到初五就结束，现在很少有人做这事了。

送春 送春亦叫颂春，其实是一种民间娱乐并获取一点收入的活动。在正月前半月，一般由 2 人到 4 人组成搭档，有夫妻，有父女，有兄弟，有朋友。一套锣鼓，有唱有和。到你家门口，一边敲锣、打鼓，一边歌唱。唱的是民间小调，歌词内容广泛。每到一户门口，目测家境或物件，还有家庭成员年龄、长相，甚至主人怎么招待，都是见景生情，顺口编词，现场编唱相关内容。俗语见什么人、见什么事就唱什么歌。

见到人家院里有柳树，就唱："府上门前一棵柳，放下柳树打芭斗，打了芭斗量大麦，量了大麦酿烧酒，五湖四海交朋友。"如果两家相邻，就唱："锣鼓一响唱起来，他家唱过你家来，他家生产致了富，你家劳动发了财。"① 这些现编歌词多是吉祥的祝福，很受人们欢迎。送春从初一开始，一直可以"送"到十五。有些唱得好，常被主人留下"慢慢唱"，以此取乐多给点小费，也有村民挽留喝茶吃饭。这里收录一段送春的歌词供读者鉴赏②：

> 爆竹一放喜洋洋，今天来到贵府上。贵府今年逢大喜，唱歌道喜又请安。
>
> 贵府是个好地方，一栋瓦房亮堂堂。门前栽着千棵柳，门后又栽万棵桑。
>
> 千棵柳树拴骡马，万棵桑枝落凤凰。凤凰不落无宝地，飞来飞去送吉祥。
>
> ……

送春人都有较好的才智和嗓音，要经过师傅传教后才能从事演唱。他们的演唱不仅给人们送来了节日的喜庆，也丰富了钱包。如今，农村人生活好了，"闲人"少了，春节间出来"贴财神"的人少见了；而"送春"的老一辈已经唱不动了，新生代没有人去学习从事这一行业，现在也几乎见不到送春的了。

兴灯与接灯 早年的城山冲青壮年都在家乡，每年或隔一两年春节期间，按姓氏组织家族里的青壮年，扎灯、训练，准备正月出去玩灯，整个准备工作又叫兴灯亦叫穿灯。城山冲有几个大姓，都有兴灯的历史和人才，还

---

① 搜集：施明荣。
② 搜集：方时学。

有组织出演秧歌灯的历史。

同时，城山冲的一些大户人家外地亲戚朋友如果兴灯，可能要提前到城山冲来联系，到城山冲来"送灯"。这时，被联系的家庭或家族，就要准备"接灯"。如果与对方约定了时间，就要准备购买一定数量的爆竹、糕点、红布等，如果是接近中午来，还要准备午餐，傍晚来的要准备晚餐。几十人的饭菜、用餐的餐厅餐桌也要提前做好准备。客气一点还要给一些礼金，图的就是人气和热闹。近十几年，众多青壮年外出务工经商，兴灯困难，接灯的也不多了。

吃春酒 吃春酒也是城山冲的传统习俗。平时大家都是很忙，各家备菜也很困难，大家利用春节，邀请亲朋好友，还有生产队干部来家里吃春酒，大队（村）干部之间也互相吃请以联络感情。请春酒，一般从正月初三开始提前几天打招呼，让对方安排时间赴宴。各家各户请吃，都是争先恐后，希望早一天、多点人欢聚。似乎还有相互攀比的心理，并尽力而为，生怕自己家办的酒席比别人家差，而让人见笑，春酒都办得很丰富。谁家请客都非常忙，男主人负责邀请客人，女主人负责准备宴席菜肴，还有家里最好的酒、最好的烟、最好的茶叶都拿出来准备款待客人。请春酒一般时间为午餐或晚餐，有的人太忙又不能推辞的可能一餐吃几家，在东家酒席上喝几杯酒再换到西边另一家继续喝，这叫"跑片"。十五过元宵，春酒基本结束。如果家庭遇到特殊情况或生活困难，也可不请。

改革开放以后，城山冲的青壮年多数外出务工经商，即使回乡过年，时间紧，没过几天就去工作了，也来不及办春酒。这大范围吃春酒的事，便冷了下来。如今过年请吃，只是小范围，是关系比较好的人，互相邀一下，只是说聚一聚，也不再称吃春酒了。

新年里，办喜庆大事是又一新年味，离乡就业的人们，平日在外地工作，也有乘年假时间回到家乡办一下必须要办的喜庆大事，如给孩子完婚、给父母庆寿等。随上礼金，那喜宴是必须要参加的，无论再忙也要去捧捧场面。

回家过年 历年来，千军村户籍人口变化不大，主要是自然增长，绝大多数村民都坚守在城山冲这块土地上，繁衍生息，外出人口极少。1977年改革招生制度以后，城山冲开始有学子高（中）考外出求学读书、工作。改革开放以后的20世纪八九十年代开始，城山冲的青壮年纷纷外出务工经商，这些外出的人们不管走到哪里，都不会忘记"回家过年"。"有钱没钱回家过年", 这是江南农村乃至全国人民的习俗。父母在世并且孩子在家乡的村民, 不管离家多远, 春节总是要赶路回家, 与亲人们团聚过年。随着时间的推移, 一些在外工作、事业有成的村民在外地买房定居, 将孩子带到了身边, 或将父母接去一块生活的, 就不再回城山冲过春节了。

随着人们经济收入增加, 生活水平的改善, 过春节的方式和习俗也大不相同了。一些过年要准备的团子、炒米糖、豆腐干子等, 都可以到市场购买。所有的荤、蔬菜除自家有的市场上都有。平时吃喝不愁, 荤素都有, 春节孩子们也不馋了, 也不用准备太多的菜了。光洁的墙面上年画也少了, 孩子们的压岁钱却大大增加了。文明的生活, 爆竹也放得少了, 很多习俗被慢慢淡化。随着回村过年人数的减少, 龙灯也玩不起来了。城山冲的春节也冷清多了……

2. 清明祭祖习俗

清明节, 是中华民族最隆重盛大的祭祖大节, 属于礼敬祖先的一种文化传统节日。清明节凝聚着民族精神, 传承了中华文明的祭祀文化, 抒发人们尊祖敬宗, 继志述事的道德情怀。

繁昌农村清明祭祖习俗, 都大同小异。清明期间由一个家族或一个地方众多人参加的大型祭祀活动, 叫"做清明"。一家一户上祖坟表纸钱, 烧草纸、冥票和其他祭祀用品的祭祖活动, 称为"上坟"或"扫墓"。

做清明, 在清明节进行的具有一定规模的比较隆重的祭祀仪式。以一个姓氏宗族组织举办的, 要遵循祖辈传下来的规定程序。规模大的是公祭。公祭是由族长牵头, 各房长负责, 每户一个男丁参加, 一切费用由公堂负担, 活动地点设在祠堂。

姓氏大宗族房支多的就以房族为单位组织的叫族祭。族祭按户头轮流当值, 负责一切事宜, 地点就在各房安排。

活动当天早上, 参加人员吃过早饭陆续来到活动地点, 面对香案磕头上香。人员聚集齐了, 由族长或房长带领上祖坟山烧纸拜祖。人们下山后就是共进午餐, 这是做清明的高潮时刻。席间, 宗人们推杯换盏, 谈笑风生, 倾诉衷肠, 抒发族聚同心之情怀。散席后, 聚餐者接二连三地面对香案叩首回家。富裕的姓氏宗族还给每户赠送一刀斤把重的猪肉。

清明扫墓盛行于唐朝, 是重要的习俗, 一直流传至今。清明扫墓时, 大家带着"清明吊子"（以优质薄白纸剪制）、草纸、冥票、香烛和爆竹等,也有带菜、饭和酒水等去祖坟上祭祀，称为"送饭"。扫墓是否同时送饭，是由各户人家根据逝去先人情况不同确定。挂"清明吊子"、将食物贡祭在亲人墓前、焚香烧钱后，并为坟墓砍掉杂草培上新土、简单修整坟墓后，放一挂爆竹，就完成了上坟祭祀活动。

在20世纪六七十年代"文革"期间，做清明的习俗也就慢慢地淡化了。当时，由于商品十分紧缺，草纸供应都困难，更没有冥票之类祭祀用品销售，不但"做清明"活动被禁止，就连上坟祭祀也被认为是迷信活动。改革开放以后，政治环境宽松，清明上坟祭祀活动合法化。2007年12月7日，国务院第198次常务会议通过了《全国年节及纪念日放假办法》，规定清明节放假1天（清明当天）。2008年，清明节正式成为法定假日。但"做清明"大型祭祀活动已经被淡化。

3. 祭拜土地

千军村什么时候开始有土地庙和祭拜土地神习俗历史并无记载。据千军村老年村民回忆，自小就看到村中有土地庙，并有祭拜习俗。土地庙是供奉土地神的场所。城山冲及周边地区建设的土地庙一般由几大块石板结构组成。左右2块石板高1米左右，宽70~80厘米，石板厚十几厘米。后边为主块，高与侧面相同，宽约1米，朝内一面雕刻有文字花纹或土地公公和土地婆婆的神像并着色，也有的供着两尊石雕像。庙前横额上一般刻有"福德祠"三字，左右刻有对联"土中生白玉 地内出黄金"。雕像下方石条上放有香炉，是人们烧香的地方。上盖的大石块又长又宽又厚，上面雕凿成屋脊形状。各石块对接并固定，牢固稳定，不怕风吹雨打。土地庙一般建在村子不远田边、山边或塘埂上，旁边有树，占地面积不大。由于树的根部生长挤压，可

位于诸侯岭大树旁一座古老的土地庙，已倾斜

能会导致土地庙倾斜甚至倒塌。

1966 年"文革"开始后，土地庙被视为封建迷信的产物，大多数被拆除，只有深山偏僻之处极个别土地庙未被拆毁。

改革开放至今，一些信奉土地神的村民又开始建造土地庙，都是用现代建筑材料建造，规模也比以前的大了许多，一般都是在原址重建。2021 年年底，千军村共有村民自建土地庙 20 座，说明民间拜土地神较为普遍。除夕的一大早，城山冲有些村民便去祭拜土地神，他们带着香烛和纸钱。有些人还带上祭品：一块

位于金村路边树旁的土地庙

熟猪肉，一撮白米里掺和的茶叶（茶叶米）；两杯酒，一炷香和一挂小爆竹。放好祭品，跪着焚香烧纸，结束时燃放一挂小爆竹。大家祭祀本地土地神，就是祈求土地神能庇佑一方土地，希望风调雨顺，庄稼能有个好收成。正月初一也要拜土地。是去土地庙点燃一炷香，燃放爆竹，向土地菩萨祈求保佑，再给土地神"许愿"，到年终还给他上供。因此，各自然村都建有土地庙。

一些虔诚的村民，不仅农历正月初一、十五要去祭祀土地神，每年农历的二月、六月和九月的十八、十九日也要去祭拜土地神，或在家"吃素"。祭拜土地神，是来自民间百姓农耕社会对土地的信仰崇拜。土地神就和灶神一样，都是司管一方的正神，仅司管一个片区土地。虽是最微小的神职，却是不可缺少的一位正神，在以种田为生的庄稼人心目中地位一直很崇高。道教和佛教都有关于土地神的说法和记录。

在封建社会，千军村及附近农村都有"二月二土地会"的习俗，又称土地菩萨会。据说，农历二月初二日是土地公诞辰，每年此日，农村多有做会为土地公贺生辰习俗，都由种田农民自由结合组成的，其他行业不让参加。每一班土地会人数，以八人一桌为基数，少则一桌，多则两桌、三桌。

大家到土地庙烧香磕头，然后集体聚餐。每年支会负责人，定为两人一班，拈阄儿为定，轮流照转，一年办一次。办满后重新组织。办会经费来源，由会员自动捐款凑钱，专人保管集中使用。也有于八月初二兴办，传说八月初二是土地公成佛日。

位于千军下蒋村的土地庙

每年正月底，值年值班支会者，提前上街，请香买菜，准备做会。在土地生日前一天（二月初一日）下午，全体会友，人人剃头洗澡、换鞋、更衣，携带堂名灯笼，自动集中做会，为土地菩萨暖寿。此时，会址早就摆布香案，安放香炉蜡台，供上三牲（猪头、鲤鱼、公鸡），陈列果品十供，净茶净酒，并在香案正中，粘贴土地神牌，上写"敕封当方土地菩萨之神位"11个字。

会友到齐，点燃蜡烛，敬奠茶酒，先向香案神牌敬香，复安排朝庙。大家捧着三牲酒醴，香烛纸马，鞭炮铁铳（猎枪）等，径往土地庙前，放炮焚香，磕头跪拜。祈祷土地菩萨保佑今年五谷丰登，六畜兴旺，人口平安。礼毕，转回会场，做会聚餐。八个人列坐一桌，桌上十盆十碗，大鱼大肉，高粱烧酒，大家开怀畅饮至夜方散。

二月初二日为土地正生日，凡会内有添丁、娶亲、做寿等人家，要备办喜蛋、喜酒、喜烟，清晨送到会场，给会友当早茶、早点、早饭。吃不了的喜蛋、糖糕、桂圆、蜜枣等，大家可携带回家，给家里老小分享。中午吃寿面，并按户送面汤，祝阖家老小健康、长寿。第二天，仍和前一天一样，先朝庙，后聚餐，会友们仍旧任意吃喝，直到酩酊大醉，方肯罢休。故古人有诗道："桑柘影斜春社散，家家扶得醉人归，"正此之谓也。

土地会，虽然是借神做会，但也是农民一年一度在春耕之前的祈祷丰年的聚会酣饮活动。

4. 婚事习俗①

婚事习俗，当以民间俗成规矩，各地不尽相同，而婚姻男女双方住址如果相距甚远，具体婚事可按双方各地规矩办事，不同之处也可协商解决。千军村的婚事习俗与繁昌农村大致相同，也有少数不同之处。

历史沿袭至新中国成立之前，本村正常情况多数男婚女嫁全凭父母之命，媒妁之言撮合才能确立婚约关系，基本实行包办婚姻。自主、自愿被说成"门风不正"，婚姻取决于家庭社会地位、经济条件，讲究门当户对。

托媒　当男青年达到婚龄时，其父母亲要托请媒人帮助介绍对象。如果男方家长看中附近周边村庄谁家姑娘，也可托请媒人直接到女方家传递男方意愿，介绍男方家庭经济情况及男青年的概况等。为了能做成好事，媒人重点向女方介绍男方家庭和男青年的优点，缺点往往少说或不说。如果女方姑娘没有对象，被媒人说动心，首先要亲自上门去看看，这叫"看人家"。

看人家　也称相亲。男女双方距离较远互相不了解的情况下，女方听取媒人介绍后感觉可以开亲，就要到男方察看家境和男青年长相。男方一般要准备设宴招待女方来客，女方来客坐定后男方捧出茶叶蛋（五香蛋）待客。女方一般父母或哥嫂姐妹来几人，到男方家要房前屋后、楼上楼下考察一番，再看男青年长相及才能，问问家庭经济及其他情况。如果不满意，不吃不喝立即离开回去，这场相亲结束。如果满意或比较满意，由媒人陪着女方客人在男方吃饭，之后坐在一起，问清男女青年生辰八字（时间），商谈下一步订婚事宜，这一门亲事就初步定下来了，也有少数相亲后反悔解约的。此后，男女青年开始认识往来。双方有什么要求，一般由媒人传递信息或协调。媒人往往要多次往返男女双方家庭协商，然后确定订婚时间和具体程序。

20世纪70年代以后，农村男女青年开始自由恋爱，男女双方恋爱成功后，也要托请媒人到女方家去说亲，做"现成媒人"。此间，女方家长借故托亲友，侧面打听男方的一些情况，也可与媒人一道去男方家看看，如果满意才同意这门亲事。双方父母同意后，经过一段时间考察协商，就要准备订婚程序了。

---

① 汤炳良、汤家旺搜集资料。

订婚　又叫押庚。男方先写好注明男女双方出生年、月、日和生辰的"庚帖"，择吉日，请媒人带好事先约定的衣料和鞋袜等礼品或现金，条件好的可买金银和玉器等首饰。当一行人进入女方村庄时，女方放爆竹迎接，男方也放爆竹回应，即向公众示意，某姑娘已定终身，"名花有主"了。收下男方的礼品，女方也向男方回赠鞋袜、帽子等，以示婚姻已定。订婚这天，女方家要准备家宴款待男方来宾。订婚后，每逢春节、端午、中秋三节，男方都要给女方父母和直系长辈拜年送节。如果双方两人感情很好，一两年后，男方提出结婚要求，双方家长就要和媒人一起商量结婚事宜了，结婚所需婚房、家具用具等；女方提出是否需要彩礼，女方陪嫁器物也向男方说明，避免重复准备。

送日子　男方根据男女青年的生辰八字确定良辰吉日举办婚礼，时间一般选在冬闲、逢双、逢六、逢八等吉日，再与女方协商确定。结婚日期确定后就准备"送日子"了。男方家长将确定的结婚时间，请先生用红纸写成婚书帖子，注明何日迎亲。然后派人与媒人一起去女方家"送日子"，带一些鱼、肉、水果、糕点等礼品到女方家，并燃放爆竹进村入户。女方招待一餐。同时，商定结婚典礼流程安排，确定男方提供给女方宴席所需主菜（鱼肉）和烟酒、糖果等物品数量，商定婚前送达时间。女方也有因故"推日子"的规矩。双方约定结婚时间后，婚礼前一个月要给亲朋好友发请帖，邀请大家参加婚礼。

送水礼　在迎亲大礼的前3天，媒人带领男方派人挑一担女方办宴席所需的大鱼、大肉、香烟、糖果、欢团、粽子，并配上特制的猪嘴、猪尾巴（喻意有头有尾），两条小鱼（喻意年年有余）等用口袋篮子装好送到女方家。并象征性地带上一点柴和米，送到女方家，意思是姑娘从3天前就不吃娘家饭了。根据女方需要，也有送些礼金的，这叫"三天送鱼肉"，俗称为"送水礼"。

盘嫁妆　婚期的前一天，男方派人去女方家接嫁妆布置新房，俗称"盘嫁妆"。也有盘嫁妆与接新娘同时进行。盘嫁妆的习俗是：每当女家从房中搬出一件物品，男方必须放爆竹一挂，小件放小爆竹，大件放长爆竹。整个过程中爆竹一直燃放不停。无论嫁妆数量多少，一般"子孙桶"必不可少，子孙桶是新制作，外面刷红漆。原本是姑娘在婆家放在房间里的马桶。出嫁时里面放着花生、枣子、鸡子等，另加一个红包，该红包是给背送子孙桶的小男孩的。小男孩走在迎亲队伍后面，象征"后继有人"。随着人们居住环境的改善，木制马桶早已被淘汰，但是人们就制作工艺性的小子孙桶替代，象征性地作为"嫁妆"带到婆家，保留其寓意。

接亲、发嫁 结婚当天，男方要派人去女方家接亲。关于姑娘发嫁时间，城山冲的姑娘原来都是在傍晚至断黑发嫁，等天暗到没有灯光看不见娘家屋梁才出门。而近几十年，人们一改旧风俗，认为发嫁越早越好，早上发嫁已经成为普遍现象。如果是晚上发嫁，在婚期当天，新郎家安排确定好接亲人员，用过早餐就出发到女方家迎接新娘。交通工具视路途远近、经济条件决定。过去一般都租用花轿，现在都租用或借用车辆。男方按女方陪嫁物品多少决定接亲人数，接亲人数去时必须是单数，等娶新娘回来成双数。

姑娘事先午夜洗澡，化妆穿上新衣或婚纱睡在娘家床上不起，名叫"暖床"。当男方迎亲队伍一到女方家门口，女方家亲友会关上大门，不让迎娶队伍进屋，双方对放爆竹，并索取开门礼。所有接亲人员必须站立，所带物品也不得放在地上，花轿不能沾到娘家的土，必须放在娘家准备的大窝匾上。当双方对放爆竹一阵后，媒人用红纸包从门缝里塞进开门礼，得到把门人的同意后才开门进屋。迎亲队伍进门坐定后，迎亲队伍的领头人会同媒人向姑娘家赠送礼包、梳头礼、厨房礼和端盘礼，这叫"四礼"。女方家便开始摆筵席招待宾客和接亲人员。每上一道菜，男方就要燃放一挂小爆竹。女方家长辈宾客一般都要给即将出阁姑娘赠"洗澡钱"红包，宴毕就等待姑娘出嫁仪式。

此间姑娘在房内梳洗打扮，吃些点心，穿婚纱，涂脂抹粉，穿红鞋、戴红花，盖上红盖头等待"发嫁"。在结婚仪式前要先请好"抱轿公公"和"搀亲婆婆"两位角色，或长辈或年长兄嫂等，且儿女双全，家庭和睦，受人尊敬的人物，受聘人既乐意也高兴。

酒席过后，"发嫁"仪式开始，嫁姑娘上轿前，准备一张八仙桌放在堂屋正中，桌子前放1张大椅子，桌子上放1只米升（装米的竹筒），将10双筷子方形一头染上红色，插在米升里。这时，抱轿公公从闺房背出戴着红盖头的嫁姑娘，让其在大椅子上站定，将米升里的10双筷子递给嫁姑娘，嫁姑娘把筷子往头顶上一撒，娘家兄弟用衣兜住，兜得多即表示发大财。撒筷子象征把财气、衣食饭碗留在娘家。新娘跪别父母，抱轿公公或娘家兄长背起嫁姑娘，由搀亲婆婆送进轿子里坐稳双脚踏在早已准备好的一对方片糕上，其寓意从此步步高升，母亲在家哭嫁。此时鞭炮齐鸣，热闹非凡。娘家安排 4 个人在轿子的前后左右站立，手扶轿杠，待轿夫起轿后，4 人同时抬着轿子往前走几步，后退几步，接着用力往前一推。这过程是一边进行一边说："前一发，后一发，娘家婆家一起发。"随后，送轿迎亲队伍抬着轿子提着灯笼，打着火把紧急赶路。待到达新郎家进村三岔路口处放一竹匾，歇轿其中，进行一项带有封建迷信色彩的"退轿神"仪式。仪式由本族主持人具体操作。退轿神仪式结束后，轿夫就抬起轿子直奔新郎家，歇轿门前。

男方婚礼　花轿停放到新郎家门口，新郎掀起轿帘，背着新娘来到堂屋进入"拜堂"程序。新郎父母坐在堂屋正中，由主持人指导：一拜天地，二拜高堂，夫妻对拜，送入洞房。进入洞房的过程中，用 2 只袋子交替传送着，帮忙的人一边传送着 2 只口袋，一边喃喃口诵：一代传十代，十代传百代，百代传千代，千代传万代。新郎新娘脚不沾地踩着袋子行进，寓意传代。

新娘来到洞房，在婚床床沿坐着。这时，抱轿公公手持一柄小小的秤杆，开始"挑盖头"。挑起新娘的红盖头，口诵吉祥语："小小秤杆乌溜溜，我给新娘挑盖头。盖头挑起，公婆得喜，盖头落床，子孙满堂，盖头落帐，子孙兴旺。"这时，人们才看到新娘美丽的妆容。这时，搀亲婆婆端来一盆热水，里面放有毛巾、荷叶，用热毛巾给新郎新娘以及家人逐一象征性地擦一下面部，这叫"揩和气脸"。

这时，堂屋里已在紧锣密鼓地摆好酒席。新郎新娘这一桌坐 10 人，是刻意选好 8 个未婚青少年，大都是女方闺密和男方好友，男女数量对等，即十全十美之意。这叫吃"团圆饭"。团圆饭就餐者都要向新郎家敬献双数的鸡蛋，也有的送 5 个鸡蛋的取吉利：早生贵子，五子登科。

婚宴　无论是嫁姑娘还是娶媳妇，在农村都要举办喜宴，一般都在家里设宴请客。

城山冲家家户户都有一张传统的四方"八仙桌"，设宴时，根据自家房子大小和客人多少，向一些邻居借来方桌和凳子，请来厨师在家做菜。如果房子小、客人多可以中晚两餐宴请，一次请四五桌，也可搭棚开席。

婚宴酒席座位也很有讲究。方桌开宴席，除新郎新娘一桌外，每桌都是坐 8 位客人，8 人座位排列有规矩，赴宴时不能乱坐。每桌的客人都要"论资排辈"，按辈分、年龄，或职位、师生关系等排位。婚宴上，舅舅所在一桌必须坐首席，如果谦让或坐错位置并且相差较大，主人或张罗帮忙的人就会劝换位置。

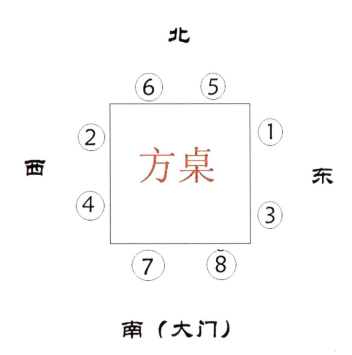

一般人家都是坐北朝南，方桌正对大门，右侧即东侧为"上席"，上席北端位为"一席"，对面为"二席"，其他席位如上图所示。背对大门座位的东位是第八席，也就是最低席位，称"酒壶把子"。负责给本桌客人斟酒、传菜等服务。一般指定家人小辈或年龄小、资历浅的亲人去坐，替主人为客人做服务。坐第三席的客位也叫"酒龙口"，坐酒龙口的人第二轮开始，都是第一个斟酒的人，这位客人一般要有一点酒量，否则会影响气氛。如今多数喜宴都到酒店开设，圆桌 10 人一桌，座位以面对大门者为首席，其他依次排列。

酒席每桌要烧 18 碗或 20 碗菜肴，最后一道菜是"圆子"圆席，用珍珠圆子或其他圆子也行。早期只饮白酒，后来也上红酒和饮料。传统的宴席上都使用小酒杯，三四杯一两，一杯分几次喝干，再由执壶人斟酒。斟第一杯酒，必须按席位次序，第二轮从"酒龙口"开始，逆时针为序斟酒。喜宴进行当中，新娘、新郎要向宾客敬酒（女方家喜宴没有这道程序）。不喝酒可以象征性舔一下杯中酒，不用喝，自始至终一杯酒，不喝不斟，如果有饮料视同喝酒。宾客推杯换盏，欢天喜地。酒量大的多喝，酒量小的少喝，一般每人喝二三两就结束。当然也有"酒仙"级的客人，行令猜拳，相互劝酒。喝喜酒，有些人非喝成"歪歪扭扭"醉醺醺才肯离去。

除婚礼当天大办喜宴外，婚礼前一天要开一桌"副席"，主要招待月老（媒人），这一桌月老坐首席，以示尊重和谢意。婚礼后，一些远方客人、老长辈，特别是舅老爹（父亲的舅舅），要挽留住一夜，第二天再宴请一两桌，叫"待亲酒"，舅老爹必须坐首席。

闹洞房　酒酣饭足后，喜欢热闹的青年人就开始闹洞房了。民俗洞房三天之内无大小，长、晚辈均可进入洞房玩笑。少年儿童们簇拥着讨要喜糖，年轻小伙子讨要喜烟。满洞房的人头攒动，好不热闹。

闹洞房最热闹有趣的场面要数"颂房"①了。能说会道的青年才俊口占颂词："进洞房，香阵阵，两条金丝搭牙凳，豪华嫁妆多排称。进洞房，望四方，四方墙壁鲁班装。东边装的金鸡叫，西边装的金凤凰，南装鹤鹿千年寿，北装麒麟送子府上来。"有人喝彩道："说得好不好？"大家异口同声附和道："说得好！""喜糖喜烟要不要？""要！"新郎新娘喜滋滋地分发喜糖、喜烟。有人又嚷嚷道："再来一段，再来一段！"

"新娘面对墙，必定想家二爹娘。劝你爹娘不要想，早生贵子状元郎。大儿子朝廷宰相，二儿子保国封王，三儿子南京总督，四儿子兵部侍郎，五儿子年纪虽小，待育十三成贤良。大女儿千金小姐，小女儿皇帝娘娘。你夫妻五男二女，七子团圆。五官端正，才貌双全。祝你夫妻福如东海，寿比南山。"新郎新娘笑盈盈地再次散喜糖、喜烟。"进洞房，看四边，四边墙壁挂神仙。神仙挂在洞房内，生了儿女中状元，男做官女掌印，做个清官保朝政，皇上重用民高兴。"新郎新娘被逗得乐不可支，羞答答地又一次散发糖果香烟。

年轻人绞尽脑汁，花样百出地戏耍新郎新娘，用吃糖、敬烟点烟、共吃吊苹果、唱歌等戏耍新婚夫妇。冷不丁地还有人做出一些恶作剧，新郎新娘只好躲闪忍受。这时，男方家长出面好说歹说，拿些糖果、香烟招待闹洞房的儿童、亲邻为新郎新娘解围，轰散人群。

认亲酒　这是近几十年形成的新风俗，结婚的第二天，新女婿家要宴请女方娘家至亲好友，加上男方陪客，一般要摆酒若干桌。酒席上，主人客气点的给所有客人赠送一包香烟和糖果。女方客人进村，男方燃放爆竹迎接。散席客人各自回家，男方放爆竹欢送。

---

① 汤家伦提供资料。

回门 新婚第三天，娘家要接新女婿夫妻回娘家。新女婿拜见岳父母，也称"三朝回门"。远嫁的一月或春节回门。本村习俗凡是"三朝回门"，早上女方派亲人上门接新女婿和女儿回门。主要是让新娘回家向自己母亲叙述到婆家两天的感受，是否适应。新人不在娘家留宿，午饭后一起回男方家，整个婚礼程序结束。

在封建社会，除正常婚姻习俗以外，还有一些特殊人家，定娃娃亲，抱童养媳，买卖婚姻，换亲等。

童养媳 多数女孩长到五六岁或七八岁，也有不满周岁的，女孩家庭经济困难就将女儿订婆家，并将女孩送给男方家抚养，长大成人后，选吉日拜堂成亲。俗话说："拍拍灰，好成堆。"不举行任何仪式，花费很少，简单地操办就算为孩子完婚。

换亲 一般是男女双方家庭都有婚龄子女，且经济条件差娶亲困难，不想大操大办，于是双方商定：各自将自己家年龄小一点的姑娘嫁给对方，双方都不要彩礼，举行简单婚礼，这种婚姻，小姑娘为了哥哥只能服从父母选择。

招亲入赘 即男到女家成家立业，俗称招女婿。招女婿一般是家无男丁或男丁幼小，留一女儿在家招亲，程序与娶媳一样，双方同意，谈妥条件，选吉日男方自带一些家产到女家落户，招亲入赘成为倒插门女婿就视为女方家后继有人，有继承女方家产和赡养岳父母的权利义务。

新中国成立后的 1950 年 4 月，中央人民政府颁布了《中华人民共和国婚姻法》，废除买卖婚姻等不良习俗，保护男女婚姻自由。

农村男婚女嫁，基本消除包办、买卖婚姻。在婚事程序上仍沿袭了历史流传的习俗。

20 世纪 50 年代至 80 年代，国家提倡"移风易俗，婚事新办"，加之经济困难，婚姻喜事简单节俭。男女双方自由恋爱，通过媒人沟通，男方给姑娘买几套衣料订婚，结婚只选一个日子，男方派人到女方家将嫁妆和新娘接回家，请至亲吃一顿饭，给大家发一点喜糖就算结婚了，不宴请其他宾客。也有采取"旅行结婚"方式，一对新人办好登记结婚手续，选日子一起外出旅游几天，回来给大家发喜糖就算结婚了。

20 世纪 90 年代后，随着人们经济收入增加和生活水平提高，人们对婚姻喜事的操办又讲究起来，不仅恢复了一些传统的婚姻习俗，又有了很大的改进和创新。早上发嫁，男方喜宴可以安排在中餐，也可在晚餐。仪式内容也一改传统习惯。从 90 年代开始流行拍照、摄像，将结婚过程的情景制成相册和影像资料保存。接亲所用交通工具根据路途远近及经济条件决定，路近可租用轿子，其他人挑着、抬着嫁妆，长长的队伍，很是热闹气派。路远需要请小轿车接人，小货车拉嫁妆等。现在一些经济条件好的男女结婚也到城里大饭店租借场地，聘请婚庆公司操作整个婚礼。随后的闹洞房、认亲酒、三天回门的习俗没有省略。

5. 生育习俗

催生 姑娘出嫁后怀孕第一胎临产前一个月，娘家要送催生礼。送催生礼一般由姑娘父母或哥嫂去，讲究一点要去公孙三代人。并送一对鸡，一公一母，催生鸡至少要养一年以上，等养了小鸡才能宰杀。还有面条、红糖、鸡蛋、婴儿衣服鞋帽及布尿片等用品，送到女儿家，意思是催促婴儿早点平安出生。

婴儿出生 新中国成立初期及以前，孕妇临产前，一般先与本村或邻村接生婆联系，并告知预产期，待到出现婴儿降生前兆时，无论白天黑夜都要派人去请接生婆到家里来，准备接生。由于卫生条件落后，剪脐带一般就用普通剪刀，经开水煮烫后使用，容易造成婴儿"破伤风"而夭折。为此，有的家庭现场将干净的瓷碗打碎，用瓷片锋口将脐带割断，降低破伤风的风险。一旦遇到难产，产妇及婴儿死亡情况时有发生。婴儿顺产落地后，产妇家人都要准备一碗打鸡蛋加红糖泡炒米，给接生婆吃。20 世纪 60 年代后，一般由"赤脚医生"帮助接生或到乡卫生院待产，卫生条件大大提高，遇到难产情况，就及时送到县医院就医。改革开放以后，由于交通方便和医疗条件的改善，产妇一般都提前到县（区）级医院待产，使产妇和婴儿的生命安全系数大大提高。

报喜 第一胎婴儿降生后，第一时间要向产妇娘家人报喜。一般次日由婴儿父亲带着几斤猪肉、10 枚或 20 枚染红的鸡蛋、欢团、糕点等礼品到女方娘家向长辈报喜，告知婴儿已平安降生及婴儿性别、出生时间等。

洗三朝 婴儿安全降生后的第三天，产妇家派人早早上门拜请接生婆来家里为新生儿洗澡，俗称"洗三朝"。接生婆为新生儿洗完澡后，产妇家要下面条打鸡蛋或者打鸡蛋加红糖泡炒米招待接生婆，家庭条件比较富裕的、婴儿非常金贵的，要给接生婆包喜钱、送喜糖、喜蛋等。

也有部分家庭在洗三朝的这天，设宴邀请家里直系亲属及接生婆共进午餐，以示庆贺添人进口。这些习俗都与家庭经济条件、社会地位相关，还有对新生婴儿的重视程度，家族中添第一个男婴，久婚未育老来得子等情况，其仪式相对隆重一些。

送祝命　长辈接到报喜以后，就要准备礼物送"祝命"了。送祝命原本是"送竹米"。古代人们生活贫穷，传说一灾荒之际的产妇，生娃后家中没有粮食，娃娃没有奶水吃，整天哭闹。这事被娘家人知道后，发现山上一片竹子开花结出的果实有营养，于是就采集送给女儿熬粥吃，产妇吃了娘家人送来的"竹米"后，身体恢复很快，婴儿也吃上了奶水。后来每当妇女分娩后，娘家人就想办法弄点竹米，送给产妇补身体，催奶水。由于竹米系竹子枯死前开花结出的种子，很难得到，后来娘家人就改用送其他营养米给产妇熬粥，如粳糯米等，"送竹米"就变成了"送粥米"。随着生产力提高和社会进步，人们经济条件和生活水平也大大提高。每当孕妇分娩后，娘家人和亲戚就携带着老母鸡、鸡蛋、豆腐皮、猪肉等营养品，还有婴儿衣服、方片糕、欢团等送去。一是给产妇补身体，也是"祝婴儿长命百岁"。特别是第一个孩子出世，如果是男孩，条件好的也有送金银加工的项圈、手镯等。"送粥米"又变成了"送祝命"。送祝命，一般由多名女宾相邀一起上门，慰问产妇看望婴儿，男方家要准备丰盛宴席热情招待来宾。这一习俗后来逐渐进化为：婴儿出生，亲戚朋友都来祝贺，有的买礼物，有的就包一个大红包即可。孩子满月时，一般都要请"满月酒"进行答谢，也有等孩子100天再请客，称"百日宴"。宴席将散时，客气点的还要给客人发一礼盒，有染红的鸡蛋、糖果、香烟等。

剃百日头　也叫剃百岁头。婴儿出生百日，请理发师上门给婴儿剃头。理发师一定是技术较高的老师傅，不用推剪，就用剃刀将头上胎发刮去，头顶中间留一个桃形图案，理发费用也就成了"喜钱"，相对要多给一些。很金贵的男婴在后脑勺与颈部间留一撮胎毛，长到一定长度就编一根极细的小辫子，待10岁生日后剪掉。一些细心的家长将胎毛用各种方式保存起来做纪念。一般家长还告诉每个孩子，要终生记着给自己剃满月头的师傅，从懂事到少年，见到他应该磕头致谢。这些习俗现在慢慢被人们淡化了。

6. 丧葬习俗

60岁以上老人去世，俗称"白喜事"。整个白喜事的操办过程，因逝者年龄、社会家庭地位、家庭经济条件不同，其隆重程度大不相同，但程序上大同小异。年轻人去世称为"丧事"，一般不大操大办，也有长辈执意为逝世的小辈稍微操办一下。

在20世纪90年代以前，本村逝者遗体都实行木棺土葬，俗话说："入土为安。"丧葬习俗中有送终、停尸、吊唁、进材、停棺、出殡、安葬、复三、六七诸多礼俗。1994年11月，繁昌县人民政府公告开始推行殡葬改革，逝者遗体实行火化，再出殡、安葬。

送终 父母病危，下代为上代最后送别，在长辈弥留之际，子女日夜守候在旁，直到停止呼吸。子女再远都应该赶回来送终。旧俗有不送终的子女为不孝。长者逝世后，第一时间请道士或先生根据逝者死亡日子、时间进行推算，与哪些属相人员相克相冲，还要推算有无犯煞，最后确定后面各项程序进行的日子和时间。尽量利用黄道吉日、吉时。同时，安排人员忙碌给逝者晚辈钉白孝。孝长子身穿白孝褂，头戴披麻三铃冠，颈佩麻辫子，腰系草绳。孝媳同样是身穿白孝褂，头戴披麻白花冠，腰系草绳。

在长者逝世的当天，就要向逝者主要亲戚挚友报丧，在没有现代交通、通信工具的年代，要安排人员步行去报丧，告知对方停丧出殡时间，俗称"把信"。即使是晴天，把信者都要挟一把黑伞。亲戚挚友们得知噩耗后，就带着祭祀用品陆续前来吊唁。

回床 亡人在子女送终瞑目后，请人帮忙为逝者换寿衣，用干毛巾擦身，待遗体僵硬后抬到堂屋大边（左侧），用一块木板摆好，把遗体安放在木板上仰卧，用白床单盖起来，面部用草纸覆盖。若父母健在，逝者腰系草绳，寿鞋外套一双草鞋，以示死后还要为长辈送终尽孝。

进材 进材就是将逝者遗体放进棺材中。棺材对老年人来说又叫寿材，是存放遗体埋葬的木制器具，一般有老人的家庭提前制作备用。进材又叫入殓（收封）。仪式进行时间一般为逝者去世后第二天。请先生写挽联、扎白花，在堂屋里设置灵堂。堂屋中线靠后的地方早已停放好寿材，寿材前方摆一供桌，供桌上摆好祭祀品、倒头饭、香烛等。孝长子披麻戴孝，外套逝者的寿衣，手持一面盆，去水塘或沟渠打一点水回家，这叫"买水"。孝长子买水回来后脱下寿衣由主持入殓的人给逝者穿上。入殓前在棺材内底面撒上一层生石灰，然后将遗体移放入寿材内安卧，主持入殓者将逝者生前的衣物填进棺中。孝长子端满水的面盆，用手做出抄水的动作，在遗体面部上方再做出擦脸的动作，谓洗脸。孝媳拿着梳子在遗体头部上方做出梳头的动作。接着是把遗体面部草纸揭开，这叫"打开天门"，由孝子、孝媳、孝孙依次瞻仰遗容，并端着酒杯用右手小指醮酒往死者口中滴酒，称为"敬酒"，连续三次，每次进行中一边滴酒一边呼喊着称呼。逝者身上盖着女儿、侄女等女性下代送的"千金被"，再在上面依次放上七枚硬币，最后盖棺钉钉。男用三钉，女用四钉，钉住棺盖。

破孝、停丧　到了第三天晚上，孝家人等跪磕在灵前，逐个地向逝者上香、敬酒、焚纸，这叫"三天破孝"。亡人入棺后在灵堂停放几天，称为停丧。一般为 3 天、5 天或 7 天，由道士与家人商定择日出殡。灵堂挂孝幛、贴挽联、请乐队吹奏。亲朋好友前来吊唁，送孝幛（被面子、毛毯等）、花圈、花篮甚至包礼金等。长子及其他子女穿戴孝服跪迎来宾。来宾放爆竹，主人也要放爆竹回应，接下礼品记账入册，办丧宴招待唁宾和"抬重"的人、乐队吹鼓手。

灵堂祭祀　一些富裕或信佛家庭，亡人停棺家中，请和尚、道士为亡人举行做斋超度亡灵的仪式。一般人家做一两天，富裕的家庭做 7 天 7 夜。和尚、道士搭建孝堂，念背经文。20 世纪 60 年代"文革"时期被取缔逐渐消失。改革开放以后，有些逝者家属请和尚在庙里为逝者做道场超度亡灵。

在出殡前一天，安排酒席（流水席）招待和答谢前来吊唁的亲戚宾朋和村上的人。一桌一桌酒席安排完，时至掌灯时分了，开始进行比较庄严肃穆的灵堂祭祀活动。活动由道士主持，逝者所有下代跪拜在灵前。道士坐在灵堂供桌靠右的一边，左手拿一铃铛，右手执着锣鼓槌，合着有节奏的铃铛声和锣鼓点，唱诵着"十月怀胎""二十四孝"等有关孝道的唱词。赞颂亡人生前勤劳，养育儿女之恩。宣扬人伦道德，教育子孙爱老敬老。结束后，紧接着由孝长子、孝儿媳以及支下晚辈，孝婿、孝女以及支下晚辈，孝外甥、孝外甥媳以及支下晚辈，孝侄、孝侄媳以及支下晚辈，孝内侄、孝内侄媳以及支下晚辈，孝侄婿、孝侄女以及支下晚辈，孝姨侄、孝姨侄女以及支下晚辈，孝表侄、孝表侄媳以及支下晚辈，孝表侄婿、孝表侄女以及支下晚辈等依次顺序从灵堂后出位到灵前磕头、上香、敬酒、焚纸。然后，所有参加祭祀吊唁的人排队绕灵堂三圈，焚纸退位，仪式结束。

出殡　出殡当天清晨，由孝长子带领 8 个安葬（抬重）人员到早已选定的墓地上定位挖墓穴，俗称"开金箱"。首先由孝长子在墓穴旁燃放爆竹，焚烧草纸冥票。接着孝长子用锄头或铁镐在定位的墓地上往前连挖三下，称为"开山"，并连喊三声对逝者的称呼就交给抬重人员作业了。然后下山与全体送葬人员共进早餐。

早餐过后，紧接着拆灵堂，然后孝子、孝媳、孝女、孝孙们跪在棺材前抢粮罐。子女将大麦、小麦、棉花籽、稻谷、玉米、高粱和供亡人的倒头饭拌在一起，抢抓灌入事先备好的罐子里。孝子、孝媳和孝孙抢抓着往罐子里灌，而已经出阁的孝女则从罐子里往外抢抓。紧接着就是点神主，鞭炮齐鸣，锣鼓唢呐齐奏。抬重的人把棺材从堂屋移到屋外。逝者子女向抬重的8人跪拜打礼，然后跪在棺材前。长子捧粮罐，次子捧像，三子捧丧棒（一种以杨树枝做的木棒，一头包上白布，像打鼓槌），独子一人全捧，跪在门外。媳、孙、女儿等下代跪在后面。

8位抬重人员将一根长的木杠（老龙杠）放在棺材上进行捆扎，再捆扎好支杠，将一只红毛大公鸡一只脚拴在棺材上主杠前头，另一只脚可活动站立棺材头上，俗称"站棺鸡"，这过程俗称"招杠"。招杠结束，按照既定出殡时辰，就由本族先生主持发棺上路。送葬队伍人数没有俗定。

如果是火化，将骨灰盒放在一张方桌上也捆绑由4人或8人抬重。杠子招杠好了，就由姓下先生主持发棺上路。

送葬队伍由一人领队，肩挑一匹金筛鸣锣开道。另一人抛撒裁过的草纸，叫"撒路钱"。又一人手提铜锣，敲着三开锣前行。随后的是两个男女儿童，手举麒麟幡，寓意金童玉女引路前行。后面就是擎着孝幛、花圈、花篮的队伍。接着是乐队（有钱的二班乐队）、军鼓军号吹奏哀乐，乐队后是孝子捧亡者画像、丧棒、粮罐，再后是亡者的棺木（骨灰盒），随后跟着女眷，一边走一边哭丧，逝者子女头戴白孝布腰缠苎麻，为披麻戴孝。孙辈白布上缀红布，曾孙辈白布上缀绿布，平辈或其他人均左臂上缠一条白毛巾，或者在胸前挂白花、戴黑袖章送葬。当抬重人员歇肩时，孝子等都得对着棺材跪磕在路中央。大批的送葬人员紧随其后。后锣鼓唢呐殿尾。一路上，锣鼓喧天，鞭炮齐鸣。抬灵柩经过村庄时，沿途有村民燃放鞭炮的，孝子跪拜并回赠一条毛巾。

安葬　棺木抬到墓地，停放在清晨挖过的墓穴旁。安葬人员继续挖穴，按相应大小尺度挖好墓穴后，在墓穴内烧一些稻草、芝麻秸秆，称为暖坑，然后锣鼓齐鸣，鞭炮齐放，将棺木放入穴中，长子拎起上衣下角，安葬人员用锹挖·些细土放给孝子兜着，从棺材上走过撒在棺材上，称为"撒孝土"，这时，其他下代们跪在墓穴前，按辈分一边呼喊着称呼，一边往穴内棺木上抛土。接着安葬人员填土掩埋棺木，堆垒坟形，立墓为茔，鸣炮"封山"。一位长者的仙逝就这样入土为安了。

出殡前孝子们剃头理发，此后必过"六七"（42 天）才能理发，俗称养"七头""复三"：即出殡的第三天，子女们到坟前送饭、跪拜、烧纸钱。复三后子女们才能外出或干自己的行当，否则称之不孝。

实行火化后，一般逝世后的第二天就火化。殡仪馆派专车上门，将逝者遗体装运去殡仪馆，子女、乐队同去。火化后儿子捧回骨灰盒停放灵堂，择日出殡，其他仪式与土葬基本相同，少数逝者骨灰寄存县殡仪馆，多数火化后仍实行土葬，建造坟冢。

7. 其他往来习俗

一个村庄或亲戚朋友之间，除"红白喜事"、添人进口要相互送礼外，直系亲属生日寿辰、孩子考取学校、建房乔迁也要互相祝贺，古称"开贺"，现为先送礼后请客。

庆生贺寿　做生日，一般指孩子 10 岁虚岁"大生日"。孩子父母事前准备，并告知孩子祖父母、外祖父母、叔、伯、姑、舅、姨等长辈。这些直系长辈给孩子买衣物、鞋帽、学习用具或者给红包。生日当天，父母亲要设宴，请长辈带上自己孩子一起来赴宴。小主人翁也可请一些同学来一起庆贺。为孩子做生日的范围一般不大，"小生日"，一般都不请客，或自家买一盒蛋糕，简单过一下生日。家庭经济条件差、孩子多的，一般不做生日。

做寿，一般指 60 岁和 70 岁寿辰，80 岁一般不做寿。都是由子女为长辈做寿，也有自己热闹一下不收财礼的。本地做寿是"男做九女做十"的习俗，即男的 59 虚岁就做 60 寿辰，69 虚岁就做 70 寿辰。而女的要到 60 虚岁和 70 虚岁做寿。一般男子年龄大，先做寿。男的在做寿时，子女和其他亲密的晚辈，要给"寿星"买衣服鞋帽或其他用具做纪念，送礼物要送双份，包括健在的配偶。然后等到寿星生日那天或另择吉日，大办宴席，庆贺寿辰。一般有长辈健在，小辈自己不宜做寿，只为长辈做寿。女性做 60 岁、70 岁寿辰多数不再大操大办。老人 90 岁、百岁大寿时，也要热闹大办。

考中入学　封建社会也有考试制度，本村一旦有人考中秀才，就是喜庆大事，秀才家长要遍告亲友，得到喜报的亲友即馈送钱物，以示祝贺。

民国期间及新中国成立初期，由于千军村地处偏僻，经济落后，青少年求学困难，初中、高中毕业者廖廖无几。直到 1977 年改革招生制度后，本村才陆续有初中、高中毕业学生参加中考、高考。开始虽然有个别孩子被中专录取，也只是直系长辈亲属送些学习用具等礼物，或包几块钱，在孩子启程上学前，在家里简单宴请一下以示感谢。进入 20 世纪 90 年代以后，随着经济发展和生活水平的提高，孩子考上大学也成了本村的大喜事，开始大操大办。亲朋好友纷纷送礼祝贺，红包由几十元向几百元上千元逐步增加，考生家长选择吉日并送请帖，在家或饭店宴请大家以示感谢，酒宴之后回赠喜烟喜糖等礼品。

建房乔迁 在漫长的封建社会，千军城山冲大多数农民家都是住草房，只有少数富户建有粉墙黛瓦徽派建筑。从 20 世纪 70 年代开始，由于人口增加和经济收入提高，各家各户都纷纷积蓄资金和建筑材料，开始建造穿枋、砖墙、大瓦房屋。每当一家准备充足开工建房时，亲戚朋友不仅帮忙施工，在房屋上梁时，大家都来祝贺送礼。进入 21 世纪开始建造砖混结构住房，以浇注房顶时间为标志，主人给大家散欢团、粽子等。亲朋送礼开始是匾、小家电，后来多数人变成礼金红包，等到房子竣工后，再请客答谢。人情相互不忘，曾经给自家贺喜送礼的亲戚朋友一旦建房或买房乔迁时，也要送贺礼。这一习俗一直延续至今。

第六章　千军村人物榜

　　千军村，虽然地处偏僻山冲，却人杰地灵。古代人物暂不追溯，仅介绍千军村当代涌现出来的几位人物。他们是时代的楷模，是千军人的典范，他们是千军乃至所有认识他们的人学习榜样，由于篇幅有限，事迹不能详尽叙述。

一、千军英才汤家玉

——千军村第一位博士、大校级军官

　　汤家玉，中共党员，军事学博士、教授、大校军衔。

　　1966 年 7 月，汤家玉出生在千军汤后村一个普通农民家庭。父亲汤春良，是个老实本分的庄稼汉，一直在山区贫瘠的土地上劳作，只读过几年书，认识几个字。他有 5 个孩子，虽然家庭生活条件十分困难，但也坚持让孩子们都能读点书、识几个字，不当睁眼瞎就行了。至于哪个孩子真的喜欢读书，将来上什么学校、出来做什么工作，他想都没敢想过。如果孩子将来长大，能够跳出"农门"，捧上"铁饭碗"就非常知足了。

　　1973 年春，刚满 7 岁的汤家玉，背起书包，第一次踏进城山大队小学

的大门，开始了他一生中马拉松式的学习生涯。

　　少年时代的汤家玉和其他山里孩子一样，喜欢玩耍、喜欢游戏，偶尔也会逃学。当时，全国各地都按照毛泽东主席"五七指示"办学，教学秩序正经历着史无前例的变革。尽管处于小学阶段，城山小学的孩子也要实行开门办学、勤工俭学，教育与生产劳动相结合。老师们都要安排一定的时间，领着孩子们上山采药，下田帮助生产队收割水稻，还要勤工俭学，将所获的收入充当极其低廉的学费。

　　幸运的是，地处山冲的小学，学生们没有在学校进行"闹革命"，课堂教学秩序还能正常进行。学生和孩子家长对老师是非常尊重的，老师对学生也是负责的。只是教学条件太差，有几年要么在村里祠堂上课，要么在林场的茅屋里学习，直到1997年，学校才固定了下来。就是在这种简陋条件下，汤家玉也是很努力地学习。虽然是开卷考试，难度不高，别的孩子马马虎虎，而汤家玉却认真对待每一科的学习考试，深受老师们的喜爱，并对他精心呵护，寄予厚望。小学毕业后，1978年春，汤家玉进入千军大队东风中学初一班学习。

　　1977年和1978年，全县小学升初中孩子特别多，各公社（乡镇）初中教学资源紧张，不能满足小学毕业升学就读的需要，就出现了许多"大队小学戴帽子"的教学方式。即部分小学开设初中教学班，初一年级甚至初二年级。初一上学期结束，汤家玉通过亲戚关系，得到新淮中学校长施镜澄先生帮助，转学到新淮中学借读。他居住在与学校一河之隔的外公工作单位——南陵奎湖公社一家大队办的窑厂，与外公同吃同住。

　　1979年春至1981年夏的两年半时间，汤家玉非常自觉地把全部精力投入到学习当中。无需别人督促，每一天都在争分夺秒、全神贯注看书学习。他起早摸黑，除了上学、吃饭、睡觉，其他时间几乎都用于看书学习。新淮中学的老师们也对这个"山里娃子"刮目相看，他的语文老师佘梅林当众称赞他："汤家玉将来肯定能考上中专！"而当时的汤家玉只是喜欢学习，分不清高中、中专、大学有什么区别。他经常到比自己大几岁的叔叔家串门，看到叔叔有一套高中的自学丛书，没事就到他家去翻阅，居然能把高中的物理看懂了，也能做些题目。1980年，他刚上初三的时候，就试着做1978年和1979年的高考数学试卷，感觉一些题目和初中的内容差不多，用初中的知识也能做出来。他就买了几本课外书，按照课外书上介绍的方法做一些题目，感觉比教材上的方法简单。他依照书本，自己出题目考自己，自己改分，好几次都把自己难倒了，给自己评了不及格。中考前一个月没有去学校参加集体复习，自己待在家里看看书，偶尔到外面玩玩，没有非常紧张的感觉。中考的时候心态平静，就像平时在班上考试一样。

别人考试，是为了上个好学校，而汤家玉参加中考，就是为了继续学习。中考的成绩幸运地达到中专分数线。

1981 年夏，他被当时江南很有名气的宣城师范录取，开始新的学习旅程，全家人都为他高兴。他在父亲的陪同下，带着行李，第一次远离家乡，乘火车到宣城师范学校读书。

1984 年夏，刚满 18 岁的汤家玉中师毕业，定向分配回到家乡的村小学——千军小学任教（第三年调到城山小学），当上了一名小学教师，每月能拿好几十块钱工资。对于一般人来说，"铁饭碗"已经拿到手，日子也能过得去了。而那时的汤家玉，却特别想上大学，觉得大学特别高大上。由于他没有读过高中，要想上大学，必须学习、掌握所有高中课程的知识，自学高中课程成了他的必由之路。随后的三年，他一边从事教学工作，一边自学高中课程，感觉也不是特别费力和困难。一方面，他每年都要给毕业班孩子授课并担任班主任；另一方面，又要自学。好在城山小学的老师们对他十分照顾，支持他自学。

1987 年他参加高考，被芜湖师专录取。也就是这一年，城山小学毕业班学生参加全乡中学升学考试，取得了历史上的最好成绩。

1989 年大学专科毕业后，他再次回到家乡。这次他不是在村小教书，而是到峨山中学工作。中学老师的工资虽然不高，但生活是比较舒适的，工作压力也不大。他不用继续深造，就能够较好地完成各种教学任务。看到别人考研究生，他也想跟着考。1994 年年初，他再一次走进考场，幸运地考取了安徽师范大学经济法政学院的硕士研究生。这次上学还在芜湖，还是没有走远，并且没离开"师范"。1997 年年初，他完成了研究生学业，取得了法学硕士学位。就在这年 5 月，他被特招入伍，来到部队院校工作。然而，对学业和知识的追求并不满足的他却想着：干脆把学位读完！

2001 年上半年，经过精心准备，他再一次走进考场，参加中国顶级入学考试——博士入学考试，9 月，他被录取到中国人民解放军国防大学研究生院学习，2004 年获军事学博士学位。2009 年调入中国人民解放军装备学院，担任硕士研究生导师、大学政治理论与政治工作教研团队首席助理。

汤家玉在不断学习和努力工作的同时，注重潜心学术研究，并取得了丰硕的研究成果。在各类报刊发表学术论文近百篇，主持翻译解放军出版社重点图书《图说二战》第九卷《胜利》，出版专著5部。

毕业论文《论意识形态与国防》系导师负责的国家"十一五"重点社科课题。多次参加学术活动，在北京、湖北、河北、河南、安徽、山东、江苏、山西、上海、广东、四川、辽宁、天津等省市军内外相关单位作多场学术报告。主持完成国家哲学社会科学军事学重点基金项目"军事力量在维护意识形态安全中的战略运用研究"，全军"十二五"规划课题"后殖民主义思潮研究"，军事科学院课题"初级指挥官人文素质培养研究""中国特色基本军事制度研究""网络涉军舆情研究"，安徽省哲学社会科学课题"利用军事资源，促进安徽崛起"等。参加中国军事百科全书的研究，负责国防战略词条的撰写。著作《追求崇高》获中组部、国家新闻出版署、国家图书馆联合评选的首届全国党员教育培训创新教材奖。

专著《论意识形态与军队建设》获第二届总参谋部政治理论成果一等奖、全军二等奖，参与的著作《军营理论热点面对面：2013》获全军第三届政治理论成果特等奖。他负责的单位因成绩突出，获集体三等功，他本人荣立三等功一次。

汤家玉，在求知和成长的道路上，一步一个脚印，开拓进取，从一个农民的儿子，成长为一名高级知识分子。出彩的人生，离不开一个伟大的时代，离不开党的政策，离不开组织的培养、师长的栽培、亲朋的帮助，也离不开个人的智慧，特别是个人的奋斗。在别人看来，他是为了某个远大理想和目标而拼搏，而他自己总结的经验却是——爱好与坚持……

二、优秀共产党员汤俊道

——共产党员就是一面旗帜

2021 年 6 月 28 日，在繁昌区委举行的"庆祝中国共产党成立 100 周年"大会上，全区有 80 位优秀共产党员受到了表彰。受表彰的优秀共产党员都集中坐在会场显要位置。熟悉的人不难认出，峨山镇千军村的汤俊道就坐在前排。他身着白衬衫，胸戴大红花、身披红色绶带，聚精会神聆听会议报告，并不时和大家一道给台上的发言和报告以热烈的掌声。

汤俊道为什么受到表彰？这要从头说起。

汤俊道，1962 年 3 月出生在城山冲门楼小村落。1977 年，刚刚 16 岁的他，因家境困难，准备初中毕业就回乡务农挣工分谋生活。由于城山冲比较偏僻，医疗卫生条件比较落后，广大村民缺医少药，传染病多发，最需要的人才就是土生土长的"赤脚医生"。在汤俊道还未毕业离校时，就被大队和公社卫生院领导到学校考察选中，准备将他作为赤脚医生培养对象。

针对农村落后的医疗卫生状况，毛泽东主席曾发出"把医疗卫生工作的重点放到农村去"的号召。各级党委和"革委会"把大力发展农村合作医疗，作为解决农村广大贫下中农（农民）缺医少药问题重要举措，各生产大队（行政村）开始设立卫生站（医务室），配备赤脚医生（乡村医生）。

经峨山公社（峨山镇）卫生院和城山大队推荐，1977 年下半年，汤俊道被招聘到公社卫生院学习医疗技术，同时让他担任城山大队"赤脚医生"。他由一名初中毕业生转变成一名为人民服务的赤脚医生，一切都要从头学起。刚走上赤脚医生工作岗位的他，首先是跟在仍然在岗的赤脚医生前辈后面，背着印有红"十"字的药箱，翻山越岭、走村串户，熟悉本地农

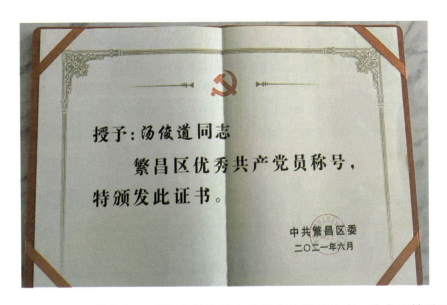

村基本情况和工作任务，了解农村常见病多发病的简单治疗，为老百姓送医送药。他在跟着师父学习的同时，定期到公社卫生院参与实习坐诊，跟着医院医师学习农村常见病和多发病的诊疗技术。他在一边实习一边工作的同时，于1982年报名参加皖南医学院函授学习，充实并提高自己的医学理论知识水平。1983年，经考试合格，由县卫生局批准，正式成为安徽省第一批"乡村医生"。开始在城山村门楼卫生室独立从事全大队的医疗卫生服务工作。

村级医疗条件虽然简陋，但乡村医生所担负的工作任务却十分繁重，责任重大。工作任务包括全大队村民的妇幼保健、防疫疫苗接种，计划生育宣传、血吸虫病及其他传染病的防治、血吸虫疫区查螺灭螺等所有工作。他既是一名全科医生，又是一名保健宣传员。

乡村医生的工作是辛苦的，担负着全村百姓卫生健康的第一道保护防线。首先是防疫工作：全村1000多名居民中，儿童就有二三百人，所有儿童的防疫疫苗接种都要上门到户按时快速进行接种。有时上门找不到孩子要跑几趟，有时家长不予配合，有时家长因孩子身体原因而产生的接种不良反应，也要责怪甚至吵闹，这些，他只能解释和包容，从不与村民发生冲突。慢慢地，汤俊道的工作得到了大家的理解和尊重。最辛苦的是拿着白天的工分，干的却是24小时工作。24小时，无论白天黑夜，刮风下雨，不管路途远近，只要病人需要，他都立即背起药箱，及时赶到病人家里，问诊治疗，还要处理村民突发危重病情。1983 年 12 月的一天，门楼村的一位孕妇临产时突发癫痫，母子生命危在旦夕。汤俊道赶到现场，先做紧急处理，并提醒家属立即将产妇抬到县医院就医，他背着药箱一路跟随，并不时停下来观察、检查病情。到达县医院后，立刻去找医师紧急抢救，使病人母子平安。他全心全意为人民服务的精神受到全体村民的称赞和好评。

汤俊道同志勤奋好学、刻苦钻研，医疗技术水平提高很快，他对每个病人认真负责，深得群众信任。作为一名共青团员，工作中充满激情和活力，他积极的工作态度得到大家的首肯。1980 年开始担任城山村团支部书记，1985 年 10 月，经峨山乡六届团代会选举和党委审议决定：汤俊道同志担任峨山乡团委委员（组织委员），仍兼任城山村团支部书记。1987 年 3 月，刚满 25 岁的汤俊道就光荣地加入共产党组织，成为一名真正的共产党员。加入党组织以后，他以共产党员的标准严格要求自己，全心全意为村民服务，使自己成为一面旗帜，以实际行动彰显一名共产党员模范作用。

汤俊道刚开始从事赤脚医生工作时，大队、生产队实行的是集体经济核算，卫生室药品费用由大队集体财务报销，他的经济收入比照大队行政管理人员待遇记工分，年终参加生产队的收入分配。改革开放以后的 1981 年，繁昌开始实行家庭联产承包责任制度，农村卫生室开始实行药品费用自收自支，自负盈亏，仅靠用药差价和诊费作为收入，非常微薄。到了 20 世纪 80 年代末，本村多数年轻人开始陆续外出务工经商，常住人口大量减少，留守在家的部分居民经济收入低，看病吃药付不起钱就记账，等有了钱再归还，其中有些村民根本无力偿还欠款。日积月累，导致卫生室处于困境。面对众多处于贫困的乡亲，汤俊道爱莫能助。而他自己家中已经有两个孩子，父母年事已高，经济负担也很沉重。为了维持生活，他一边做好乡村医生工作，一边用业余时间加工竹器换点收入维持生活，但终究不是长远之计。自己纵然有赤子之心，不仅无力让家乡父老脱贫致富，自己亦将陷入贫困的窘境。

在亲朋好友的带动下，他开始把一部分精力投入到商业经营活动中。1983 年开始他与外地客商联系，帮助村民推销竹器产品。1992 年 3 月，他与别人合作注册办起了"繁昌县峨山竹制品供销公司"，将各家各户编织加工的竹器收购，统一对外销售，先与客商签订批量订单，再组织村民以销定产，让大家获得更多的收入，带领乡亲共同劳动致富。

随着竹器产品的市场趋冷，经营困难，他将经营的主导方向转向茶叶销售。并于1997年3月将原公司更名为"繁昌县茶叶公司",这是全县第一家以"县"为名的茶叶公司。

2001年年初,他辞去村卫生室的工作,把自己全部精力投入到茶叶销售、茶杯生产等经营活动中。此后,他以敏锐的市场观察力和应变能力,放远眼光,把握商机,一步步把生意做大做强。

2002年12月,他被评为"芜湖市百名农村经纪人",受到中共芜湖市委、市政府联合发文通报表彰。

汤俊道在企业经营过程中,遵纪守法,诚信经营,信誉至上。家庭及邻里关系和睦,并具备一定的经济实力,2012年7月被授予3A信用企业。

汤俊道勤劳致富以后,不忘家乡的建设和发展,更不忘自己作为一名共产党员的使命与担当。

千军村老百姓第一难就是行路难,最大的愿望就是修路。2002年,上级投资开始修建通往千军村的道路,汤俊道发自内心的欣喜。他放下自己的经营活动,天天泡在筑路工地上,跟着施工队伍做服务。施工中遇到一些小的阻碍和难以解决的问题,汤俊道总是站到前头,为的是让这条道路早日顺利修通,为家乡人民造福。当村中道路修到他家老宅院墙边宽度不够时,他就主动拆除自家院子围墙,向内让出1米多宽作为路基,不提任何赔偿要求。

2006年9月,在道路施工过程中,道路经过一户居民的院子地块,路基需要占该住户一块空地,被该户阻挠不让施工。正在大家无计可施之时,汤俊道同志主动邀请村支部书记来到该户做工作、谈条件。该户主提出要2000元的赔偿费,汤俊道一口答应:"只要不影响施工,这2000块钱,我给!"该户主看他如此干脆,又提出边上还有两棵小树苗也要赔偿。汤俊道又问:"你说要多少钱?"那人又说:"至少给100元。"汤俊道又从口袋里掏出100元给了他,并当着大家的面,告诫他不能再影响道路施工了!此人低下了头,施工的机械重新轰鸣,……大家都为汤俊道竖起大拇指,称赞汤俊道同志是位不计较个人得失的热心人、好党员。

在千军上施村的水渠埂上,一棵近百年老桦树,倾斜伸到另一边村道大路上,车辆经过经常蹭擦,十分危险。由于树龄占老又不能随便砍伐,留着却有安全隐患。2016年7月,汤俊道主动站了出来,自己出资1000多元请来专业人员,将树干用钢材支撑加固,并将障碍树枝截去,不仅保护了古树,让该树枝繁叶茂起来,又保障了道路畅通和行车安全,受到全村百姓的普遍称赞。

2018年，千军村的硬化道路延伸工程开始。从城山车站到门楼等村民组的道路建设，原计划大部分资金由政府财政支持，也需要村民集资拼盘建设。汤俊道积极组织村里的有识之士，积极响应，带头捐资。并当众表明态度："今天我先与大家平均捐款，如果钱再不够，我拿！"在他的带头示范作用下，很快完成了集资任务，为村庄道路建设创造了条件。

2021年，千军村的美丽乡村建设即将在门楼村开始。8月，村委会干部首先到门楼村召开美丽乡村建设动员和政策宣传会议。汤俊道特地从芜湖赶回来参加会议，并在会上表态发言：坚决支持国家乡村振兴战略，为美丽乡村建设多作贡献。他带头组织成立"门楼美丽乡村建设理事会"，组织大家同心协力，随时协调建设过程中出现的困难和问题。

由于他自己以身作则，带头示范，所以，他的行为不仅有影响力，做群众思想工作更有说服力。他为人谦逊、做人厚道，把自己看成一个平凡的人。他在家孝敬父母，在外善待他人。自己生活俭朴，对公益事业却豪爽大方。2008年，汶川地震发生后，立即上缴1200元特殊党费，支援灾区建设。身为共产党员的汤俊道，在千军村，是一面鲜艳的旗帜、一支挺立的标杆、一位真正的先锋模范……

三、全国十佳少先队员石峰

——机智勇敢冒险救人的小英雄

2001 年 4 月 25 日，千军村遭受一场暴雨袭击，引发山洪。当天清晨，千军李湾村周边的孩子们，像往常一样，背着书包，急匆匆地赶往 5 里外的千军小学读书。其中一位就是李湾村民组 10 岁男孩石峰。在读小学四年级的他，走在孩子们的最后面。

由于近几天一直下雨，通往小学的小路泥泞不堪，路边山涧平日的潺潺溪流，此时正在发挥着山涧行洪的作用。滚滚洪水就像脱缰的野马，沿着山涧向前奔流。当他们走到离学校不远的窑厂时，突然前面有同学在高声呼喊："有人落水啦!"石峰定眼一看，在上游离他近百米处，有一个穿着红色衣服的小女孩正在洪水中挣扎，时而双手高举乱抓，时而被河水淹没头顶，情况非常危急。由于周围的村庄离这里较远，唯一可能有大人的地方就是不远处的窑厂。

这时的石峰十分沉着冷静，立刻叫同行的另一位女同学赶快去窑厂找大人求助，要求其他同学不要慌乱，自己则跟着落水小女孩奔跑，希望在某个转弯的地方能够抓住她。可是洪水太过湍急一直无法接近并抓到她。随着时间流逝，落水的小女孩逐渐不再挣扎，情况越来越危急。就在此时，不远处的一堆毛竹让他眼前一亮，看到了希望。他急中生智，立即和其他同学抬起一根毛竹就朝涧沟下游跑去，就在自己没劲跑的时候，发现了一处较窄的地方，就将毛竹一头搭在涧沟对岸的树杈上，另一头放在脚跟下，准备用毛竹拦住落水的女同学，让她抓住毛竹得以脱险。可是，此时落水的女同学已经被水流冲击失去了意识，可能无法自主抓住毛竹，而且女孩顺着水流在水中央下移，站在岸边也没办法抓住她。当时他不顾一切，用胳膊挽住横挡的毛竹，向水流中央移动了一段，就在落水女同学漂过来的一瞬间，他一伸手死死地抓住她的衣襟，让她趴在毛竹上透气。此时的小石峰，一手搂着毛竹，一手抓着同学，奋力抵抗洪水对两人巨大的冲击力，还有水中的杂物刮擦着身体，加上前面由于追赶落水同学、抬毛竹做支撑，基本耗去了他的全部体力，但他仍然咬紧牙关，抓住同学决不放手。好在去寻找大人的同学们不负众望，叫来了一位中年大叔，将他俩从水里拖了上来安全脱险，一场惊心动魄的生死营救取得成功。

石峰同学勇救落水同学的事迹传出后，立即引起社会的普遍赞誉，各级新闻媒体争相报道，一些新闻记者不辞劳苦，来到城山冲，采访这位少年英雄，了解他的生长历程，挖掘他的特殊之处。石峰同学先进事迹经报道后，立即引起社会各界的广泛关注，获得各级少工委、共青团组织的表彰。

2003 年 12 月 29 日，在全市首届十佳少先队员评选活动中，他被共青团芜湖市委和芜湖市教育局授予"芜湖市优秀少先队员"光荣称号。

2004 年 3 月，石峰同学荣获中共繁昌县委宣传部、繁昌县教育局和共青团繁昌县委联合授予的"第二届繁昌'十佳少年先锋队员'荣誉称号"。

2004 年 6 月，荣获中国共产主义青年团安徽省委员会、安徽省教育厅、中国少年先锋队安徽省工作委员会评选的"安徽省优秀少先队员"光荣称号。

2004 年 10 月 12 日，由共青团中央、教育部、全国少工委和中央电视台联合评选和表彰的第九届"全国十佳少先队员"，在北京人民大会堂揭晓。峨山中学初二年级学生石峰名列其中，石峰同学荣获由共青团中央等四部门联合颁发的"全国十佳少先队员"荣誉证书，成为安徽省 10 多年来唯一获此殊荣的少先队员。

　　当石峰受邀到人民大会堂参加表彰大会时，还是他第一次走出繁昌。他在共青团省委叔叔的带领下，第一次乘坐十几个小时的火车来到首都北京。一个从未见过世面的孩子来到北京，对一切新鲜事物都感到好奇，对外面广阔的世界充满着向往。到达北京之后，他们参观了书本上介绍的故宫、天安门广场、人民英雄纪念碑。第二天清晨又来到天安门广场，参观升旗仪式。当第一缕阳光伴随着国旗缓缓升起的时候，在场的孩子们都心情激动，心潮澎湃。都立志要好好学习努力成为一个对祖国有用的人。

　　2005 年 5 月，石峰荣幸受邀到北京人民大会堂，参加"全国少年先锋队第五次全国代表大会"。6 月 1 日，是全国少代会开幕的日子，石峰被选为少年代表给胡锦涛总书记敬献红领巾。8 点多钟，胡锦涛总书记笑容满面地来到代表队面前亲切地与石峰等 6 个孩子一一握手，询问他们来自哪里？几岁啦？学习怎么样？生活中有没有什么困难？轮到石峰时，他将想好的话对总书记说："胡爷爷您好，我是来自安徽的少年先锋队代表石峰，您的祖籍也是安徽，这么看来我们还能算半个老乡呢。"胡锦涛总书记哈哈一笑说道："你就是来自安徽的石峰啊，很勇敢嘛，有勇有谋。"真没想到日理万机的总书记还能记得一个来自安徽的孩子。随后，胡锦涛总书记及其他与会的党和国家领导人与出席会议的全体代表合影留念。大会结束后，出席大会的全体代表在队旗下光荣宣誓，时刻准备着为共产主义事业而奋斗！

　　2005 年 11 月 2 日，团中央少年部副部长张朝晖一行到繁昌县峨山乡看望全国十佳少先队员石锋，对石锋提出了殷切的希望。

　　2008 年 8 月，受奥组委邀请，石峰第三次踏足北京，参加"圆梦奥运"活动。参观了鸟巢、水立方、北京帆船比赛中心，观看了多场令人热血澎湃的比赛。其间，结识了很多全国各地的优秀代表，让他印象最深的是四川代表，他们在"5·12"大地震中勇于救助他人的事迹使他深受感动，敬佩他们勇敢和坚强的精神，作为少年先锋队的代表，正是需要这样一种不怕困难勇于牺牲的精神！

　　中央文明办主办的"我推荐我评议身边好人活动"中，石峰入选"中国好人榜"。并于 2008 年 11 月 20 日上午，在芜湖广电中心举行了颁奖仪式。

载入安徽人民出版社出版的《安徽好人志》（2008—2014）中。

石锋从小就长得敦实，并且有一股独立自理精神，他自己全面发展，还想着法子带大家进步。他在同学中倡导五句话："自己的早饭自己做，自己的作业自己做，自己的房间自己理，自己的衣服自己洗，和同学的关系自己处。"乍一听，就像大人说的话。他还组织全班同学成立各种兴趣小组，修小家电，观察花开花落，制作植物标本，在美丽的大自然尽情汲取营养。他还和同学自编自演节目，向大人们宣传冲水式厕所的好处、赌博的害处等。

2010 年石峰高中毕业，考入常州机电职业技术学院学习，在校期间，他时刻提醒自己作为一个共青团员要严格要求，做好表率作用。新生军训期间，刻苦训练圆满完成了军训任务，被评为"优秀学员"。同时，在学习中也积极刻苦，在机械工程系创胜杯第八届"镂云琢月"技能节液压塔楼比赛中获得一等奖。毕业后怀着对大城市的向往去了上海，通过面试进入一家上海科技公司工作，成为一名技术员。在那里，他不仅学到了很多计算机专业知识，还收获了宝贵的工作经验。

2016 年，当他得知家乡繁昌县政府欢迎大学生回乡创业，并对电商产业给予政策扶持时，石峰毅然决定辞职回到家乡创业发展，并于 2016 年年底开设了自己的网店。2020 年 1 月又入职芜湖市徽茶品茶业有限公司，从事电商销售工作，并担任运营基层负责人。

如今的石峰已经成家立业，有个幸福美满的家庭，政治上积极要求进步，经个人申请，已于 2021 年 8 月被确定成为入党积极分子。他正在党的培养教育下，从小事做起，服务社会，为家乡的经济建设和发展多作贡献。

四、农民企业家俞启明

——出生在城山　启航在西安

　　在历史文化名城、丝绸之路起点、十三朝古都西安，全国各路英才在此会集，其中不乏安徽芜湖精英。在西安市西北部一座高档茶城——西北国际茶城，有一家以茶叶、口杯、茶饮电器及茶具销售为一体的综合性民营企业——西安启明缘茶文化有限公司。注册资金100万元，员工50多人。该公司董事长就是从芜湖市繁昌区峨山镇千军城山冲走出来的年轻农民企业家——俞启明。为什么要冠以"农民"二字？是因为他生在农村、长在农村，当过农民种过地，目前户籍管理还在农村，名下还有承包的耕地和山林。1992年，他走出山冲，走南闯北，最后在西安打拼成就事业，开启新的创业之旅。

　　1973年6月29日，千军城山冲毛园生产队的"社员"俞行海家，一个娃娃呱呱坠地，"又是一个男娃！"这是老俞家第四个男娃。两口子是既高兴又发愁，喜的是家里又添了一个男丁，愁的是，又多了一个吃饭孩子，经济负担更重，日子将更加艰难。家中4个孩子中，老大与老幺相差9岁，只有父亲一个劳动力"挣工分"。在生产队，老俞家年年都是"超支户"。那时，生产队是集体劳动、集体核算，如果按人口分配粮食和农副产品价值，超过一年全家人所挣工分的价值，称为"超支"，就要向生产队另外缴钱抵账。本想让孩子们都去上学读书，却没有经济实力让孩子完成学业，最终几个孩子都陆续辍学回家学手艺、谋生活。

　　由于家境困难，生活拮据，孩子大一点，父亲俞行海便开始教他们学习篾匠和竹扳匠手艺，亲自手把手地教他们将竹子剖成竹篾，加工成各种竹器，将毛竹加工成竹椅、竹床售卖，以维持生计。先学习用苦竹、水竹等小竹篾编织竹篮、夹篮（挑秧苗工具）、扒篑等简易竹器，然后再学习编织簟子（竹蓆）、灯篓、晒篓、筛子等精细竹器。年龄大一点再学习竹子下料、剖篾、刮篾等使用刀具的技术。

正当四个孩子逐渐长大，一边在家按部就班地学习、从事着传统的竹器加工，一边参加集体生产劳动挣工分的时候，全国农村开始实行家庭联产承包责任制政策，从此农民开始脱离农业集体生产的束缚，家家户户不仅种好自家承包田，并且放开手脚发展竹器生产和其他副业，家庭经济收入得到快速提高。

然而，随着社会的快速发展和进步，人们对竹器产品的需求量逐年下降，竹器生产销售逐年萎缩，这让俞家四个年轻人在家里待不住了。1992年，刚学会编织簟子还不会剖竹篾的俞启明，虽然在家排行老四，却第一个要求走出家门闯荡世界。

他受附近峨桥、浮山农民外出经商卖茶叶发家致富的启发，筹集了一点本钱，找亲友引路，挑两袋茶叶就离开了家乡。他首先到本省定远县的一个小镇，开始赶集摆摊卖茶叶。两年后他又到江苏建湖县一个小镇，租了门面开一间茶叶小店，一干就是五六年。因为生意做得不错，挣了几万块钱。2002年，他兴冲冲地回到家乡，投资办了一个塑料颗粒厂，想带领家乡农民劳动致富。由于多种因素影响，两年却亏了个精光。他没有灰心，更不会死心，而是振作精神，打起背包，又一次离开家乡并走得更远，来到东北吉林长春。虽然又操起卖茶叶的"老本行"，但干的不是赶集摆摊、开店零售，而是开始做茶叶批发的大生意。

生意做大了，心也更大了。虽然生意不错，但受环境约束，感觉发展空间和后劲不足。不安现状的俞启明又萌生寻找发展新方向的冲动。当时，正值国家开发大西北战略实施阶段的好时期，2008年，他毅然丢掉东北的经营，来到古都西安市，又重新走上创业之路，再次迈出创业的步伐。这次不仅仅是卖茶叶，同时开始代销某品牌茶杯，随着范围的不断扩大，参加各类商业活动的机会也逐渐增多，眼界更加开阔，逐渐萌生了注册公司、创建品牌的愿望。

2015年，在一次商业活动中，结识了一位著名电影明星，通过交流启发，策划了"启明缘"品牌的构想，现场请他书写题词"启明缘"作为企业商标的标志，随后以此成功注册了"启明缘"商标，不久又申请注册了"西安启明缘茶文化有限公司"。2016年年初，在公司成立后不久，随即开始投资兴业。俞启明，作为公司的创始人，首先需要组建一支精干的创业团队，确定公司奋斗目标，设计发展规划，厘清发展思路，逐步实施创业计划。

首先聘请设计英才，开始研发、设计、打造自主品牌产品，将产品定位为高端饮具。杯体采用高硼硅无铅玻璃，形状采用人性化设计，要求保障饮水健康无害。茶杯要能耐温度剧变，抗炸防裂。杯盖表面使用光学玻璃，晶莹剔透，内镶嵌立体高仿钻石，绽放独特的光彩，彰显高贵，低调中尽显奢华。以纯手工打造亚克力水晶包装，高端大气，使自己的产品不仅成为爱不释手的饮茶工具，还要上升为人们送礼和收藏之佳品。他要用工匠精神，打造民族品牌高端商务口杯。

产品规格、试样和标准确定以后，生产出精美产品才是关键。为了造出好产品，他下定决心，以敢于尝试、敢于创新、敢于担当的魄力，找到专业生产合作企业作为自己的生产基地。由于所需生产茶杯工艺独特，要求匠龄在5年以上的工匠师傅操作，要用传统的工艺、以精湛的手工技术、用纯手工制作工艺杯精品。在生产过程中，每一只茶杯都要经过50多道工序制作完成，对产品的每道工序要求都非常苛刻严谨。特别是为了保证烧制水晶杯底的外观及内在品质，自创一套工艺烧底标准并严格遵守。杯底厚度18毫米，一次性通体烧制而成，做到外观晶莹剔透。制作所有产品都要做高低温试验，并配有多道外观检测工序，只求质量，不求数量，不合格的产品全部砸碎，决不让一只不合格产品流入市场，确保启明缘工艺杯质量上乘，让消费者放心使用。

启明缘工艺杯投放市场以后，受到消费者的一致好评，并很快入驻京东、天猫商城，并进入一些大城市的奢侈品商场。中央电视台第四套节目面对全球播放了"启明缘工艺杯"的宣传广告，影响力迅速提升。由于公司在经营过程中，诚信守法，2016年西安启明缘茶文化有限公司荣获陕西省3A级信誉单位。

产品进入市场一年多后，2017年"启明缘"商标就荣获"3·15"消费者信赖的优秀品牌，入选中国品牌工程，荣膺口杯行业推介、CCTV企业《领航》栏目组口杯行业合作伙伴。2019年公司荣获新中国成立70周年创新企业，2020年，启明缘荣登央视CCTV4中文国际频道，并荣获中国"3·15"诚信甲级服务单位，中国企业采购优秀供应商，并入选中国质量品牌先锋工程，2021年启明缘入选品牌强国示范工程，中华人民共和国第十四届运动会组委会授予"启明缘支持企业"称号。2022年荣获中国"3·15"诚信品牌，并获诚信、质量、服务、3A企业。作为创始人的俞启明，登陆美国纽约纳斯达克大屏，展示中国品牌。

优质的产品，良好的信誉，赢得社会的认可和信赖。俞启明内心深切感受：几十年来，自己从一个朴素的农民来到城市创业，并小有成就，靠的是共产党的英明领导和国家政策的扶持和保护，自己也要努力才能将企业做好、做大、做强。

俞启明在经营好自己公司的同时，不断努力学习提高自己的政治素质和文化修养，积极参与政治活动和社会活动，提升自己的人生格局，热心社会公益事业（如支持全运会等）。为了引导和加强陕西芜湖籍商界与社会的联系、交流，几位志同道合的芜湖同乡，联合发起筹备芜湖商会。2020年8月15日，陕西省安徽芜湖商会成立，俞启明被推荐当选为陕西省安徽芜湖商会首届会长，以商会为桥梁和纽带，促进芜湖与西安两地经济联系和发展。

2018年2月，事业有成的俞启明提出申请，于2019年10月正式加入中国共产党组织。2021年7月17日，在中共陕西省安徽芜湖商会支部委员会举行成立大会上，俞启明当选中共陕西省安徽芜湖商会党支部书记。陕西省总商会党委专职副书记陈则清为中共陕西省安徽芜湖商会党支部书记授牌。

2022 年担任西安市新城区政协第十五届委员会委员。

2022 年 5 月 10 日，中国品牌日，西安启明缘茶文化有公司在中国品牌日荣登美国纽约时代广场纳斯达克大屏，标志着"启明缘"品牌在国际化道路上迈出可喜的一步。

新的使命、新的起点，俞启明决心在党的领导下，为自己和企业树起新的奋斗目标，确定新的发展方向。并以此来激励自己，提醒自己："启明缘"还是一个处于萌芽阶段的小企业，未来要在高端商务口杯的市场上，不断开拓发展，让"启明缘"成为一颗闪亮的星星。

俞启明，正在以饱满的热情，开始新的征程，在做大做强自己企业的同时，为家乡的乡村振兴发展作贡献，为家乡父老争光添彩……

五、繁昌好人鲁守玉

——致富不忘家乡人 饮水思源勇担当

在繁昌区峨山镇千军村的城山冲深处尖山岭脚下，有一个小村庄——汤村。早在1939年2月，这里曾经诞生抗战时期铜南繁地区第一个党支部——金汤支部。从那以后，山村的人民群众坚定信心跟党走，不怕牺牲为革命，涌现出众多英雄人物，他们的革命故事世代传颂。如今，这里又多了一位值得褒奖的人物，他就是"繁昌好人"共产党员鲁守玉。

"繁昌好人"，并不只是做一件好事而获得的荣誉，而是在于坚持只做好事、多做好事，鲁守玉做到了这一点。鲁守玉所做的好人好事很多，这里只记下他"难忘"的几件事。

1969年1月，鲁守玉出生在繁昌县峨山公社（乡）城山大队（村）汤村生产队（村民组）。出生时间正好是金汤支部诞生30年之际。1984年的夏天，刚刚15岁的鲁守玉和其他多数孩子一样，完成义务教育就回家务农。尚未成年的他，每天跟着大人一起下田做农活，晚上回来还要在油灯下，跟着大人学习加工、编织竹器。4年多时间的学习锻炼，鲁守玉不仅成长为能挑百斤重担的汉子、会做各种农活的好把式，还学会了砍竹子、剖竹篾、编竹器的竹匠手艺。

那时村民们起早摸黑、辛辛苦苦生产的竹器产品，都是被外地客商以很低的价格收购贩卖，乡亲们所获的收入少得可怜。于是，鲁守玉想为乡亲们做点好事，就是要帮助大家把生产的竹器直接卖出去，增加点收入。

1987年，他通过侧面了解竹器产品的市场行情，带着笨重的竹簟子和稻围子等样品，走出城山冲。他出县跨省，找市场、寻客户、谈价格、签协议，其中的艰辛和困难是难以想象的。功夫不负有心人，经过多日的努力，他与多家客户签订了供货协议。回到家里欣喜之余却傻了眼：产品价格虽然很理想，供货时间也确定，但是哪来那么多资金去收购成批的产品？这么多产品怎么送货？既然已经与别人签订协议就不能失信毁约。情急之下，他找本村 3 位年长的亲朋共同参与做这笔生意，并求助发动亲朋好友筹集资金想办法。因数量大要货急，又要保证质量，鲁守玉提出以高于以往 15% 的价格向大家收购。不仅保证了质量，又按时完成了收购任务，并顺利销售出去，让乡亲们非常惊喜。他只想为大家做点实事，给乡亲们带来经济实惠、多点收入，并坚持做了多次。

鲁守玉最难忘的一件事发生在 1988 年，也是他认为很有意义的事——让手扶拖拉机开进了村庄。

早年的城山冲，交通闭塞，没有一条像样的大路，都是人行小道。特别是城山冲南端几个村落的老百姓，出行都要翻山越岭。大家要到公社（乡政府）或县城办事，都要翻过尖山岭、经过东岛村、再越过徐岭头，到公社所在地柏树村的"四大站"，再走 10 多里路才能到县城，徒步行走需要两个多小时。那时村民盖房子所需要的一切建筑材料（石灰、水泥），都是靠人力从山外挑回来，而且要翻过徐岭头，穿过东岛村，再翻过尖山岭……每户人家盖房子，都要耗费大量的人力物力，如果用机械运输，其效率将得到极大的提高。

手扶拖拉机，是 20 世纪 80 年代初农村最便捷的运输机械。一台 12 匹马力柴油动力拖拉机，配货物拖斗、旋耕机加犁头也只要 2400 多元钱。有些经济条件较好的村民，购置一台拖拉机，农忙时节除翻耕自家承包地外，也代为其他农户翻耕田地，以计时或按面积收取费用。农闲时节接上拖斗，跑跑运输，拉拉货。拖拉机对道路的要求不高，有 2 米多宽的机耕路就可以通行了。

1988 年千军城山冲里的多数村庄，已经有了机耕路，而鲁守玉所在的汤村、金村，却因为隔着两座"残桥"，带拖斗的拖拉机不能通行。一座桥面过窄，另一座桥墩损坏，鲁守玉看在眼里急在心上。为了修好小桥让拖拉机开进村，他主动邀请和发动村里的年轻人，上山去砍了几棵大树，抬到村口涧沟窄桥边拼上，再用木板固定，这样小桥就加宽了；在离村庄 500 多米的地方还有一座石头桥（叶村桥），由于多年洪水冲刷，造成桥墩倾斜，其中一块一吨多重的大石条摇摇欲坠，行人走过都提心吊胆，拖拉机更不能通行。由于当时没有起重设备，石条太重，人手少动不了。鲁守玉又到相邻的金村，请年轻人都来帮忙。几十个小伙子，带着各种简易工具，齐心协力，硬是将2000多斤的石条抬下来，又把桥墩拆开，自己花钱到县城买来水泥、沙子，把损坏的桥墩重新修好，然后再将沉重的长石条抬到桥墩上架好，手扶拖拉机终于可以通行了。整个工程忙了10多天，费工、花钱、出苦力，但是看到两座桥修好了，他非常开心。当第一辆手扶拖拉机满载一车水泥进入村庄时，村里的男女老少都欢欣鼓舞，在村头燃放鞭炮予以庆贺，人人都夸赞鲁守玉是个好青年，为村里百姓做了一件实实在在的大好事。

1990年，鲁守玉开始走出城山冲，闯荡大世界。先后到苏北城乡赶集市，在峨桥茶市搞茶叶批发的基础上，到福建山区福安市建茶叶生产基地、到山东威海开拓市场。经过多年打拼和努力，2009年3月6日他成立了"安徽天饮茶业有限公司"，2016年9月27日又创办了"安徽亚冠包装科技有限公司"。形成了茶叶生产有源头基地，茶叶包装物由自己生产，茶叶销售走进连锁大型超市（山东家家悦集团有限公司上市公司）的茶叶产销一体化企业。

鲁守玉虽然人在省外创业，事业有成，但他致富没有忘记家乡，没有忘记为家乡人民做好事。让他最难忘、最有意义、也是最难做的一件好事，就是竭尽全力推动将水泥公路尽早尽快地修进故乡的村庄，实现家乡人民的百年梦想。2015年，千军村的水泥道路已经延伸到汤村的村口（现在的城山公交车站），离金村、汤村不足一公里的距离。就这"最后一公里"，还是一条年久失修的机耕道路，路面狭窄崎岖，坑坑洼洼。特别是到下雨天，不仅无法行车，连人行走也困难。

如果要铺设水泥路面，不仅难度大，而且成本高。鲁守玉每次从山东威海回来，都看在眼里急在心上。他下定决心，要勇于担当再为家乡人民做件好事，为家乡修建公路多作贡献。

在"城乡公路延伸，一事一议"的议政会议上，鲁守玉提议尽快修建这两条最后一公里水泥路，让老百姓出行方便、安全。2015年9月，千军村最后一公里的汤村、金村村民组通向山外的水泥道路被纳入峨山镇"一事一议"民生工程，该道路全长1300米，财政奖补21.3万元，需要筹资12万元。为促成道路早日建成，他主动到镇政府请求早日立项，到上级有关部门寻求资金支持和技术帮助，经常到村委会请求帮助协调。

道路建设第一难就是资金难。完成这段道路水泥硬化需要大量资金，除上级的补助资金外，尚有很大缺口。为了让工程如期开工建设，鲁守玉主动

向村里表达了自己愿意提供部分资金，帮助早日修通道路。他不仅自愿捐款3万元，还为工程垫资6万余元。同时，发动金村、汤村在外经商的有识之士提供一些赞助，资金不够自己再拿。在施工过程中，他个人为工程建设所支付的零星开支，是难以计数的。

道路建设第二难就是施工难！在道路施工过程中，许多地方宽度不够，或要抛弯取直，需要占用农户的田、地、篱笆墙、围墙等，涉及一些群众的切身利益，需要做耐心细致的思想工作。鲁守玉为了让村干部少操心，就经常主动走村串户，"求爹爹，拜奶奶"，说好话讲道理，最后还要"私下"用钱安抚对方，使其"爽快配合"而不影响施工。有时在施工中遇到困难和问题，即使他在威海，都及时赶回来帮助解决，来回旅行费用往往比解决问题所需费用更多。用他自己的话说是："费心、费力、费钱，比自己家盖房子都费劲儿。"在半年时间的道路施工过程中，他从威海过南京回家乡6次，每次回来少则10来

天，多则个把月，在特别紧张的施工阶段，他天天蹲守在工地上，忙前忙后，催进度、看质量、做服务。施工中遇到困难他往前一站，帮助解决；施工质量发现问题他往前一站，督促整改；施工人员加班累了他一声吆喝，请客吃饭！他把集体的事当作自家的事来做，比自家建房子还上心、更辛苦。功夫不负有心人，半年后的10月底，倾注着鲁守玉的汗水、艰辛的金汤村两条公路全部竣工。路修好后，鲁守玉又把家门前的一块空地让出来，作为错车带和停车场，不收一分钱补偿费。

鲁守玉在家乡或是在威海所做的好人好事还有很多，并且许多好人好事鲜为人知。但是，作为一个好人，他为家乡人民做好事的精神，已经家喻户晓、广泛传颂。

2013年1月，在村、镇、县逐级推荐下，鲁守玉光荣地当选为芜湖市人大代表。2016年，他在千军村光荣地加入了共产党。2017年9月9日威海市安徽商会成立时，鲁守玉当选威海市安徽商会党支部书记、监事长。2021年，在中国共产党成立100周年之际，鲁守玉被威海市总商会党委授予"优秀共产党员"称号，同时被评选为"芜湖市繁昌区好人"，所有这些荣誉的取得，都是实至名归！

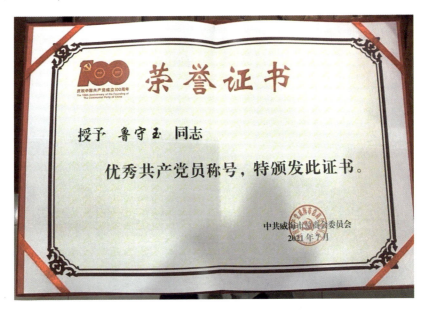

六、艰苦创业　热心公益的俞乃华

——为了家乡公益　不计个人得失

2020年2月28日上午10点多钟，一辆挂着陕西牌照的越野车，通过胡门桥卡点时，停车接受防疫志愿者查询并测量体温后，缓缓开到了千军村村部。从驾驶室出来一位年近50的汉子，他来到车后，小心地打开后备箱，露出满满一车箱包装整齐的商品货物。他麻利地搬下车箱的货物，这时村部的工作人员赶紧过来帮忙，把一箱箱方便面、饮料、水果搬到村部大厅。这位"送货人"名叫俞乃华。是千军村下蒋村民组的农民，现任西安华尔诺杯业有限公司总经理，陕西省安徽商会理事，芜湖商会会员。这天送的"货"，是他刚从县城大超市自费购买的慰问品，专门用来慰问抗疫一线的基层干部和志愿者的。卸下慰问物资后，村总支书记汤行本，握着俞乃华的手，代表千军村抗疫一线的村干部、广大党员和志愿者，向俞乃华表示深深的谢意，并向他表示："请俞总放心，我们会把你的这片心意，送到村里每一位防疫工作人员手中。"

俞乃华，1970年10月1日出生在峨山公社城山大队下蒋生产队一个普通农民家庭。兄弟姐妹7人，他排行老么。由于家里人口多，父亲体弱多病，家庭经济条件非常差，生活十分贫苦，超支、借粮、借钱治病更是常事。

1987年刚满17岁的俞乃华，本应该在学校继续读书求知，却因家庭生活实在困难，不得已只好辍学离开家乡，到外地去闯荡谋生活，这样既减轻家庭的经济负担，也可以挣钱补贴家用。

在家里人的支持下，他从信用社贷款2000元，到峨桥茶市买了几麻袋茶叶，与其小姐夫一起到滁州市定远县销售。赶集摆摊卖茶叶，风里来雨里去。不仅很辛苦，而且收入也少。干了3年后又到江苏阜宁开一家茶叶店，生意一直做得不错。不甘平庸的俞乃华，于1998年6月又跨越1000多公里，来到陕西西安找市场。经过市场调查，发现这里茶叶比苏北更好卖。于是，又在古城西安摆起了摊位卖起了茶叶。2000年在西安某茶叶批发市场租下门面，开始专营茶杯批发业务，生意越做越大。2007年，俞乃华注册华尔诺杯业有限公司，并以"华尔诺"注册作为自己茶杯的商标，开始请合作厂家帮助生产自己品牌的茶杯。此后，他又将产业延伸到旅游业和红酒销售业。经过30多年的努力拼搏，用他的智慧和勤劳的双手，开辟一片属于自己的辉煌事业。

俞乃华，人在西安心在家乡，致富不忘家乡人。由于他对家乡的公益事业很热心，村里工作遇到困难自然就想到了他。2018年夏天，千军村开始修建最后一段通往下蒋村的水泥道路，由于下蒋村人口少，住户之间距离远，下蒋村的村民们都希望将水泥道路修得离住宅近一点，这样修建水泥道路的费用就要大大增加。同时，修路的路基挤占一些村民的山场和耕地，对这些损失的赔偿又需要增加费用支出，这样修路资金就更加紧张，国家补贴资金远远不够。修路困难和资金缺乏的事被远在西安的俞乃华知道后，他就打电话与在家的村民协商，动员在家的村民每人捐资200元，剩下不够的由本村在外做企业的村民共同解决。得到家里村民响应后，就积极主动联络本村在外地经营企业的村民，先组建一个微信群，动员大家和自己一道，为家乡的道路建设捐款集资。在他发出倡议后仅3天时间，所需捐款全部到位。

俞乃华不仅带头并动员大家捐款，还关心修路工程进展情况。在修路期间，由于道路施工挤占几户村民的山场和田地因赔偿问题影响进度。俞乃华在西安得知情况后，心情十分焦急，由于他回家很不方便，只好请好友蒋兴彪给这几户做做思想工作，自己也打电话和他们几户进行调解。在他的努力下，许多问题得到了解决，道路施工得以顺利进行，大家都夸赞俞乃华是个公益事业的热心人。

城山人久久期盼的水泥道路，修通到村民组以后，走路是方便多了，可是在家里都是老人和孩子，晚上村民外出很不安全，这时俞乃华又想为家乡做点好事，于是他又在群里与大家共同协商，大家再努把力捐点钱，给村里的路边栽上路灯杆，装上路灯，这样家里的老人小孩晚上进出就安全了。于是，大家在俞乃华的带动下又一次捐款出力，把路灯全部栽到各家各户门口。

每当入夜，天色慢慢暗下来的时候，那村口道路上一盏盏路灯明亮起来，照亮了人们前行的道路，人们就会想起远在西安的俞乃华，是他带头为大家送来了光明！

七、愿将遗体捐献医学的李应书①

——一位普通百姓无私情怀

　　繁昌县峨山镇千军村村民李应书主动到皖南医学院遗体（器官）捐献接受站登记，志愿将自己的遗体无偿奉献给祖国医学科学事业，在当地传为佳话。

　　李应书当过兵，任过村团支部书记、民兵营长，在县、镇企业工作过，后来到上海、南京打工、做生意，见多识广，思想解放。当时，他在电视中看到遗体捐献的专题片，讲述遗体是个宝，不能白白火化了，捐献遗体，用于医疗教学、病理解剖和器官移植，是利国利民的好事，就萌发出捐献遗体的想法。他主动打听，得知繁昌县红十字医院管这事，就到繁昌县红十字医院询问。繁昌县红十字医院工作人员热情接待李应书，详细介绍遗体捐献有

---

① 汤明余：2014年11月25日安徽新闻网。

关知识和我国有关遗体捐献的政策、法规。李应书了解到国家鼓励遗体捐献，遗体捐献是为民造福的好事，更加坚定遗体捐献。李应书72岁，身体健康，各项身体指标正常，每月有退伍军人补助、失地保障养老保险费，老伴四年前因病去世，有两个儿子一个女儿，都成家立业，在外做生意，家庭条件都不错。他把想法告诉子女，子女开始表示反对。李应书耐心做子女工作，遗体捐献是好事，自己坎坷一生，没有为社会做出什么贡献，捐献遗体，就能为社会做点好事。子女都在外地工作，捐献遗体后，不需要子女烦神，还能减轻子女负担。他的子女都说，赡养老人是他们责任，现在条件好了，他们完全能够照顾好父亲，养老送终不成问题。李应书说捐献遗体最主要是想给社会做点事，子女想到父亲当年是个热血青年，参军报国，回家乡积极参与地方建设，就理解了父亲的心情。

李应书在繁昌县红十字医院联系下，到芜湖市皖南医学院遗体（器官）捐献接受站登记。他拿到安徽省红十字会颁发的遗体捐献荣誉证书非常高兴，感到一身轻松。李应书捐献遗体，造福社会的高尚精神，受到人们尊敬和赞扬。

第七章　千军文学作品选辑

一、永远不倒的柏枝树①

1

"柏枝树倒了!"这一消息在城山 QQ 群里不胫而走。

"倒了?"

"倒了!"

群里顿时嘘声一片。

这个群,是数年前由在北京经商的汤春道建起的。汤春道在北京办了一家公司,常和全国各地的家乡人联系。为了便于各地的家乡人交流,他当起了群主。

最先入群的,当然是在北京的城山人。

Q 友的数量急剧上升。叫,来自上海的、四川的、宁夏的、天津的、湖北的、新疆的、西藏的、江苏的、山东的、青海的、广东的……真没想到,城山,一个巴掌大的小山村,从这里走出去的人,足迹竟然踏遍了大半个中国!

他们中,有经商办厂的,有在企事业单位上班的。无论是中年人,还是

---

① 作者:汤家玉。

青年人，真是地不分南北，人不分男女，都纷纷入群了，不到一年时间，入群人数达到好几百人！连村干部都成了 Q 友，经常在 QQ 上发布各类通知和信息。

每天晚上是群里最热闹的时候。劳累了一天的 Q 友们，不管白天多么辛苦，晚上一定会不约而同地上线，聊各种各样的话题，大到奥运会，小到村里谁家娶媳妇。他们无拘无束，畅所欲言，因为，他们有一个共同的身份——城山人！

现在，柏枝树成了他们共同关注的焦点。一位 Q 友，还把柏枝树的相片放在了群里。

2

在繁昌的公交路线图上，柏枝树是一个重要的地名。可见，它在城山人心目中的分量有多重。

城山的山上，生长着数不清的柏枝树。然而，一提到柏枝树，大家都知道，指的就是这棵了！它是怎么来的？是野生的，还是人种的？是何人何时种的？这些问题，恐怕永远都是谜了。我从记事起，它就矗立在那里了。

记得我很小的时候，听老人们谈起过柏枝树。他们也不知道柏枝树的来历，他们只是把他们的老人的传说告诉给我们。

城山只有区区千把人，第一大姓是汤姓，大约要占城山总人口的一半。据说，柏枝树是随着汤姓而来的。汤姓原本生活在五华山静隐寺一带。某年，一位高僧来到五华山化缘。汤姓的族长海三公是一个侠义心肠的人，僧人对海三公说，他不要米，不要钱，只要袈裟大的一块地。海三公爽快地答应了。那僧人将身上的袈裟脱下，向空中一抛，袈裟立刻变成一块硕大的布，将属于汤姓的山山水水全罩住了！一些人不同意兑现诺言，因为，这是他们世代生存的地方，是祖宗灵魂栖息的地方，没了地，他们怎么活下去呢？海三公说，我汤姓历来重信义，既然承诺了，就绝不能反悔。海三公兑现了自己的诺言，带着族人，毅然决然地离开了五华山，几经辗转，最后来到了城山冲。他们胼手胝足，披荆斩棘，筚路蓝缕，在城山这条山冲里建成了一个美丽家园。从那时起，就有了这柏枝树了。

这个故事的真实性无从考证，我认为，它并不可信，只是老人们的演绎而已，无非是说，柏枝树的年头不少了。

3

其实，从柏枝树的外形上就可以推测，它至少有上百年的历史了。它并不高，不超过 10 米。树干的下半部像一个粗壮的老人，稳稳地扎在地上，越往上越细，到了上半部，只有碗口大小了，斜斜的，直冲云霄。它的树干早就枯死了，犹如老人的脸，满是褶皱，凹凸不平。只有几枝树丫旁逸斜出，生出细细的针叶。多少日子里，它默默地抗击风霜雨雪和灼灼烈日。它死而不倒，倒而不朽，不正如世世代代生于斯、长于斯的城山人民吗？

柏枝树长在丫字路口。以前，没有马路，只有崎岖不平的泥土路。两条南北方向的路，往南，一直延伸到村后的山顶上；往北，到了柏枝树，就会成了一条路，弯弯曲曲的，一直延伸到繁昌县城。所有的村落、人家，错落有致地分布在这条道路东西两侧的山脚下。

城山明明是一个小山村，我不知道为什么它叫"城"？也许是因为它四面群山环抱，像是城墙？从任何一个方向出山，都必须爬山越岭。要想不爬山，只有顺着这条路，一直往北，步行到繁昌县城。再远处，就是芜湖。对于绝大多数城山人来说，繁昌县城就是"大城市"了，一年能到"大城市"

来一次就已经很难得了，去过芜湖的人很少，去南京只能是人们的一种想象。人们无论是进山还是出山，都必须从柏枝树下经过。柏枝树就成为人们休憩、宣泄内心世界的地方。

人生的物质生活是穷苦的，但精神生活并不贫乏。人们聚集在柏枝树下，谈天说地，倾诉着他们的悲欢离合、喜怒哀乐。柏枝树，是城山人民最好的朋友，是他们的心灵驿站。无论遇到什么事，快乐事也好，伤心事也罢，人们都会来到柏枝树下，打开话匣，滔滔不绝。柏枝树犹如一个饱经沧桑的老人，默默地倾听着人们的诉说，用自己的树枝和如针的细叶，为人们遮挡炎热的阳光，或不期而遇的雨水。劳累的人们，把身体靠在粗壮的树干上，身体得到了放松，心灵得到了慰藉。再苦再难，他们都不再害怕。是柏枝树，给了人们前行的信心和力量。

4

柏枝树，是孩子们的天堂。无论是哪一个村的孩子，只要到了柏枝树下，就会停下脚步，或是休息，或是玩耍，或是听大人们说《山海经》。

那是多么快乐的时光！有时，孩子们几个人手挽着手，抱着树干转圈圈，那快乐的叫喊声，把树叶都震落了下来。有时，孩子们光着脚，像一只只敏捷的小猴子，噌噌地爬到树上，骑在树干上，扮着各种怪相。有时，他们围在大人们周围，听他们讲故事。

有人说，当年城山冲风调雨顺，五谷丰登。某年，如来佛腾云驾雾去九华山，被城山秀丽的风光迷住了，就变成一个老头，站在柏枝树下，欣赏风景，吟诗赞叹："城山一条冲，花团锦簇中。有女嫁城山，万代不愁穷。"一个路过的老头听见了，缠着如来佛，要他再说一首诗。如来佛厌烦极了，生气地说："竹子一条龙，越传越穷。"说完，如来佛升空而起，狠狠地踹了东南边的寨山一脚，扬长而去。不信，你看城山东南的寨山吧，它至今都痛苦地歪着脖子，不满地瞅着城山呢！勤劳的城山人民，不知道为什么生活穷困，只好用神话安慰自己，寄托他们对富足生活的向往。

还有人说，城山北边原本没有山，是一大片平地。某年，秦始皇来到南陵奎湖，被一座大山挡住去路，用力对山峰抽了几鞭子，把浮山赶到城山来了。所以，城山流传这样一句民谣："奎湖九十九个洼，浮山九十九个峰。"把交通的困难与远处的湖水联系在一起，城山人多幽默、多智慧！

5

柏枝树伴随着城山人民一路走来。它目睹了太平天国将士同清军的英勇战斗，日本帝国主义的残暴罪行，游击队的浴血奋战；它见证了新中国成立以来城山人民的战天斗地，改革开放以来城山面貌的天翻地覆。

新一代的城山人，满怀豪情，从柏枝树下走了出去，到了祖国的四面八方，从事着各种职业。他们在异域他乡打拼，创造了红红火火的新生活。他们在当地购房置产，安居乐业，事业兴旺发达。他们中有的人，生产的产品远销海外，为国家创造了外汇；还有的，把子女送到国外学习，甚至在国外定居。他们富裕起来之后，用他们的资金、技术、知识回报家乡。如今，一条平坦的水泥马路，从柏枝树下穿过，与沿江高速公路相连，极大地改善了城山的交通条件。这其中很大的一部分款项，就是在外地的城山人自愿捐助的。

城山人，无论走到哪里，都忘记不了柏枝树。柏枝树是城山人的集体记忆，是城山的历史符号，是城山人民的精神象征。

柏枝树倒下了，Q友们怀念着它，其实是在怀念着自己的家乡，怀念着一段历史。他们在网上尽情表达着对柏枝树的依恋与惋惜之情，讲述着自己与柏枝树不可分割的关系。城山QQ群，不就是一棵新的柏枝树吗？

柏枝树没有倒！

长在城山人民心中的柏枝树永远不会倒！

二、乡愁永远年轻①

"这是什么呀？"我惊叫道。

7月底，我和爱人去敦煌旅游。已经是夜里12点了，旅游车停在著名的阳关景区。我走下车，吸了口新鲜空气。猛抬眼，发现天上白乎乎的一片。细细一看，原来是满天的星星！它们密密麻麻的，簇集着，拥挤着，缀满了整个天空！它们是那么明亮，在夜色中发出耀眼的光芒，好像是悬挂在天空的一盏盏明灯！它们离我们那么近，近处的就在头顶上，远处的竟然在我们的视平线之下，似乎我们只要踮起脚，向天空伸出我们的双手，就能抓到满手的星星！

旅客们纷纷下车，仰望苍穹，惊叫着，赞叹着。车上，恰巧有繁昌三小的杨老师，她和她的朋友、孩子也来敦煌旅游。她惊奇地叫起来："银河！这里的银河真壮观！"

我们兴致勃勃地找到了银河中最亮的两颗星——牛郎星和织女星。银河！牛郎织女！自从离开家乡定居城市，我有20多年没看见过它们了！它们是我童年时代最熟悉的东西，我对它们充满了无限的好奇！我不由自主地想起了我的家乡，想起了童年，想起了充满魅力的夏夜，想起了远逝的美好日子，一种浓浓的乡愁袭上心头。

我的家乡是皖南的一个小山村。她不大，只有1000多人口，被四周的群山环抱着。山上四季常青，生长着繁多的树木和竹子。去山外，只能翻山越岭。对我们这帮孩子来说，繁昌县城就是最远、最大的地方了，一年也难得去一次。一些老人，甚至一辈子都没有去过县城。他们不知道外面的世界是什么样，终年厮守着我们的山村。"死在锅仓里，埋在灰堆里"，对山民们来说，这并不是一句夸张的话。

然而，山民们自有山民们的快乐。每到夏日的夜里，晚饭后，家家户户都在屋前摆上桌床、桌椅、茶壶。屋里虽然很热，屋外却很凉爽。劳作了

---

① 作者：汤家玉。

一天的大人们，或躺着，或坐着，摇着蒲扇。一阵阵山风吹来，让人觉得凉凉的、柔柔的，非常惬意。有时，他们嫌风小了，就扯着嗓子喊："喔——，嗨嗨——，风——来啰!" 真的，风就来了，轻轻地吹着，把凉爽带到村里的每一个角落。爱吸烟的，抽出一支价格低廉的香烟，有客人路过，男主人会非常大方地送上一支，尽管每个人都非常珍惜香烟，因为，他们的收入太少了，香烟是他们的奢侈品。"扑哧——" 主人还会拿出一根火柴，替客人把烟点着，再把自己的烟点着。一般情况下，客人不会马上走，而是坐下来，与主人一家聊一会儿。女主人从褐色的茶壶中倒上一碗茶，客气地递到客人的手中，热情地招呼客人喝茶。茶叶是从山上采摘后炒成的，喝一口，霎时，一股山区植物特有的味道在全身流动，浓浓的。主人和客人缓缓地吸一口烟，又缓缓地吐一口气，一缕一缕的薄薄烟雾，悠悠地打着圈儿散开。他们咕咕地喝几口茶，就天南海北地吹起来。没有客人，邻居们就互相对侃。一个村子，几十户人家，屋子挨着屋子，鳞次栉比。他们敞开心胸，亮开喉咙，无拘无束、无顾无虑地说笑着乡间趣事。这家人说了一句，那家人赶紧接上。说兴奋了，他们会站起来，互相冲着对方争辩。说到高兴时，他们哈哈大笑，那愉快的笑声，回荡在整个村子里，明明亮亮的，又凉凉爽爽的。月亮似乎也受到了感染，把柔和的光投到每个人的身上，让人忘记了劳累，忘记了饥饿，忘记了烦恼。

月光如水，是孩子们的最爱。山里的月亮出来得迟，都八九点钟了，它才从高高的东山头上慢慢地爬上来，露出可爱的脸。你会听到村子的四面八方，响着孩子们的叫声和跑步的声音。白天，大人们干农活去，稍微大点的孩子也要和大人们一样干农活，小的孩子留在村里，像小动物似的满村窜。到了月明星稀的夜晚，各家的孩子，无论是大孩子还是小孩子，无论是男孩子还是女孩子，都不约而同地奔跑到村子中间。山村的土地金贵，人口增长得快，能建房的地方几乎都建房了。但村中却有一块宝贵的空地，也许是大人们故意留给孩子们的。月亮是大人们谈不完的话题，也是孩子们的"快乐驿站"。没有电影电视，也没有公园，月亮就成了我们最感兴趣的东西。我们仰望着又大又圆的月亮，仿佛看到一个人艰难地挥动斧子，永不停息而又毫无结果地砍着那棵桂花树。桂花树后面黑魆魆的东西，我们以为就是广寒宫了。我们想象着、猜测着，为什么那棵桂花树永远砍不倒？广寒宫是什么样子的？幻想着，哪天我们能飞到月亮里，看个究竟。我们手指着月亮，咿咿呀呀地唱着从大人们那儿学来的山歌。

山歌是山民们的最大财富，是祖祖辈辈的创造，散发着浓郁的山村风味。山歌中唱的最多的是月亮。月亮是我们山里人最好的朋友，它是我们珍贵的农具。"月亮弯弯弯上天，牛角弯弯弯两边，镰刀弯弯好割草，犁头弯弯好耕田。"多好的月亮！在我们这帮孩子的眼中，它是弯弯的牛角，弯弯的镰刀，弯弯的犁头，与我们朝夕相处，我们怎能不喜爱它呢？

月亮寄托着我们的生活理想。"月亮巴巴亮堂堂，三岁毛毛坐摇篮，毛毛穿个花兜兜，姐姐穿个花衣裳。花对花，朵对朵，线竹箴对荷叶，荷叶精对观音，观音喝酒我来斟。"孩子们有漂亮的花衣裳穿，大人们有美味的酒喝，这就是那个物质生活极其穷困的时代我们对生活的最大奢望了。

月亮是我们的神话。"月亮月亮梭梭，里头蹲个哥哥。哥哥出来买菜，里头蹲个老太。老太出来烧香，里面蹲个姑娘。姑娘出来梳头，里面蹲个水牛。水牛出来喝水，里头蹲个小鬼。小鬼出来点灯，烧了鼻子和眼睛。"（也有这样唱的："月亮月亮巴巴，照进照进他家。他家一个老太，老太出来烧香，里面蹲个姑娘。姑娘出来梳头，里面蹲个水牛。水牛出来喝水，里面蹲个水鬼。水鬼出来点灯，烧得没鼻子没眼睛。"）有故事情节，有人物形象，你能说它不是文学？每一个山民都是优秀的文学家！他们的肚子里，有讲不完的故事，唱不完的山歌，滋润着、营养着孩子们的精神世界。

月亮是我们的童话。"月亮巴巴，照进他家，他家兔子，吃我家豆子。我去打兔子，碰到大舅子。舅子舅子哪里去？我到三山买马去。买个老马不吃草，买个小马不过桥。不吃草，不过桥，舅子急得把脚跳。"（另一个版本是："月亮月亮弯弯，照进照进他家，他家他家兔子，来吃我家豆子。我问兔子哪里去，兔子讲到河边洗手去。河里有个虾，一下夹住兔尾巴。"）我们不理解成人的世界，我们以孩子特有的思维，演绎着可爱的月亮、可爱的家乡、可爱的世界和可爱的生活。

山村的生活是丰富多彩的，哪怕是极其普通的日常生活，在孩子的眼里也总是趣味盎然。"小小板凳歪歪，菊花菊花开开。'姑娘呐，起来啰，婆家来礼了。''什么礼？''桂花礼。''我不要，我要大香配大轿，'"喜鹊叫，尾巴张，我挑菜瓜到丈母家。丈母丈人不在家，从窗子棂里看见她。雪白的肉，乌头发，金簪子，银耳环，卖田卖地来讨（娶）她。"孩子眼中的婚嫁，就是这么有趣！

孩子小，可是，孩子也有自己的喜怒哀乐。"八哥叫，八哥应，八哥生子滴滴亲。亲姊妹，妹妹亲，做双花鞋送母亲，母亲带我十个月，哪个月里不担心？"母亲在孩子心里多么神圣。而童养媳呢？"小板凳，鼓一鼓，我在人家多吃苦！日里要我挑猪菜，晚上要我弹棉花。"小小的年纪，我们就知道了大人世界的艰辛。

我们从山歌中学会了调侃的艺术。"倒东家，倒西家，倒到河里没人拉，叫花子拉，叫花子拉回家做大大。""老奶奶，精怪怪，困在床上不起来。儿子称肉来，媳妇打酒来，骨碌骨碌爬起来。"懒惰之人，在孩子们的心中，并不可憎，相反，却有几分可爱。

我们对外面的世界充满了好奇。"一二三四五，骑马到芜湖，芜湖有个花地主，吃饭打屁股。"在孩子们看来，芜湖实在是遥不可及的远方，我们想象着、演绎着"远方"的神奇。除了山村里的孩子，谁能想象得到，世上居然有"吃饭打屁股"的花地主呢？

我们家是人民军队曾经战斗过的地方，至今，山上都能找到当年游击队战斗的遗址。"一二三四五，山上有老虎。老虎不作声，山上有红军。红军开了炮，打得敌人哇哇叫。"小小的我们，对游击队充满了敬畏。

月光下，孩子们玩着各种游戏。有一种双人游戏，是这样玩的：两人一组，我拍打一下你左手掌，你拍打一下我右手掌，然后就唱一句。歌词是："金打铁，银打铁，打把剪刀送姐姐。姐姐留我歇，我不歇，我要回家去打铁。一打打到正月正，家家门口玩花灯。一打打到二月二，二龙戏珠来相会。一打打到三月三，地菜开花赛牡丹。一打打到四月四，四个铜钱四个字。一打打到五月五，五个老头喝烧酒。一打打到六月六，田公田母吃块肉。一打打到七月七，牛郎织女会七夕。一打打到八月八，八个老头推只鸭。一打打到九月九，黄谷归仓家家有。一打打到十月朝，又打锄头又打锹，一打打到十一月，河里冻得硬如铁。一打打到十二月，你要做我要歇。"

还有一种集体游戏，其玩法是：孩子们中由两个大点的，分别扮作"竹子"和"洋镐"。他俩面对面地站着，双手高举，搭成拱门状。孩子们一边唱着"蜻蜓蜻蜓子孙高，从你家门前过，问你吃竹子吃洋镐"，一边逐个从这个"拱门"中穿过。如果一个孩子被他们夹住了，就要回答"吃竹子"或者"吃洋镐"，然后分别站在"竹子"或者"洋镐"的身后，抱住他的身体。直到所有的孩子都被夹住，分成两帮。"竹子"和"洋镐"各领一些孩子，手拉着手，站成两队。两队轮流冲对方高喊："金大嫂，王大嫂，拿一担银子任你挑。挑哪个？""挑隔壁。""隔壁隔壁哪一个？""就是某某小鬼怪。"或者这样喊："七姊妹，开大刀，我把镰刀任你挑，挑哪个？""挑隔壁。""隔壁隔壁哪一个？""就是某某小怪货。"被挑中的孩子，就拼着"洪荒之力"向对方发起最勇猛的冲锋。如果他从对方任意的两个孩子中间冲出去了，代表他胜利了，他可以从对方带走一个孩子，回到自己的队伍里。如果失败，他就是对方的俘虏，站到对方的队伍里。直到最后，一方只剩下"竹子"或"洋镐"一个人，所有孩子归到另一方。另一方由"竹子"或"洋镐"领头，后面的人抱着前面人的腰。那个孤零零的"竹子"或"洋镐"，就要来抢人。领头者扮成老鸡，紧紧地护卫着后面的"小鸡"。"小鸡"在"老鸡"的带领下，左躲右避，防止"小鸡"被抓走。

孩子们疯累了，回到各自的家，趴到桌床上。奶奶就摇着扇子给孩子驱赶蚊子，还轻轻地拍着孩子，轻轻地哼着："月亮巴巴亮堂堂，照到毛毛上学堂，照到老爹（爷爷）喝烧酒，照到奶奶洗衣裳。衣裳洗得浆骨骨，留把孙子好上学。"孩子渐渐地在桌床上睡着了。大人们轻轻抱着孩子进屋，孩子浑然不觉，嘴角流着口水，轻轻打着呼噜，心里做着美美的梦。

没有月光的夜晚，满天的星星，也是孩子们的最爱。孩子们围着老人们听故事。老人们讲的最多的是牛郎织女的故事。他们指着银河两边那两颗明亮的星星，绘声绘色地、不厌其烦地讲述着，孩子们也总是百听不厌。牛郎织女本来是一对恩爱夫妻，在人间快快乐乐地生活着。王母派人把织女抓到天庭，不让她与牛郎见面。牛郎用箩筐挑着两个孩子，一直追到天庭。眼看牛郎快追上织女了，王母拔下头上的簪子往下一扔，簪子立刻变成了一条宽宽的银河，将牛郎与织女分隔在银河的两岸。后来，王母拗不过织女，答应让他们每年的七月初七之夜见一面。这天夜里，地上的喜鹊全都飞到天上，在银河上搭起一座桥，让牛郎织女在鹊桥上相会。我们总是为这凄婉的故事长吁短叹，对蛮横的王母产生愤恨之情。总是掰着指头数日子，盼望着七夕早点来，让我们能亲眼目睹牛郎和织女在鹊桥相会，能躲在葡萄架下偷听这对情侣的窃窃私语。可是，七夕这个神奇的日子总是在我们这帮孩子不经意时，偷偷地从我们身旁溜走。当我们想起时，七夕早已经过去了。于是，我们总是盼望明年的七夕能早些来，互相提醒说，明年一定不忘记这个日子。然而，到了翌年的七夕，我们总是又忘记了！有一次，我歪着脑袋问奶奶："牛郎、织女天天站在河边，他们不饿吗？他们吃什么？"奶奶想了想，说："神仙不饿。"我羡慕极了！那时，正是"文革"时期，国家配给的回销粮根本就不够，一天只能吃一顿米饭，其他两顿，只能用马铃薯、红薯之类的东西充饥。所以，老是觉得吃不饱。要是能像神仙那样，不会饿肚子，多好！

最妙的，要数萤火虫了。夏日里，萤火虫特别多。每当夜幕降临，它们铺天盖地地飞出来，一大片一大片的，像片片白云，飘浮在房前屋后、田头水边。它们忽明忽暗的光，与天空忽闪忽闪的星光、村中昏昏暗暗的灯光交相辉映，让你仿佛置身于一个童话世界。我们找出家里的各种玻璃瓶或塑料袋，洗干净了，跟在萤火虫后边跑着喊着，把它们捉进玻璃瓶或塑料袋中，高高举在手上，还唱着叫着："萤火虫，挂灯笼，哥哥骑马我骑龙。借你刀切花糕，借你剪子剪胡包。借你牛，上山头。借你马，下扬州。扬州底下三块板，三个姊妹一样长。大姐嫁给金龙王，二姐嫁给海龙王，三姐没处嫁，留着家里做姑娘。姑娘头发养到白，过江北。江北桃子坠断丫，伸手摘一个，还想摘一双，留着给人打嘴巴。"

……

"上车啦！上车啦！"司机的催促声，打断了我的沉思。旅客们陆陆续续上了车。车子发动了，向着前方飞驶。前方，灯光闪烁，与天空的星光交织一起，构成了一幅奇异的夏夜图。正如郭沫若先生在《天上的街市》中描绘的那样：

> 远远的街灯明了，好像闪着无数的明星。
> 天上的明星现了，好像点着无数的街灯。
> 我想那缥缈的空中，定然有美丽的街市。
> 街市上陈列的一些物品，定然是世上没有的珍奇。

我的故乡，那纯净的自然风光，纯朴的人际关系，纯美的山歌民谣，不就是"世上没有的珍奇"吗？

改革开放以来，村子里的年轻人基本上都走出了山村，分布在祖国的四面八方，从事着各种各样的职业。村里的一个姑娘曾在微信群里感慨地说："刚出来时，我们没有文化，没有熟人，也没有钱，只有一双手。我们在城里买了房，安了家，真是不容易！"我们这些山村的孩子，从大山里走了出来，凭着自己的勤劳、勇敢，在他乡异域，为自己开拓了一片新的天地。然而，我们无论走到哪里，始终没有忘记我们可爱的家乡——家乡的明月，家乡的萤火虫，家乡的山歌……

那是流淌在我们血脉里的乡愁！

如今，我们由当初的少年步入中年，将来我们会步入老年。然而，留在我们心里的乡愁，却永远年轻！

三、过　　年①

我的童年是在"文化大革命"中度过的。那是一段刻骨铭心的日子，生活中充满了穷困与艰难，又充满了希望与幸福，这种感受，真是难以用言语说清楚。

过年，是我对童年最深刻的记忆。那时，最盼望的就是过年。新年刚过，就数着指头等着再次过年。

过年，在孩子看来是从腊月开始的。

1. 玩雪

那时，我们特别盼望下雪。

北京的雪来得早，有的年头，11月就开始下雪了。而我的家乡——安徽繁昌的一个山村，大多数年份，直到腊月，雪才姗姗地飘来。

见到雪花，我们的心情就激动起来，因为，年快来了。

孩子的心特别敏感，从大人们的言谈举止中，早就嗅出了年的气息。

一到腊月，大人们会在昏黄的灯光下慢慢地商议着，这个年要用多少钱，家里该添些什么家具，该给孩子们买多少新衣服、新鞋子、新袜子，再买多少年货。他们就像是国家的财政部长，精打细算着，把每一分钱都"计划"到最该用的地方。

孩子们围在父母的身边，听着他们的盘算，似懂非懂的，除了高兴，还是高兴。

从这时起，大人们再也用不着起早贪黑地到生产队里干活，而是有更多的时间忙家里的事情。

孩子们也跟着沾光。

山里的孩子，到五六岁就开始劳动。放牛、养鹅鸭、打猪草、砍柴、护

---

① 作者：汤家玉。

林……到了十五六岁，就和大人一样，参加生产队的集体劳动。

从这时起，大人们很少使唤孩子们干活，任孩子们自由自在地玩耍。

孩子们最喜欢的，就是玩雪。

一片一片的雪花漫天飞舞着，轻轻的，柔柔的，铺天盖地的。孩子们兴奋地在雪中互相追赶着，兴奋地叫着。雪花飘在头上，化成水，流进嘴里。孩子们咂咂嘴，吮吸几下。雪水凉凉的、甜甜的。孩子们伸出双手迎接雪花，往脸上抹抹。直到夜幕降临，早就变成一个一个小雪人的孩子们，才恋恋不舍地回家。而雪下得正欢呢！

第二天清晨，打开门一瞧，地面上铺了厚厚的一层雪。放眼一望，整个山村，都融在了银妆素裹的雪的世界里。所有人家的屋顶上，都覆盖着一层棉絮似的白雪。眼前的山岭，静静地卧在雪中，连树木和竹子的丛里、枝中、叶上，都缀满了一团一团的雪。风一吹，雪簌簌而下。

孩子们叫喊着冲出屋子，在雪地上玩着各种游戏。抓一把雪，揉成一团，使劲地向别的孩子身上扔去。雪球在空中扔来扔去。摔倒了，爬起来，拍拍身上的雪，继续扔。衣服湿了、脏了，回到家，父母把孩子的湿衣服换下来，在火上烤一烤，很快就会干的。他们偶尔会埋怨孩子几句，孩子哼哼地应着，第二天又继续着昨天的故事。有一年，我和几个孩子在山涧的冰上跑，冰碎了，我掉进水里，鞋子、裤脚全湿了，吓得不敢进家。另一个孩子的母亲知道了，把我领进她家，让我站在她家火桶里烤。等鞋子和裤脚烤干了，她亲自送我回家，笑着嘱咐我母亲，不要骂我，说："小家伙胆小，不要把他吓着了。"母亲千恩万谢地说了几句好话。她走了，母亲看看我的鞋子和裤脚，什么话也没说。

天晴了，是另一种景象。那时候，似乎温度特别特别低，家家户户的屋檐下都挂着一排排长长的冰溜子。水库里、池塘里，结了厚厚的冰。孩子们溜着冰，或者用石头砸碎冰，抓着一块一块的冰，放到阳光下暴晒，看着冰化成水，在地上流淌着。孩子们快乐地拍着手。

孩子们的快乐，是从天上飘来的，是从冰里化出来的，是从心里长出来的，是洁白而又纯净的。

2. 积薪

山村人不用煤和气，也舍不得用金贵的电，做饭、做菜、烧水，全用柴。好在山里柴多,放眼望去,漫山遍野绿色一片,全是树木和竹林,连房前屋后,也长着绿色的树木或竹子。

砍柴,主要是孩子们的任务。放假了,我们三五成群地上山去砍柴。

常言说,上山容易下山难。没在山区生活过的人,并不真正理解这句话的意思。其实,上山并不比下山容易。

我们家的山,只有几百米高,可是,爬起来却非常费力。窄窄的山路光滑滑的,与地面形成几十度的陡坡。我们揪着山路两旁的竹子、灌木、野草,一步一步地往前挪。不过两三千来米的路程,我们却要费上近一个钟头的工夫。等爬到了山顶,我们已经气喘吁吁、汗流浃背了。在山脚下的时候,太阳刚刚从东边山头上升起,到了山顶,太阳都有一丈多高了。

站在山顶上俯视,村子里的屋舍鳞次栉比、历历在目。来往的人,就像蚂蚁在地上穿梭。

我们并不急着干活,先下"老牛窝"棋。其实父母们也并不在乎我们能砍多少柴。找一块平地,用砍柴刀画出棋盘,找几块石子作棋子。身子一蹲,就下起棋来。有时,我们会漫无目的地满山跑。山野一年四季,开着各色的花儿,增添了几多秀色。还有许多野果供我们采摘。口渴了,就找水。别愁没有水,老人常说,山有多高,水就有多高。哗啦哗啦响的地方,肯定就有水。那水非常清澈,喝上几口,一股甜甜的感觉在周身涌动。

看看太阳快到天空正中了,我们赶紧找个地方,匆匆砍一堆柴,用竹片捆好,驮在肩上就跑。

比起上山,下山更难了。上山可以揪着路两旁的东西,一步一步地爬。下山时,身子向前倾倒,路两旁的东西完全用不上,只能一步一步地往下滑。一不小心,人就会摔倒,向山脚下骨碌碌地滚。

不过孩子自有孩子的办法。我们把柴压在背上,双手使劲地反扣在柴上,嘴里"呜呜"地叫着,就往下冲。不一会儿,就冲到了山脚下。我们快乐地把这叫作"开火车"。然而,许多孩子压根就没看见过火车!回到家,匆匆吃点东西,我们又上山了。照例先玩。不知不觉地,月亮升到半空了,我们还没玩够呢,但不能再玩了。于是,急急地砍一捆柴捆好,急急地驮起来冲到山脚。一抬头,仰望东边,月亮还没出山呢!

要不了半年,家家户户房前屋后的柴,就堆成了一座座小山。平时用柴,就从柴堆中抱一捆用。到了腊月,家家户户就要收拾这些早就晒干了的柴堆。

一是"绕草筐"，这大多是女人们干的活，偶尔孩子尤其是女孩子也做。她们在地上放一把小凳子和一把木墩，从柴堆中抽出一捆，放在木墩前，用砍柴刀一劈，柴松开了。她们左手抓出一把柴，放在木墩上，右手挥起砍柴刀，"咚咚"地把它们砍成几截，再双手把柴一折，然后抽出一根竹丝或藤，麻利地往柴上绕几道圈，就把它们严严实实地捆成了一束，一个"草筐"就绕成了。几十个"草筐"扎成一捆。

二是劈"硬柴"。这是男人们干的活，它需要用大力气。先把干枯的树木、竹子砍成一样长短的几截，然后再把它们劈成一片一片的，堆在房前或屋后的空地上。

最后，把"草筐"和"硬柴"搬进柴屋。如何摆放，是有一定讲究的。有的人家，柴屋是单做的，也有把柴屋与厨房放在一个屋子的。人们把"草筐"和"硬柴"分开摆放，整整齐齐地码在柴屋里。柴屋里既充实又美观。需要时，就一捆一捆地，或一片一片地抽。一个年过完，柴火差不多要用去大半。

3. 供木匠

小时候，我一直不明白，明明花钱请木匠干活，为什么说是供木匠。成年之后才明白，那是家乡的人对木匠的尊重。在旧社会，木匠、竹匠、泥匠，被打入三教九流之类，被说成是吃百家饭的，是不受人尊重的。在劳动者看来，他们凭自己的手艺谋生，凭自己的劳动吃饭，是值得尊重的。家乡人"供"的不是木匠，供的是劳动和对劳动的尊重，是对创造的赞美。

供木匠，要提前几天和木匠师傅约好日子。一旦定了日期，木匠师傅会推掉所有的活儿，专等主人来请。

记得那年我家供木匠，是一个雪天。父亲和母亲说，要过年了，供几天木匠，打一张条台，把门窗修修。父亲一大早就起床，没吃没喝，冒着凛冽的北风，去四五里外的外村请木匠。约莫一个来钟头，父亲挑着木匠师傅的工具箱向家门走来，木匠师傅紧紧地跟在父亲后面。木匠师傅50来岁，瘦高个。他们站在门前，拍去身上的雪，再跺去鞋子上的雪，才进门。母亲也早早地起床了，做好了早饭，等候着他们。母亲端上一脸盆热气腾腾的水，让师傅洗脸。在饭桌上摆了好几道菜。虽然日子清苦，但供木匠那几天，总是要多准备几个菜的。一家人围坐在饭桌上，父母一个劲儿地给师傅夹菜，师傅总是谦让，不时地把菜夹给我们几个孩子，一再对父母说："小家伙长身体，要吃好。大人少吃点不要紧。"我们几个孩子，知道母亲准备这几个菜不容易，每次只夹很少的菜。师傅把菜夹给了我们，我们也就当仁不让了。

早饭后，父亲恭恭敬敬地给师傅递上一杯热茶和一包香烟。师傅接过来，放在饭桌上。脱掉外面的冬装，开始干活。全家人帮着师傅抱木料，下门板，搭台子。师傅用尺比画着，又用墨斗拉线，用锯子锯，用斧子劈，用刨子刨，用凿子凿……师傅工具品种之多，工序过程之繁，我难以用语言一一描述！

虽然是数九寒天的，不一会儿，师傅头上就出汗了。父亲和母亲劝师傅休息一会儿，可师傅似乎不知道劳累，不停地锯、劈、刨、凿……父亲和母亲一再让他歇歇，他才放下工具，拍拍手上的木屑，喝几口茶，抽出两支香烟，甩一支给父亲。父亲"扑哧"一下，划着一根火柴，替师傅点着香烟，然后给自己点着香烟。两人边吸烟边聊天。一支烟吸完了，师傅又干起了活儿。每天，师傅都劳作到很晚才收工。父亲说，明天再做吧。师傅总是说："嗨！活不多啦，干脆干完。"

一张长长的新条台打好了。师傅左看看，右看看，上看看，下看看。一会儿用手拍拍，一会儿用锤子敲敲，一会儿又用刨子刨儿下。最后双手在条台上细细摸了一遍。

所有活全部做完，已经是几天后的一个晚上。师傅帮着我们，把刨木花、木屑、碎木料收拾好才休息。晚饭后，父亲把几张钞票塞给师傅，师傅憨厚地说："要不了这么多。"父亲说："让你累了好几天了，这点钱都拿不出手。"师傅说："瞎说！乡里乡亲的，哪个人不求人点事？"两人推让几番，最后，师傅才收下钱。父亲挑着师傅的工具箱，一直把师傅送到家才回来。

一家人看着新修的门窗，新制作的条台，心里暖洋洋的。

4. 算工分

生产队公共的屋子叫队屋，坐落在村头的一块高地上，就是两栋东西向的瓦房。北面的一栋，对着南面开了一扇门，分成两间。一间是队里开会的地方，面积最大，重要的农具、粮食都摆在这间。一间是圈牛的，里面放了许多稻草，下雨天、下雪天时，让牛吃稻草。平时，全村人轮流把牛放到山上。农民对牛就像对自己的孩子一样，轮到谁家放牛，早饭后，会准时打开队屋，把牛赶到山上，让牛吃新鲜的野草，喝清澈的山泉。对面的一栋，对着北面开了一扇门，住着一对老夫妻，他们是"五保户"。队里照顾他们，让他们守队屋，不让他们干农活。其实，队屋里也没有什么值钱的东西，即使有，也不会有人去偷。那个时候，我连警察这个词都没有听说过，更没见过警察是什么样的。有一天晚上，我二爷一家去邻村看完电影回家，发现大门敞开着，亮着灯。以为家里一定进小偷了，一检查，一件东西都没有少！队屋中间，是一块平整的水泥地，人们称为稻场，是供晒水稻、油菜、小麦用的。

年底了，要算一年的工分了。全村的人，都聚集在队屋里。会计对着记工簿，一家一家地核对工分。算完了工分，给每家每户分稻子、小麦什么的，或多或少还能分一点钱，发一些上头配的粮票、布票、副食品票等。家里劳力多、孩子少的，挣的工分多，分到的东西就多一点。那些孩子多、劳力少的家庭，挣的工分少，就要"超支"。"超支"的家庭，也乐呵呵的，满不在乎。他们已经习惯了穷日子，慢慢熬。好心的人，有时劝上一句："你家快熬出头了，你的几个儿子快大了。"那时，我家年年超支。我和两个妹妹都到了上学的年龄，都在上学，只有父母两个人挣工分。有一年，算工分结束了，我的两个爷爷责备我父亲说："你家又超支了！两个丫头都大了，念什么书！还不是为别人家念的！不要让她们念书了，让她们挣工分。"我父亲说："丫头就不是人吗？儿子丫头我都送他们念书！"

"超支"户总是千方百计地增加点收入。人们的普遍想法是，再困难，也要高高兴兴地过个年，至少要让孩子们高高兴兴地过好年。他们在生产队的地里刨土，每次总能刨出点山芋、马铃薯。他们把积攒的鸡蛋、鹅蛋、鸭蛋拿到集市上，换点东西。实在没法子了，就借点钱。村里日子稍微好过一点的人家，总是主动接济困难户。比如，送些稻谷、山芋什么的。

我们山里人，一年四季总是缺少粮食。平常早餐就喝稀粥，中餐吃山芋、马铃薯什么的，只能晚餐吃点米饭，没什么菜，一碗米饭，三口两口就吞到肚子里，觉得饭特别香。所以，腊月里，父亲总是想办法搞点粮食。一年，外公让大舅给我家送来一担米（100斤），全家都很高兴。可是，大舅一走，父亲二话不说，装上半塑料袋大米，就要送给一个困难的家庭。母亲和我们呆呆地瞅着父亲背着米，大步流星地去给人家送米。母亲只是叹气，什么话也说不出。我们几个孩子，冲着父亲的背影，唠唠叨叨地埋怨，母亲一言不发。父亲有个好朋友，家在沈弄。每到腊月，就会给我家送些团子、藕。母亲就领着两个妹妹，盛满一缸水，把团子"养"起来。再把藕洗得干干净净，收拾好，留到过年吃。那时候，人与人的关系多淳朴呀！

大人们把舍不得用的布票拿出来，买来布，找裁缝，准备给孩子们做新衣裳。家里条件好的，大人们也给自己做一套。女人们忙着织毛衣、纳鞋底。她们会在新毛衣上，织出各种漂亮的花纹。纳鞋之前，女人们会精心剪出鞋样子。虽然她们许多人没上过一天学，可她们剪的鞋样子，却是上乘的工艺品。

5. 货郎担子

腊月里，货郎担子是山村一道最亮丽的风景线。

远远的，从村口传来"啵啷啵啷"的拨浪鼓声，越来越近，清脆、欢快，在村中回荡。紧接着，又飘来幽长的吆喝声："收鸡毛、鸭毛、鹅毛喽——"一个矮小的老头，穿着一双旧布鞋，挑着一副木制的担子，不紧不慢地向村中走来，边走边摇着拨浪鼓，"啵啷啵啷，啵啷啵啷……"的鼓声，一声紧接着一声。后面跟着几个小孩，学着货郎吆喝："收鸡毛、鸭毛、鹅毛喽——"

来到村中，货郎放下担子，使劲地摇着拨浪鼓，高声吆喝着。最先围上来的，是一群孩子。接着，那些大姑娘、小媳妇跑过来，老奶奶们也走过来。他们叽叽喳喳、指指点点、嘻嘻哈哈，围着货郎担子转。

货郎担子是两个长方形的玻璃木框，里头被隔成了几个小格子，分别放着针头线脑、发夹别针、大小纽扣、手帕毛巾、火柴、肥皂、牙膏、牙刷、宝塔糖、水果糖、饼干、彩带、红头绳、花露水……整个就是一个小"百货店"，让人眼花缭乱、目不暇接。

女人们用鸡毛、鸭毛、鹅毛、猪鬃、牙膏皮换取缝衣针、线、牙膏、牙刷、纽扣、火柴、肥皂等日用品。当母亲的，就会选上几条五颜六色的彩带，或红头绳子——那是给家里的女孩子们备的年货。男孩子们会缠着母亲，有的撒娇，有的哭闹，要买几块又圆又小的饼干，或几颗水果糖。母亲们没办法了，忍痛从内衣里抠出几张角币，递给货郎，换取孩子们要的东西。孩子们手捧着饼干、水果糖，每次含一口，就觉得满嘴的甜，要好几天才吃完。

就这样，女人们积攒了好几个月甚至是一两年的"私房"钱，全部用完了。可是，想买的东西却很多，显出一脸的无奈，怔怔地看着货郎，挑起担子，摇着拨浪鼓，向村外走去。

"啵啷啵啷，啵啷啵啷……"的鼓声，"收鸡毛、鸭毛、鹅毛喽——"的吆喝声，在村子里久久回荡。

6. 制作美食

村里人都是美食制作家。我印象最深的，是磨粉，做豆腐，做粉丝，做糕点，炒豆子。所用的原料，如糯米、大豆、芝麻、花生、山芋，都是自产的。糕点有炒米糖、花生糖、芝麻糖、欢团等。豆子有黄豆、豌豆等。

先说磨粉。每个村里都有好几个石磨，这家用了，那家用。人们把锅烧热了，把干净的糯米放进去，加些墨黑的细沙，不断地用锅铲炒，一直把糯米炒成了白白的炒米。晾上一两天，把炒米与少量的芝麻、糖和在一起，磨成细细的粉，吃的时候加上适量的砂糖或白糖，又香又甜。这可是过年期间上等的美食呀。

再说做豆腐。人们在自家的菜园，或者生产队的田埂上，或者山脚下，种满了大豆。秋季，饱满的豆子金灿灿的，就像是一个个胖娃娃。人们先把黄豆洗干净，晒干，放在澡盆里泡软了，放在磨上，磨成豆浆。在磨下放一个大木盆，垫上白色的一块布，豆浆流到布上。几个壮劳力合作，把盛满豆浆的布扯起来，使劲地拧。豆浆一阵一阵地从布中滴到木盆中，留下的豆渣放到脸盆里，也可以做成一道好菜。再把过滤后的豆浆放在大锅里，用大火烧。豆浆在热锅里不断翻滚，及时把泡沫捞起。放入石膏，不停地搅拌，制成白白的豆腐脑。全家老少，都会喝一碗热气腾腾的豆腐脑。如果你恰巧到主人家，主人会非常热情地递给你一碗，你用不着推辞，如果不接受，主人反而不高兴，认为你看不起他的手艺，嫌他家做的豆腐脑不好吃。待豆腐脑凉下来，人们小心翼翼地把白纱布包好，放在两块平平的木板中间，上面压上几块重重的大石头。就这样，一板又白又平的四方方豆腐就制作成功了。最后用菜刀划出几十个方方正正的豆腐块，放到盛满清水的盆子中"养"起来，吃的时候就捞一块。粉丝是用山芋做的，方法类似于做豆腐，就不说了。

至于炒豆子，就比较简单了。先将豆子洗干净，晒干。用烈火把锅底烧热，把豆子倒进锅里。豆子在锅里叭叭响，欢蹦乱跳的。烧到微微发黄了，再盛起来，倒在盆子里。凉了后，抓几粒放进嘴里，又香又脆。

最后，我介绍一下做糕点，这个工作大多在晚饭后进行。以炒米糖为例。关于山芋糖稀的制作，由于当时我年龄小记忆模糊，认为将洗干净的山芋放入锅中，加上水，用大火煮，熬成浓浓的溶液水变成了糖稀。我的叔叔汤炳良告诉我说："熬山芋糖稀过程比较复杂，是一件耗时而要有耐心的事。把洗干净的山芋切成小块，越细小越好，有的人用刨子刨成山芋丝，将其放入锅中，加上水用大火煮，煮熟后用锅铲把山芋弄成泥状，加水混和成稀糊状，加热后熄火，待凉至一定温度后（约60℃）撒上大麦芽粉，搅拌均匀盖锅，用底火长时间地恒温控制。这是酿作（发酵）的重要环节，控温是关键，温度高了，糖稀会变酸；温度低了来不了糖。酿作约10个小时后，准备一个大盆子，盆子上放上平面的木架，将锅中的山芋溶液舀出，倒进纱布袋里，卷口挤压控水过滤，倒掉山芋渣。再把大盆子里过滤后的水浆倒进锅里，大火熬煮，溶液逐渐黏稠，这时用锅铲间歇性地舀点溶液观察，待黏稠的溶浆能从锅铲上挂片，就是山芋糖稀了。有经验的人会科学地安排时间，把控温发酵的过程放在头天夜间，第二天熬糖稀。"几天后的一个晚上，把炒米倒进锅中，注上一些糖稀，再加上少量的姜片等杂料。用火烧，使其黏在一起，捞起来，倒进一个长方形的木制的模子里，用刀在木模子上使劲拍，把炒米拍平，最后抽走木模子，用刀切出一块一块的炒米糖。芝麻糖、花生糖的做法与炒米糖的做法大同小异。而欢团的加工制作不是一般人能做得到的，不仅要有专门的工具，还要有一定技术的师傅才能制作，也不是普通人家春节必备的年货食品。

7. 送灶

我一直觉得很奇怪的事是，在"文化大革命"期间，"封资修"被批判被、禁止，我们那个小山村似乎没受外界多大影响，一些被看作是"愚昧""迷信"的活动，老百姓公开地进行。身为党员的大队干部，也乐此不疲。比如说，腊月二十三的"送灶神"。与外地稍微不同的是，我们村把它说成是"送灶"。

记得小时候，晚饭后，母亲把饭桌收拾完，把锅碗洗干净，把灶台整理得井井有条。此时，锅膛里的火已经灭了。一家人洗过了脸和脚，不再去厨房活动了。父亲吸着烟，独自走到厨房，围着灶台转几圈，停下来，似乎在想着什么问题。然后，父亲自言自语地说了几句，我听得模模糊糊，不明白他说的是什么意思。父亲伸手从灶台柱子上，拿下一小串鞭炮，用烟点着了，扔在厨房的空地上。鞭炮在地上乱跳着，"噼噼啪啪"地炸着，似乎欢快地跳着舞。

村里有许多人，特别是上了年纪的老人，对神、菩萨是十分虔诚的，而父亲并不怎么相信。然而，他和所有的村里人一样，每年都极其"隆重"地送灶。与其说，他在乞求灶神降福给我们，还不如说，他乞求政策好，能让老百姓过上富裕日子。和人聊天时，他经常抱怨说，年年累死累活地挣工分，一个工才几毛钱，日子实在是太难过了！改革之后，我家和村里许多人家一样，生活水平迅速提高了，他不再抱怨什么了，而送灶，依旧在每年腊月的二十三日之夜进行。

8. 掸尘

"七掸金，八掸银。"腊月二十七，家家户户都要掸尘。

早饭后，母亲在头上盖一块旧毛巾，又用旧布罩在饭桌和其他的物件上。用细细的铁丝把鸡毛掸子绑在一根长棍子的一端，高高举起，对着墙壁，从上往下拖。农民们终年劳作，平时没有时间，或许很劳累顾不上打扫，屋子里结了许多蜘蛛网。母亲首先把这些蜘蛛网一一掸去，然后再掸墙壁上、衣柜上、床顶上的灰。灰尘纷纷扬起，飘得满屋子都是。

掸完了灰尘，母亲把罩在物件上的布卷起来，扔到屋外。我们几个孩子，也帮着母亲干活。

一进入腊月，规矩多了起来。大人们会一再告诫孩子们，快过年了，又大一岁了，要知事务啦，不许骂人、打架。做事要小心，不能碰坏器物，要是碰坏了什么器物，来年家里人就要倒霉。孩子们特别懂事，规规矩矩的，决不会污言秽语，更不会碰坏家里的器物。爱"闯祸"的孩子，也变老实了。孩子们变得特别勤快，看父母忙，就抢着帮父母干活儿。大人一再吩咐孩子们，干活要小心。

我们小心翼翼地帮着母亲，把屋子的每个角落都打扫得干干净净，把门窗、衣柜、桌子、凳子擦得干干净净，把碗、碟、盆、筷子、勺子洗得干干净净。

老屋焕然一新，孩子们的心也焕然一新。

9. 杀猪

杀牲口，照例一般选择在腊月二十七，因为俗话说："七死八活。"

那时，并不是每家都养猪。养了猪的人家，在前一天就邀请村里的"劳动力"（那时候，把壮年男性称为"劳动力"）帮忙杀猪。二十七一大早，劳动力会准时到主人家。主人家门前摆着一只木盆准备接猪血用，在两条凳子上面横放一架木梯。几个人互相配合，把肥猪抓起来，绑紧，抬起，放到木梯上。猪拼命挣扎、哀嚎，一个村子里的人都能听到。屠夫走过去，照着猪的脖子，狠狠地就是一刀，鲜血哗啦哗啦地流进猪身体下面的木盆里。猪的叫声渐渐弱了下去，直到完全断气，然后放到木桶里用开水烫，刮去猪毛……

猪肉，主人家舍不得自己一家吃，大部分卖掉，自家只留一点。村子里家家户户都会去一个人，提着一只竹篮，告诉主人要多少肉。帮忙记账的大声说："×××，要三斤。""×××，要五斤。"屠夫从猪身上切下一块，提起称一称，很准，很少有出入。再用几根稻草往那块猪肉上一绕，就把猪肉系住了，往人们的竹篮里一扔。

留下的猪血、猪大肠什么的，主人挨家挨户地送。到了吃晚饭的时候，整个村子里，家家都能美餐一顿。猪肉、猪大肠、猪血的香气，飘得满村都是。

10. 剃年头

有钱无钱，剃头过年，村里人一直守着这个规矩。

那时候，我们把剃头的叫剃头匠，不叫理发师，更不叫美容师。剃头匠就是我们村的，与我同姓，与我父亲同一个辈分，我称呼他为"嗲嗲（即叔叔）"。

平时，谁想剃头，都到他家去。小孩子平时很少剃头，但到了年关，所有男性都必须剃一次头，叫剃年头。据说，剃年头能剃去晦气，带来好运，所以，每个人都特别重视。即使是母亲怀中的婴儿，只要是男孩子，也要剃个年头。

腊月二十八九，用不着请，剃头匠挨家挨户地给人剃头。

他拎着一个扁扁的工具箱。每到一家，寒暄几句后，家中的男人按大小顺序，挨个儿坐在一条木凳上。他把围巾往你胸前一围，拿出推子，三下五除二，一会儿就把你头上那又长又密的黑发推去一大半，只剩下到额头的部分（人们没有发型的要求，全村只有一种发型）；再用刮刀，把鬓角、脸颊刮干净，如果是成年人，会把你的胡须全部刮掉；然后用细细的耳勺，慢慢地把你的耳屎掏出来；最后，他解下你身上的围巾，抖掉上面的毛发，和主人打一声招呼，就去下一家。

剃了年头，人似乎一下子变年轻了几岁。

11. 洗年澡

山里水多。夏季，男人们随便在哪个地方，都能找到水塘、水库、水坝，跳到水中，泡一泡，或者游一会儿泳，就权当洗澡了。可是，年澡却不能马虎。因为，在人们看来，一年快结束的时候，洗个澡，能洗去一年的所有不快或不幸，用干净之身迎接充满希望的新的一年。所以，男女老幼，在男人们剃年头之后，都必须洗个年澡。

那年头，不可能去遥远的城里洗澡，生产队没有洗澡堂，洗年澡是一件麻烦事。不过山里人有的是办法。他们用上等的木料，精心制作一个一人多高的大澡桶，涂上桐油，贮水效果非常好。

洗澡之前，往澡桶里倒大半桶热水，脱光了衣服的人们爬进桶里，蹲在里面的一个小凳子上，周身裹在腾腾的热气里，把桶盖合上，丝毫不冷。你在里面可以慢慢地洗，如果水冷了，可以把桶下部的一个木塞拔去，放掉冷水，再塞上。然后揭开桶盖，再加上热水。上一个人洗净了，把脏水放掉。再换上热水，下一个人再进去洗。

每次，必然是父亲第一个洗，母亲最后一个洗。

12. 打年货

掸尘之后，依稀可以听到年的脚步声了，大人们更忙碌了。腊月二十八九，是村民们去县城买年货的日子，用他们的话说，就是上街打年货。

我们村离"大城市"——县城将近有 20 里的路程，不通车，只能步行，途中还得爬越两座山岭。

每年的这个时候，父亲和母亲总是天不亮就起床，肩上扛着扁担，挑着空口袋，脚步匆匆地往县城赶。直到下午天黑之后，他们才挑着两副担子回到家。

沉甸甸的担子一放下，我们几个孩子就迫不及待地围上去，解开口袋，名义上是帮父母干活，其实是想看看有些什么年货。

父母似乎要把一年的收入全用在了这一天，几乎把整个"街"都挑回来了。

菜有鱼、虾、卷心菜、水芹、大白菜、豆芽、干子、千张、豆腐果、荸荠、芋头、花生……

糕点有酥糖、窜豆、糕（即云片糕）、水果糖……

生活用品有碗、碟、盘、罐、杯、勺……

穿戴的有衣服、鞋子、袜子……

抹脸的有香脂、雪花膏……

贴的有年画、春联……

还有酒、醋、酱油、食盐、味精、大爆竹、小爆竹……

凡是我们能想到的，父母都挑回来了。那个时候，我们也只能想象到这些东西了。

孩子特别聪明，看一眼就知道，自己小小的愿望能否满足。其实，父母早就替孩子想到了。他们在县城里吃最便宜的饭菜，从牙缝中抠出每一分钱，想法子满足孩子那些并不算过分的每一个小小的愿望。可怜天下父母心！

我们高兴地又蹦又跳，嘴里还叫着："过年喽！过年喽！"

13. 年三十

在全村人做足了功课后，在孩子们苦苦的期盼中，年三十终于隆重登场了！

一大早，大人们就开始忙碌起来。他们首先将队屋收拾得井井有条，把稻场打扫得干干净净。他们格外重视牛圈，将每一扇窗户都细细地检查几遍，发现有漏风的地方，赶紧找塑料布盖上，或者塞草进去，牛在屋子里暖暖和和的。无论多忙，每天总会有人按时给牛喂草料和水。傍晚时分，还会有人专门到队屋来，在门上贴上春联。

年三十是旧年的最后一天，新年的头三天，不能碰铁器，不能下地干活，所以，年三十特别忙。无论是男女老少，都是一大早就开始忙。女人们忙着炖鸡汤鸭汤、煨肉、蒸鱼、炸丸子、炒蔬菜……家家户户的烟囱早早地冒起了袅袅炊烟，整个村子里处处飘荡着美味佳肴的香气。男人们将房前屋后，包括房屋四周的人行道，都扫得干干净净。直到下午，他们才将屋外的垃圾全部处理完毕，让人耳目一新。然后，他们忙屋内的活。将家里所有的门上的旧春联撕去，用自制的浆糊，将新的春联工工整整地贴上去。再把新年画贴在墙壁上。年画中，有人物画，也有风景画，还有地图呢。再把家里的水缸挑满水。到了傍晚时分，他们将饭桌摆在屋子的正中央，对着大门，在饭桌每边放一条凳子。

别急，他们还有一件大事没做呢，那就是请祖宗。如果家里有当年去世的老人，父亲领着子女，带着祭品，上坟去祭祀。他们在坟前整整齐齐地摆上四个碗，里面分别放一条小鱼、几块肉、几块豆腐、半碗米饭，还要放三个酒杯。先是斟满酒，再将黄色的草纸和冥币分成三份，其中一份是给"野祖宗"的，就是那些没有子女的逝者。然后每个人逐个恭恭敬敬地磕三个头。父亲们嘴里念叨着，请祖宗们来享受子孙的供品，在阴间也过个快乐的年，保佑子孙兴旺发达。最后放爆竹，将草纸和冥币点着。据说，祖宗会在阴间收到子孙烧给他们的草纸和冥币。孩子们性急，喜欢用棍子拨开草纸和冥币，希望烧快点。父亲们就会告诉孩子们，不能拨，一旦拨坏了，这些草纸和冥币到了阴间就没用了。孩子们耐着性子，等草纸和冥币全部烧完了，把饭菜和酒全部倒在地上，把碗和酒杯收到竹篮里，才回家。如果家里没有当年去世的老人，就在村子附近找一个地方，烧些草纸和冥币，再放一串爆竹。父亲生前，每年都带着我们兄弟几个烧草纸和冥币。记得他多次和我说，其实世上没有什么鬼神，烧这些东西只是慰抚人心的，是上代人做给下代人看的，教下代人要记着上代人。虽然他这么说，但每次请祖宗时，他都特别庄重、认真！

回到家里，在饭桌上摆着八道菜，每个方向摆一只酒杯、一碗米饭、一双筷子。其中，必须有一只鸡、一碗鱼、一碗肉。全家男女老少，逐个地对着大门，恭恭敬敬地对"祖宗们"磕三个头。父亲把杯中酒倒在地上，请"祖宗们"饮酒，再放一串爆竹。

呵，在年夜饭开始之前，人们还得关照一下猪、鸡、鸭等牲口，它们也要"过年"呢！人们会把一些米饭丢给它们吃，让它们也分享人们的欢乐。

呵，年夜饭终于开始了！

我们村，把年三十之夜叫分岁，它是新旧年的分水岭。

只有到了这个时候，孩子们才放开肚皮，尽情地吃。桌上摆满了菜，平时根本就没见过的菜，这时也摆上了饭桌。孩子们吃着，说着，笑着。大人们也跟着孩子们说着，笑着。然而，他们吃的并不多，他们总是一个劲地叫孩子们多吃些。饭桌上有一碗鱼是不能动的，叫"冷碗子鱼"，也叫"看鱼"。每次摆宴的时候，都要把这碗鱼摆上桌面，叫年年有鱼（余）。过了正月十五，才把这碗鱼吃掉。

每年年夜饭，母亲都会做一个"髈"。也就是用一张荷叶，包着一块肉，放在锅里，煨得软软的，一筷子下去，就可以夹起一块半精半肥的肉来。吃一口，满嘴的清香。那种清香，至今，我都记忆犹新！

饭后，把桌子收拾干净，摆上自家做的和在街上买的各种糕点。这时候，孩子们早就菜足饭饱了，但还是各种糕点都吃，不时地咂咂嘴，说："好吃！好吃!"孩子们围在父母身旁，不肯走。父母也知道孩子的心思，乐呵呵地把早就准备好的崭新的纸币，或者是一角，或者是二角拿出来，一个孩子一个孩子地发，同时，说几句鼓励的话。这是令孩子们一年中最激动的时刻！他们兴奋地把这称作"压岁钱"的可怜的一张或两张纸币握在手里，细细地看着，然后，放进自己内衣的口袋里。

孩子们蹦蹦跳跳地跑出去了，各家各户地审，看谁家的年画多，评论着谁家的年画好看。夜深了，孩子们意犹未尽地回到自己的家，上床休息。

最累的要数父亲们。一家人上床之后，他们还要完成年三十的最后一件工作——打香。用火钳夹住一块烧红的铁块，往铁块上浇上一些醋，一股青烟在滋滋的响声中冒出来，把香气扩张到整个屋子。父亲们在家里绕一圈，把醋滴到桌下、床下、墙角，滴到家里所有的地方。这样做，是为了驱邪避灾。

14. 拜年

真正的过年，只有三天：大年初一、初二、初三。这三天，男女老少，一律休息、娱乐。每天夜里刚过了十二点，性急的人家就开始放爆竹，这叫开财门。立刻，爆竹声此起彼伏，响彻云霄。我家，每次都是父亲开财门。

　　天亮了，孩子们起床了。他们高高兴兴地穿上新衣服、新鞋子、新袜子。女孩子们穿着漂亮的花衣服，头上戴着五颜六色的彩带，秀发上扎着红头绳，这是她们一年中最风光的时候。这一天的水不能倒在外面，因为这是财气。人们把洗脸水倒在家里的桶里、盆子里。早餐吃面条、五香蛋、丸子、鸡腿或鸭腿、团子等。午饭吃一点糕点，因为"年饱"，不需要吃正餐。晚餐前，先要放一串爆竹。

　　大年初一，孩子们三五成群地给附近的长辈们拜年。各家拜年的东西都是一样的：一条糕、一瓶酒、两包香烟、一包酥糖。孩子们来拜年，长辈们特别高兴。他们大年初一是不出门的，专门等着晚辈来拜年。他们早就准备好了美味佳肴，招待孩子们美美地吃一顿。拿出各种糕点，招呼孩子们吃。孩子们走时，长辈往孩子的袋子里塞满各种糕点，还塞上一角或二角压岁钱，嘱咐孩子们，邀请他们的父母到他家里做客。糕是要带回去的，这叫"高来高去"。孩子们路上兴奋地谈论着什么菜特别好吃，什么糕点特别甜，还比谁得到的压岁钱多。

　　过了正月十五，孩子们陆陆续续地，把父母给的压岁钱，以及拜年时所得到的压岁钱，或是心甘情愿地，或是勉勉强强地，或是在父母哄吓之下出于无奈地，如数交给父母。家境略好的父母，也会给孩子留下几毛钱。尽管这些压岁钱在孩子们的手里只停留了几天，也要让孩子们高兴好一段时间！

　　从大年初二开始，刚结婚的小夫妻，以及年轻的父母带着他们的孩子，要给丈人丈母拜年。特别是孩子，一说到外婆家，特别高兴。也就是从初二开始，人们开始走亲访友。平时很少走动的，趁着过年，好好地聚聚，说说心里话，联络联络感情。村里有"七不出八不归"的规矩。逢上初七，就不能外出；如果逢上初八，主人会安排客人住一天。

　　过了三天年，还是原还原。三天年，是拜年的高峰。拜年一般到初六，告一段落了。也有的人家，拜年会延续到正月十五。

15. 请春酒

　　从年初二开始，各家都要"请春酒"。所谓请春酒，就是摆上满满的一桌子菜，邀请亲朋好友喝酒、吃饭。一般地，把请春酒与拜年结合起来。特别是新女婿拜年，拜到哪家，哪家都会摆上一桌丰盛的酒席，邀请一席的人，陪新女婿喝酒。

　　酒席上，让辈分高的、年纪大的人坐一席、二席。斟酒从一席、二席开始。晚辈要站着给长辈敬酒，还要说"祝您长寿"一类的话。长辈会回敬晚辈一杯酒，也要说几句祝愿的话。给长辈敬过之后，人们之间互相敬酒，互相说着恭维话。

　　春酒请的最多的，还是村子里的人。每家都会把村里所有的"劳动力"们请到自家吃一顿。也许，他们在过去的一年，曾经发生过这样或那样的矛盾，在酒桌上，在推杯换盏中，在说笑声中，所有的不愉快，也就烟消云散了。

　　每次请春酒，都要事前打招呼，当天还得三请四邀的。被邀请的人总是要推辞几次，说："都一个村的，就不要客气啦。"主人会诚恳地说："我家春酒都备好了，你再忙，也要给我一个面子。"客人会感动地说："好好好，你先回去，我换套衣服就来。"

　　妇女们和孩子们是不上酒席的，哪怕是新媳妇，也只能捧一碗饭，在厨房里吃点。客人们不时地邀请妇女们到桌上夹菜，不断地把鱼肉之类的大菜夹到孩子们的碗里。

　　三天年不知不觉地结束了。从初四开始，人们开始劳动了。年的味道慢慢变淡了。正月初六早晨，家家户户依然放爆竹，最后一次开财门，然而，爆竹炸得不如以前那么欢了。正月十五是元宵，全家再饱吃一顿，年就正式结束了。请春酒也已经结束了。年的味道完全消失了，大人们开始农忙了。

　　于是，孩子们又盼着下雪，盼着过年。

　　年是属于孩子们的。

　　年带给孩子们的，是快乐、幸福、希望，以及许许多多无法用语言表述的珍贵的东西……

四、一道生命的命题①

2008 年 5 月 12 日，苍天造化了一场特殊的考试。当黑色指针指向 14 时 28 分，一阵阵山崩地裂，山河鸣咽，饱经沧桑的祖国于短短 80 秒内，在川西瞬间撕开 10 万平方公里的创口，这撕心裂肺般的创口简直就是一张巨大的试卷。在这张惨白的试卷上，用破碎的山川、石破天惊的裂缝歪歪扭扭地血腥大写着命题——生命！在这场突如其来的"大考"面前，我们共产党人，共和国的公民，直视严峻的考验，以一种特殊的方式呈现自己，解答命题。"大考"来临之际，共和国领导人心急如焚。灾情就是命令，时间就是生命。人民生命高于一切！震后不到一小时，总书记的重要指示随着电波传遍全国，年逾花甲的总理就匆匆登上飞赴灾区的征程。5 月 19 日至 21 日，为全国哀悼日，举国齐哀，举国同悲，国旗为自然灾害中罹难的同胞而降。党和国家领导人日理万机，力挽狂澜，紧张而有序，紧急而有力地指挥着全国从容应试，答题的主题只有一个："第一位是救人！""一线希望，百倍努力！"一个个急促的时间刻度，一项项亲民的公告发布，一次次抗震救灾会议的召开，清晰地记录下共和国领袖对生命的尊重、对人民的责任。他们用尊重和责任阐释着生命的命题。

"大考"来临之际，我们的子弟兵，这支视人民的生命、人民的利益高于一切的威武之师、钢铁之师，最先出现在人民最需要他们的时刻、最需要他们的地方。党中央一声令下，10 万子弟兵向灾区结集挺进，攀着崎岖蜀道，冒着塌方飞石，勇士们徒步向汶川飞奔。那些写下遗书的伞兵们，为了人民的生命从 5000 米高空纵身一跃，跃出绝无仅有的世界之最，跃出忘却生死的无畏人生！那些救援的军人，他们用磨出鲜血的双手，将一个又一个生命从死神身边拉回。他们没有什么私心杂念，他们没有多少豪言壮语。"当时什么都没想，只是想到，快些！再快些！因为我们是人民的忠诚卫士"！"你们让我再去救一个，求求你们让我再去救一个！我还能再救一个"！中国军人是灾区人民全部的希望，也是这个时代的符号，当灾难将人

---

① 作者：汤炳良，原载《谷雨》杂志 2008 年第二期。

们笼罩的时候，看到那抹橄榄绿，人们就看到了生命的希望。在灾难面前，在生死关头，中国军人用宝贵的生命诠释着生命的命题。

"大考"来临之际，大地震中的老师啊！用自己的血肉之躯，为学生扛起死亡的闸门。在那样一种生与死瞬间转换的危急时刻，容不得半点犹豫，也根本没有选择的余地。几乎所有老师们想到的首先是学生！他们用身体乃至生命护住的不只是一个个幼小的生命，而是留住了一个个美好的希望，一种坚毅的精神，一种神圣的责任。地震中的老师啊！在生死关头用生命为学生上的关于"生命"的最后一课，升华成他们灵魂深处的大爱！地震中的老师啊！在生死抉择的瞬间用血肉之躯解答了生命的意义，用生命做音符谱写了一曲回肠荡气的大爱之歌！

"大考"来临之际，新闻记者像一颗颗流星，滑落在救灾第一线。像一盏盏明灯，照亮了苦难的灾区。第一条新闻，传递地震的灾情；第一张图片，报道受灾的群众；第一组摄影，呼唤灾民的心声。滚动的报道，沟通中央和灾民的心灵。力量传递着力量，生命关爱着生命，正是新闻记者用生命作线条勾勒、绘就的一道道亮丽的风景。

"大考"来临之际，白衣战士们像一阵旋风，一路小跑，忘记了自己失去血脉相连的骨肉，为多救一些生命，离开亲生的儿女和最亲密的爱人。在那一刹那间，他们想的却是一个个鲜活的生灵。日继之夜，生继之死，生死关头呈现温暖而深沉的人性光辉。这就是中国的医务工作者，心中装着的不是自己，而是灾区受苦受难的人民。这就是中国的医生啊！用自己顽强的生命应试"大考"的生命之命题。

"大考"来临之际，一个个在地震中出生的小生命，像领取了准考证似的踊跃准时赶考，一个个鲜活的小生命是民族的希望，是国家的希望，是四川的希望！他们见证着灾难有多大，中国有多强。他们的参考，生命命题的答案彰显出外延与内涵——中国人生命力竟如此顽强，希望与中国同在！

"大考"来临之际，从白山黑水到雪域高原，从西北边陲到万里海疆，献血长龙将血站"挤爆"，捐款人流把街道"阻塞"。大江南北、长城内外，全国各族人民伸出援手，结成空前亲密的生命整体。"一方有难，八方支援；自力更生，艰苦奋斗。"这是中华民族历经磨难而弥坚的生命宣言，这是中华民族无坚不摧、战无不胜的生命源泉。

"大考"来临之际……

这场世间罕见的"大考"，生命就是命题。答案就是艰苦卓绝的生命严峻考验，就是气壮山河的生命大救援，就是勃发向上的生命力的显现。一个个意味深长的过程令人感怀，一个个可歌可泣的事迹令人感动，一个个惊天动地的创举令人感叹！灾难中挺立着的伟大的中国人民在苍天造化的生命"大考"面前，用勇气、力量，用魄力、智慧诠释了生命的全部含义，向世人交上了一份满意而优秀的答卷！

五、巴根草①

巴根草是一种极具平凡而独特的草本植物，它的生命力顽强而执着，恰如咱华夏生生不息之意志和精神。我曾以"巴根草"为题而执笔，赞颂2003年抗击"非典"取得伟大胜利，为共和国美丽的白衣天使及抗击"非典"一线的工作人员所讴歌。时隔17年后的己亥年末庚子春，一场新冠肺炎疫情肆虐荆楚大地。灾难降临之际，党中央、国务院紧急动员，习近平总书记亲自部署，亲自指挥，一声号令，全国响应，军地驰援，解放军和各省市广大医护工作者舍小家顾大家，舍生忘死，逆行赴鄂投入疫情阻击战。他们的行动令人钦佩，他们的事迹使人泪目，他们的功绩让人景仰。笔者感同身受，感慨万千，情不自禁地再次动笔为共和国英勇而美丽的白衣天使们以及所有战"疫"一线的工作人员再度讴歌——巴根草，我永恒的爱！

很多人爱鲜花，因为它艳丽多彩；不少人爱柳树，因为它柔美多姿。然而，我却爱那遍及大地，随处可见的巴根草。我工作的学校门前就有一片巴根草。

巴根草，名字并不雅致，形状也不迷人，没有牡丹的娇艳，没有茉莉的芬芳，也没有兰草的典雅。灰白、略带红色的茎，又细又长。虽然纤细，却也坚韧，不易折断。深绿色、窄细的叶子，一片片从茎的两侧冒出来，密密麻麻的，虽不鲜艳，倒挺精神。它的根也是细长的，每个节上都有根须插入泥土里，使整个身躯紧紧贴在大地上。之所以叫它巴根草，是因为它的根依恋着大地。巴根草不开美丽的花朵，也不结鲜红的果实，真可谓朴实无华了。

---

① 作者：汤炳良。

巴根草虽然貌不出众，但它的适应能力却大得惊人，在极困难的环境里也能生存，而且还生活得很好。然而，它最可贵的是那紧密团结的精神。它们茎挨着茎，叶盖着叶，紧紧连在一起，相互依存。在干旱缺水的时候，它依靠插入土内的众多根须一齐努力，吸吮着水分，以供整个生命需要。狂风暴雨肆虐的时候，它凭着从小就深深扎进泥土的根须，伸向四面八方，像钢筋一样，把泥土锁住。任凭暴雨的侵袭，任由洪水的吞噬，用整个身躯护着大地。夏天，它们连接在一起，互相遮挡着烈日的暴晒；冬天，它们偎依在一起，共同抵挡着凛冽的寒风……它们艰难地生活着，顽强地斗争着。它们不像温室花盆里奇花异草那样，以自己袅娜多姿的形态来引人取宠，也不像悬崖峭壁上的青松翠柏那样，以自己高傲挺拔的风度来使人倾倒，而只是根根叶叶紧紧地相连在一起，像绿毯似的披覆在大地上，默默地同大自然进行顽强的抗争。

我们学校门口有一段路就从一片巴根草地经过。我曾经试图把这片巴根草分成两半，在中间开出一条路来。可是不久，两边的巴根草又成为一体了，我再次分开，它们再次合拢，似乎有一股强大的力量使它们非这样不可。我悟出这强大的力量就是坚定的信念、团结的精神、强大的凝聚力。路虽然没有修成，可我却从中得到了有益的启示。我们中华民族难道不正同这巴根草一样，根连着根，心连着心吗？

在党中央的坚强领导下，全国人民在同新冠肺炎疫情这一突发性的重大疫情进行艰苦顽强的斗争中，在这场没有硝烟，却有流血的战斗中，国民表现出一种精神、一种意志，那就是万众一心，众志成城！中华儿女同根生，五湖四海一条心。政、商、医、警齐上阵，遍地英雄皆逆行。千里驰援步步紧，献物捐资急纷纷。你看那第一时间赶来的人民子弟兵；你看那白衣战士不怕牺牲；你看那快递小哥日夜兼程；你看那风中警官不怕冷，笔挺站姿守安宁；志愿者危难关头能扛鼎……怎不叫人热泪沾湿衣襟！战"疫"中涌现的可歌可泣的事迹，各行各业逆行者们冒着生命危险，用青春热血真诚奉献，不正是中华民族精神和民族凝聚力的真正体现吗？

我爱平凡的、团结顽强的巴根草，更爱人间的白衣天使和战"疫"一线的工作人员！

六、人生"一"字铸文章①

"一"字，在浩如烟海的汉字中，无论从字形和结构来看，还是就笔画与书写而论，首屈一指最为简单。可别小看这个简单的"一"字，它蕴含着深邃的内涵，彰显着丰富的外延。它在文学大师笔下勾勒出浪漫绚丽的图画，书写耐人寻味的绝妙诗文；它在不同人身上著录不同的人生文章；它在诸多名句箴言中折射颠扑不破哲理的光芒。

我最欣赏陈沆的"一"字诗：

> 一帆一桨一渔舟，
> 一个渔翁一钓钩。
> 一俯一仰一顿笑，
> 一江明月一江秋。

诗中叠用 10 个"一"字，一幅"秋江月夜垂钓图"就活灵活现、趣味盎然地展现在读者的眼前。诗情画意，相得益彰。

清人张伯行秉性正直，公正廉洁。他在《禁止馈送檄》中书："一丝一粒，我之名节；一厘一毫，民之脂膏。宽一分，民受赐不止一分；取一文，我为人不值一文。"透过"一"字，诠释为官者正直清廉的初心，释俗为官者爱民如子的胸襟。乾隆年间，巨贪和珅就由垂涎于一轴字、一幅画一发不可收拾而贪财成性，不可言状，罄竹难书。

尘世间有些事可为，而有些事不可为。为人者须三思而后行，遇事要抉择可为之第一，杜绝不可为之第一，择其善者而从之，其不善者而改之。一失足成千古恨。优良品德、文明言行从"一"养成，不良行为、作奸犯科由"一"染指。

为官者须知：贪他一斗米，失却半年粮；争他一脚豚，反失一肘羊。一毫之恶，劝人莫作；一毫之善，与人方便。殊不知，人心似铁，官法如炉。天网恢恢，疏而不漏。

---

① 作者：汤炳良。

为师者：一分耕耘，一分收获。关注一个成长的心灵，播种一个灿烂的明天。倾注一腔血，桃李满天下。

求学者：人生一世，草生一春。读书须用意，一字值千金。一寸光阴一寸金，寸金难买寸光阴。一字一句读好书，一言一行学做人。十年寒窗无人问，一举成名天下知。一举首登龙虎榜，十年身到凤凰池。

为人处世谨遵：再三须慎意，第一莫欺心。忍一句，息一怒；饶一着，退一步。一言既出，驷马难追。许人一物，千金不移。海纳百川，有容乃大；壁立千仞，无欲则刚。

居家度日切记：一年之计在于春，一日之计在于晨。一家之计在于和，一生之计在于勤。两人一般心，有钱堪买金；一人一般心，无钱难买针。一饭一粥当思来之不易，一丝一缕恒念物力维艰。由俭入奢易，由奢入俭难。

……

说一千，道一万，总而言之，为人要感悟"一"字，把握"一"字，成就一生一世好文章。

七、读写"人"字①

"人"字，一撇一捺，头顶着天，脚踩着地，立身于天地之间。这一撇是自身的"我"，那一捺是方方面面的"你"和"他"。没有这一撇，那一捺就无处生根；没有那一捺，这一撇就要倒地。一撇一捺相互支撑着，谁也离不开谁，这要历经多少风雨冰霜的锤炼，经历多少酸甜苦辣的考验，经受多少春夏秋冬的磨合，才能修炼出这个"人"字啊?!

"人"字的结构，就是相互支撑。支撑就是沟通和交流、信任与奉献，就是和谐的爱。风和日丽时不觉显，鸟语花香时没体会，歌舞升平时无感悟，一旦暴风骤雨来临，你我之间相互支撑就显得特别重要。"路遥知马力，日久见人心"，患难之中见真情。我这一撇是责任和义务，你那一捺是关心和爱护；我这一撇是信任和理解，你那一捺是帮助和支持……

作为一个人，不仅要读懂"人"字，还要能规范地书写"人"字。常

---

① 作者：汤炳良。

人认为"人"字一撇一捺，书写极其简单，其实不然。"人"字这一撇的落笔起点务必要正，这是人字身驱上高昂的头啊！头正身则直，头歪身则斜。一撇一捺左右舒展平齐、脚踏实地、相互支撑、相互依靠、顶天立地、堂堂正正，如此方为完美地写成"人"字。

平民百姓也好，显赫名流也罢；无论是身价百倍，还是一介草民，都无一例外，从其父母恩爱结合之时，就已经在书写自身的"人"字了。人生的足迹就是"人"字的墨迹，人生的过程就是"人"字的验证。

显然，写"人"即为"做人"。但做人又与书法写"人"如出一辙。你想啊，书写同一个人字，字体有别，字形各异。而尘世间的人啊，行业五花八门，信仰三教九流，形形色色，无所不有。有的人崇拜声名显赫的骄荣，有的人追求神圣事业的成功；有的人羡慕络绎不绝的掌声，有的人执着默默无闻的奉献；有的人显摆一掷千金的豪迈，有的人操守艰苦朴素的清贫；有的人沉溺于灯红酒绿、纸醉金迷的放纵与享受，有的人沉浸于含辛茹苦、鞠躬尽瘁的快乐与坚持；有的人不在乎蝇营狗苟、随波逐流的卑微与沉浮，有的人不屑于追名逐利、阳奉阴违的专力与钻营；有的人赞叹松、竹、梅、菊的傲骨，有的人欣赏芝、兰、檀、麝的幽香……

读写"人"字，学会做人。写方方正正人字，做堂堂正正之人。

八、记住乡愁[①]

有人说乡愁是一抹浅浅的红霞，远在天边近在眼前；乡愁是一轮皎皎的圆月，里面寄托了满满的思念；乡愁是老屋门前的小河，倾诉着儿时不尽的欢乐；乡愁是庭树落叶的寂寞，一泓秋水映着凋零的残荷。还有人说乡愁是老家袅袅的炊烟；乡愁是故里茂密的竹林……乡愁如烟，乡愁似梦，乡愁如缕如丝，常系在心头。而身为千军岭下城山冲人的我却感悟到：

乡愁是千军岭炮台斑驳的垒石，静卧山冈，见证古战场烽火年月的硝烟。

乡愁是城山冲山坳里如缕如丝的瑞霭，恰似在外游子不尽的思念。

---

① 作者：汤炳良。

乡愁是刻在苍遒斜刺古桦树上的字迹，时间越长，那印在心间就嵌得越深。

乡愁是银杏蓬勃硕大的树冠，遥想阁老辉煌华丽的家族。

乡愁是玉龙仙泉的井台，聆听玉笋禅寺悠扬的钟声。

乡愁是东风水库扬起的碧波，荡漾着当年筑坝时高亢的夯歌。

乡愁是一条伸向远方的沿江高速，驿站挺立着亮丽的倩姿，迎送那车水马龙的身影。

乡愁是一片茂密的竹海，竹叶的生动颜色与竹林鸡嬉戏的轻盈画面。

乡愁是九龙吞吐出洞，喷涌一湾碧水，倒映着浮丘黛绿的山峦和高速长龙的雄姿。

乡愁是地藏游化座迹，坐禅悟道：地狱未空，誓不成佛；众生度尽，方证菩提。

而今，为了传承历史，记住乡愁，学子刘承桃心系家乡，赤子热血激荡胸怀，他满怀对家乡的眷恋之情写下一篇美好意愿的七绝：

> 远近青山融笔下，古今明月纳壶中。
> 横琴石案拨心韵，一鹤冲天唤隐龙。

于是乎，风雨绸缪，奔走发动，诚邀敦聘伍先华先生参与指导，毅然组建成立（其中，有九旬高龄德高望重的施镜澄、刘鸿来、蒋华肥等老先生）挖掘整理家乡千军村历史文化编写组。如此行动，欣喜得到镇领导的高度重视与大力支持，并由村支书汤行本同志统一领导部署。诸公感慨能为家乡文化建设发挥余热，责无旁贷。尤其在外拼搏创业的家乡赤子，不乏仁人志士，当听闻此番善举，皆遥相呼应，颇让我等激动不已，感慨万千！感慨之余无不感叹咱炎黄子孙民族之情怀，叶落归根之乡愁。而家乡深厚的文化底蕴正是根植于这片古老而年轻的土地上。看到地方党政领导与民相融，扎根于这片赋有璀璨的文化底蕴和厚重的红色土壤里，正倾力打造规划，挖掘整理和保护家乡这片沃土，让子孙后代不但拥有改革之物质呈现，还得以奉献丰厚的地方文化传承。这正如每一个传统村落，都是一本厚厚的家书。它记载着文化，承载着乡愁。一砖一瓦，一草一木，一栋建筑，一个传说，一段历史，一度眷恋，乡土记忆在历史的洪流中越积越厚。人们的乡愁中，不仅会有老建筑、老村落、老物件等，也总会有"绿色"回忆——树枝编成的草帽、池塘边的依依杨柳、儿时嬉戏的树林、小伙伴的爬树比赛……绿色的树，葱郁的林，不仅滋养着生命，平衡着生态，更充盈着浓郁得化不开的乡愁。不管乡愁的内涵如何变化，不变的总有那抹记忆中的绿色。望得见青山，看得见绿水，记得住乡愁。绿色是"乡愁"的底色。

乡愁是一种记忆。人的成长不可逆，人的思想却能延续。守护乡愁，先要留住"活着的文化"。本村本土真实的村落文化，会唤起离家人的真实记忆，人们通过享受、感悟、认知，又会吸引更多的人走进这种文化。这，才是乡愁带给我们的最大力量。

九、印象城山冲①

城山故里山环抱，瑞霭终年紫气飘。
巅寨浮丘相对峙，诸侯尖仞试争高。
竹摇弄影逐花涧，鸟闹喧声竞树梢。
信步寻幽陶令趣，任凭坳崂看云消。

十、千军十景（一）②

千军炮台

明代炮台矗破天，蟠龙古柏守山尖。
多情白鹤盘旋舞，疑是从公魂梦牵。

---

① 作者：汤炳良。
② 作者：施镜澄。

凤鸣竹海

连天翠竹漫山坡，遍地家禽带唱歌。
异类同生开妙境，引来金凤占琼柯。

东风扬波

独爱千军一景奇，群山深处嵌天池。
艇飞波涌彩虹舞，恍若嫦娥现玉姿。

银杏守阈

百年银杏立厅前，硕果盈枝亦壮观。
树正何愁斜月影，根深叶茂自参天。

驿站新姿

高速穿山驿站停，加油购物各神凝。
层楼星布人如海，满目琳琅笑语盈。

地藏座迹

临南地藏半山停，座石留痕万古名。
美景引来天上客，游人睹物倍生情。

九龙出洞

九条飞瀑赛神龙，明镜天开景万重。
灌溉农田铺锦浪，民康物阜建丰功。

玉龙仙泉

高山石下涌清泉，吐雾金龙欲上天。
戏浪娃鱼争上下，游人神醉喜空前。

黄门奇石

千丛峭石立黄门，暴雨狂风可隐身。
鬼斧神工开画境，天生美景万年春。

古桦人家

老干蟠龙卧涧边，百年风雨敢临先。
枝繁叶茂连天碧，生态文明站在前。

瑞霭城山

一

瑞霭抱山巅，层楼接上天。
创新开富路，此地胜桃源。

二

霭拥城山山拥溪，倚峦楼阁立东西。
手机签约千千万，运货班车日夜驰。

十一、千军十景（二）①

古桦人家

潺湲溪涧越千年，涧畔施家栉比连。
古桦横空明月挂，棒槌櫜櫜袅炊烟。

九龙出洞

横空出世九条龙，彩瀑飞虹下碧峰。
车影划开千顷浪，星光缠绕数声钟。

城山瑞霭

群山错落化仙城，素练飞天绕九层。
欲待高巅寻梦境，溪流竹海万家灯。

银杏守阈

钢筋铁骨傲风雨，守护家园四百秋。
地涌琼浆将进酒，山堆翠玉富民侯。

千军炮台

乱石齐天济世功，千年翠柏影憧憧。
千军战罢高风急，矗立将军贵姓从。

---

① 作者：程占柏。

凤鸣竹海

深山十里紫霞垂，翠海无边唱竹枝。
库水粼粼禽畜壮，梧桐翳翳凤来仪。

驿站新姿

灯牌熠熠夜生辉，古老乡村亮眼眉。
高速连通鹊桥路，迎来牛女乐于归。

地藏座迹

浮丘巉道雾绵延，飞鸟难投七里巅。
地藏云游留座迹，人工运矿可松肩。

玉龙仙泉

庙台深处玉龙飞，一注清潭掩翠微。
俗客无心听梵语，娃娃声唤老僧归。

黄门奇石

群峰峭立下黄门，奇石洞开临野村。
稻浪声中童叟乐，高塘坝上牧樵吟。

十二、千军十景（三）①

玉龙仙泉

浮邱一脉结祥云，玉笥东崖流水声。
日出鱼娃啼早课，慕名香客最虔诚。

九龙出洞

一记钟声远，九龙奉旨来。
云天投影处，高速掠波开。

地藏座迹

莲花七朵绽江东，王子参禅现七龙。
出定起身留座迹，方寻杯渡五华踪。

千军炮台

元筑炮高台，八方视野开。
千军关隘守，何惧恶人来。

瑞霭城山

薄雾蛟龙碧海中，城曦晚照醉山冲。
从来翠竹滋生计，无米无柴过三冬。

---

① 作者：刘承桃。

古桦人家

山郭自形城，满城景秀囤。
开门云一路，古桦守天伦。

银杏守阈

施门血脉石渠流，耕读何其输相侯。
银杏一株且守阈，家风传世写春秋。

凤鸣竹海

望眼碧波穷不尽，参差翠竹任逍遥。
星星院落随风隐，点点飞禽争筑巢。

东风扬波

山城绿影嵌明珠，明月点灯守钓图。
谁赠东风吹细浪，游人山水醉一壶。

黄门奇石

浮丘修道隐溪声，时种仙茶传后人。
奇石灾年流稻谷，山民岁岁拜黄门。

驿站新姿

千军古道群山守，一将当关百将愁。
时遇春风穿岭过，新姿驿站迎宾楼。

十三、城山村景咏诗四首①

城山冲

城山绿海一条冲，万顷竹林环抱中。
鸟语花香人气旺，和谐富裕沐春风。

城山蛇冲崂

城山蛇冲崂，赏景醉熏陶。
四面青山抱，通幽曲径遥。

城山牛鼻洞

城山牛鼻洞如弓，倾卧深林石罅中。
长岁能喷清澈水，久干除旱乐年丰。

城山"牛鼻洞"景点见闻

牛脖探入石崖罅，忘返流连看靓葩。
水秀山清驱雾霭，花香鸟语灿云霞。
深深鼻洞喷千里，汩汩清泉畅万家。
佳境身临千步远，倾心写意绽开花。

---

① 作者：汤家恒。

十四、千年城山怀古①

浮邱隐玉炼仙丹，资圣院名传四方。
千军岭上古战场，抗元炮台威名扬。
官家山凹遇民暴，红铁绣鞋脚上穿。
寨山顶上出大王，羊尾绑火夜破山。
蒋公采石保洪武，沙场敕封葬尖山，
子孙忠孝守祖墓，世代适居在蒋庄。
汤公海三本贤良，祖产净捐五华山，
住持永浩深感恩，帝王玉玺留城山！

---

① 作者：汤家旺。

附录 千军村大事记[①]

1939 年 1 月，新四军三支队民运工作队的王剑、李铁民，来到接晏乡金汤保，开展民运工作。

1939 年 1 月，共产党人王建来到千军城山冲金汤自然村秘密发展常光富等 3 名党员，成立了中共地下党组织——金汤党小组。

1939 年 2 月，千军城山冲的第一个党支部"金汤支部"成立，支部书记常光富，次年底有党员 45 名。这是抗战时期铜南繁中心县委成立后最早建立的农村基层党支部。

1939 年春，民运工作队在城山、东岛等地发动组建了峨山第一个妇女抗日救国联合会——城山冲妇抗会。

1949 年 5 月，全县设 8 个区 163 个村。千军属东城村，"东城"二字取东岛和城山首字集合为新地名。

1950 年，繁昌县设城厢、荻港、旧县、新林等 8 个区 161 村。城山和东岛仍为一个行政村，即**东城村**，属新林区；1950 年下半年，8 个区又改用序号命名，新林为第八区，东城村仍属第八区的一个行政村。

1952 年 8 月，区划调整，将全县 161 个行政村，划分为 85 个乡 5 个镇。东城为乡建制，即**东城乡**，属新林区。

1956 年 1 月，全县撤区并乡。将原 88 个乡镇并为 5 镇 24 乡，原东城乡和紫岚乡合并为华壁乡，**东城改为村**，又属华壁乡。

1958 年 10 月 1 日，全县重新调整区划，建立人民公社。将 5 镇 24 乡合并成立 8 个人民公社。其中，东方红公社后改为峨山公社，东城村隶属之。

1961 年，调整缩小人民公社管辖范围，调整为 18 个人民公社，成立东岛生产大队和**城山生产大队**，属峨山公社。

1964 年底统计，城山大队 22 名党员。其中，预备党员 1 人，女党员 4

---

① 搜集整理：王斌。

人。大队党员干部4人，生产队党员干部11人。

1976年1月，朱海涛任城山大队党支部书记，杨玉林任城山大队副书记、大队长。

1978年，峨山公社辖14个大队，城山、东岛属之。由于城山冲的里冲、外冲地域物产和经营方式各有不同，1978年年底，城山大队撤分为两个大队：外冲为东风大队，里冲仍为城山大队。

1982年3月，东风大队改以境内"千军岭"名为大队名，一直沿用，但人们口语往往简化省略了"岭"字，简称千军大队。

1984年3月底前，按照省、市的统一要求，各人民公社管理委员会一律改为乡（镇）人民政府，农村生产大队改为行政村。峨山人民公社改名峨山乡，将千军岭大队易名千军岭村，简称千军村，城山大队易名城山村。

1996年2月，村委会举行新中国成立后首次换届选举。

1996年上半年，城山、千军大队首批20多户村民自费安装固定电话，每户出资1800元，这批农户或在外做生意，或有家人在外地务工，方便联系。

2000年5月27日，县委、县政府召开全县农村税费改革千人动员大会。根据省委、省政府的统一部署，为减轻农民负担，县委、县政府召开了行政村以上级别的主要领导干部会议。改革的主要内容是"四个取消"（取消乡统筹、村提留、四费、屠宰税）、"一个逐步取消"（统一规定的劳动积累工和义务工）、"两个调整"（农业税政策、农业特产税政策）、"一项改革"（改革村提留征收和使用办法）。会议要求将这次改革作为我国农村第三次改革对待，造福农民，为全面奔小康服务。

2001年11月29日，全县农村税费改革工作会议召开。会议强调，农村税费改革工作重在落到实处，只有思想认识、政策执行、行为规范到位，才能不断完善和巩固农村税费改革工作。

2002年3月23日，繁昌村委会换届选举全面启动。5月结束。

2002年年初，县政府开始投资帮助千军村建筑乡村道路基础。

2002年6月4日，全县林业工作会议召开。会议要求各有关乡镇和部门要克服一切困难，加快完成国债资金项目退耕还林工程建设任务。会议传达了中央有关退耕还林工作的文件精神，并对繁昌一年来实施国债资金项目退耕还林工作做了总结。

2002年8月1日，县环通公交公司开通城关到沙园7路公交车，千军进县城可在沙园乘车。

2003 年 10 月 1 日，7 路公交车由沙园延伸至千军村毛园村民组，设立城山站，往来于县城金峨路农贸市场，并在千军村境内设立 8 个站点，极大地方便了人们出行。

2003 年 6 月 17 日，县委办、县政府办作出《关于进一步加强改厕工作的意见》。提出到 2005 年全县 213 个行政村卫生厕所普及率提高到 90%；全县群众的个人卫生教育覆盖面达 90%，使广大群众的卫生习惯有较大转变，健康、文明、卫生的新观念得到广泛的传播；改水改厕与改善居住环境同步发展，建成 100 个辐射功能较强的农村成片"三改"卫生示范村。

2003 年 9 月 21 日开始，繁昌县向农民发放种粮补贴，乡镇统一补贴标准每亩 10.63 元。

2004 年 2 月 10 日，第二批 56 名选派干部到村任职。

2007 年 5 月 11 日，繁昌县召开第二批选派干部到村任职工作总结大会。回顾总结全县第二批选派干部到村任职三年的工作，研究部署今后选派工作任务。

2004 年 4 月 3 日上午，全县村级区划调整拉开帷幕。县委出台了《繁昌县村级区划调整工作意见》。该意见着重强调了村级区划调整的原则和程序。

2004 年 5 月 10 日，根据繁昌县人民政府《关于峨山乡村级区划调整的批复》，撤销千军岭村、城山村，将原千军岭村、城山村整体合并，设立千军村，村部地址设在原千军村村部。同时，将原千军村、城山村党组织隶属关系划转到新设立的千军村党支部。6 月完成合并工作。

2004 年 8 月，一期投资 146.25 万元，修建了从千军村胡门桥至城山公交车站的水泥乡村道路，长 2.5 千米，宽 4.5 米。

2005 年 1 月 1 日，繁昌县实行新型农村合作医疗制度。本县范围内的农村居民均可以家庭成员为单位，每人每年缴纳 10 元入保金，参加新型农村合作医疗，便可获得大额医疗费用的补助，最多补助可达 4 万元。

2005 年 8 月 7 日，县委办、县政府办作出《关于做好农村劳动力转移培训工作实施意见》。提出 2005—2010 年，全县每年安排 4000 名农村富余劳动力参加职业技能培训，逐步使每位适龄农民都能掌握一定的行业基础知识和一项专业操作技术。通过 6 年的努力，累计培训 2.4 万人，使 80% 以上参加培训的农民走上就业岗位，使农村劳动力从事非农产业的比重达到 65% 以上。

2005 年 11 月 2 日，团中央少年部副部长张朝晖一行到繁昌县峨山乡看望全国十佳少先队员石锋，对石锋提出了殷切的希望；并到峨山乡柏树小学、城关五小调研少先队工作，对繁昌县学少工作予以充分肯定。

2005 年 11 月 21 日，经峨山乡党委会议决定成立"中共千军村总支委员会"，同时撤销"中共千军村支部委员会"。

2006 年 10 月 11 日，全县 80 多名村党组织负责人赴华西村学习培训。华西村是全国闻名的富裕村，是建设社会主义新农村先进典型。此次村支书赴华西村实地学习培训，为期一周时间，将学习华西人敢为人先、敢于超越的创新勇气，学习华西村在发展农村经济、建设文明新村、加强党的基层组织建设等方面的做法和经验。

2006 年 11 月 6 日，繁昌县第三批选派干部到农村赴任。按照省市委组织部部署要求，繁昌县从党政群机关选拔 13 名优秀年轻干部到新农村建设示范村和相对贫困、后进村任党组织第一书记。

2007 年 6 月 28 日，沿江高速芜繁段通车。在峨山乡千军服务区举行隆重的通车典礼，省、市、县领导参加通车典礼。安徽重点工程沿江高速公路芜湖至繁昌段正式建成通车，该公路的建成结束了繁昌没有高速公路的历史，并在千军村设有高速服务区，解决了数十名村民就业问题。

2008 年 2 月，芜湖市政府公布了第一批市级非物质文化遗产名录。共 6 大类 13 项，其中民间音乐 3 项，民间舞蹈 2 项，传统戏剧 2 项，杂技竞技 1 项，传统手工技艺 1 项，民俗 4 项。繁昌县有 6 项入选，分别是繁昌民歌、千军村秧歌灯、孙村龙舟赛、平铺镇五华庙会、群龙朝神山、中分村徐姓宗族祭祖习俗。

2008 年 3 月，全县第七届村委会换届选举工作全面开始。根据《中华人民共和国村民委员会组织法》规定，全县 81 个村将进行第七届村委会换届选举。

2008 年 6 月 28 日，安徽沿江高速芜湖至铜陵段通车，在千军村设有高速服务区，解决了数十名村民就业问题。

2008 年 8 月换届，汤天仁担任千军村党总支书记，同时担任千军地委会主任。

2008 年 10 月，从上施至千军的村级水泥混凝土道路建成，这条道路宽 3 米，长度 1 千米，造价 33 万元。

2008 年年底，全国第三次经济普查资料记载：千军村从事第二、第三产业个体经营户达 162 户。其中，开商品零售小店的 22 户，跑运输的 15 户，而外出销售茶业的个体经营户就有 108 人，占个体经营户的 66.7%。

2011 年 12 月，千军村开始实施土地平整，进行土地流转。

2014 年 7 月 18 日，千军村党总支换届，选举徐必云为千军村党总支书记。

2014 年 8 月 25 日，千军村委会换届，选举徐必云为千军村委会主任。

2015 年 9 月以后，政府又分两次投资 42.9 万元，将宽 3 米的水泥混凝土硬化村级道路由城山公交车站延伸至汤村、金村、门楼自然村，长达 1.1 千米。至此，全村水泥混凝土公路干线和支线总长度达 5 千米。

2016 年 2 月 29 日，峨山镇党委会议研究决定，徐文路任千军村党总支书记。

2017 年 5 月 5 日，峨山镇党委会议研究决定，峨山镇招商办主任、工会主席童朝阳兼任千军村党总支书记。

2017 年 12 月 23 日，千军村股份经济合作社成立，资源变资产、资金变股金、农民变股民。

2018 年 7 月 29 日，千军村党总支换届，选举童朝阳为千军村党总支书记。

2018 年 9 月 8 日，千军村委会换届，选举童朝阳为千军村委会主任。

2018 年 10 月 22 日，峨山镇党委会议研究决定，汤行本主持千军村全盘工作。

2019 年 2 月 20 日，峨山镇党委会议研究决定，汤行本任千军村党总支书记，主持村全盘工作。

2019 年 4 月，千军村开始实施农村人居环境整治，全力打造环境优美的村庄环境。

2020 年 5 月 13 日，千军村被芜湖市委农村工作领导小组评为乡村特色产业示范村。

2020 年 10 月 30 日，千军村的 70 岁以上老人都到镇政府免费集中办理公交卡。千军村 70 岁以上老人出门不仅有公交，而且凭卡免费乘坐繁昌区内所有公交车。20 年前靠翻山外出的一代人，今天可免费"公交代步"。

2020 年 12 月 24 日，千军村供水提升改造工程全面完工，家家户户都吃上了长江自来水，结束了千百年来村民靠吃山泉、井、山塘水的历史。

2020 年年末，千军村辖 15 个村民组。年末户籍人口 2882 人，男 1552

人，女 1330 人。少数民族人口 19 人。

2020 年 11 月 1 日，全国第七次人口普查时，千军村常住人口为 1091 人，占户籍人口的 38%。原因是改革开放后千军村大量人口外出务工经商，部分村民已经在外地购房定居，但户籍管理仍在本村，导致本村常住人口大量减少。

2021 年 1 月 1 日，千军村被安徽省委农村工作领导小组评为美丽乡村示范村。

2021 年 10 月，千军村开始实施全域美丽乡村建设，门楼组成为千军村第一个实施全域美丽乡村的村民组。

2021 年 10 月 12 日，峨山镇党委会议研究决定，汤行本任千军村党总支第一书记（主持全盘工作），免去其村党总支书记职务；高婷任千军村党总支副书记。

2021 年 10 月 30 日，千军村党总支换届，选举高婷为千军村党总支书记。

2021 年 12 月 8 日，千军村委会换届，选举高婷为千军村委会主任。

2022 年 3 月 7 日，根据市、区文件精神，千军村党组织领办成立了芜湖市千军村农业专业合作社，承接农村公益性项目，为发展壮大村集体经济奠定基础。

前排左起：李丽、汤行本、高婷；后排左起：程枭枭、汤文浩、王斌、骆兵兵、班一栋

后 记

2019年6月8日，峨山镇千军村的一群退休教师、村里的老干部和热心人士，相约邀请千军村党总支书记汤行本同志，一起来到千军原大队党支部副书记、大队长，80多岁的杨玉林家大院里进行座谈。他们畅谈全国乡村振兴战略实施给农村带来的新变化，称赞全域美丽乡村建设的政策好。他们呼吁并一致倡议，在实施乡村振兴和发展乡村经济的同时，不能忽视乡村文化建设。请求村委会组织大家行动起来："抢救红色文化历史，整理千军传统文化资料，挖掘历史遗存。这些都是千军村宝贵资源和财富，不能让这些记忆随着这代人过去而消失。"他们都是花甲、古稀甚至耄耋老人，虽然好静，却壮心不已，伏枥仍存万里心。他们发起的呼吁和倡议，得到村"两委"的高度重视，也得到区文联和镇政府的关注与支持。

2019年6月8日，村支书与一群老人的座谈会　刘承桃/摄

　　于是，以退休教师汤炳良为代表的几位年高德劭的老人们，立即积极行动起来，根据各自经历，主动搜集，广积素材，不辞劳苦，奋笔疾书，很快就撰写出多篇文稿，包括千军村的红色历史、文化遗存、民间故事、传统习俗等，准备编纂成册，留传后人。刘鸿来、汤家恒、刘承桃和施镜澄同志都提供了篇幅不等的素材文稿，原峨山镇副镇长夏成道同志提供其撰写的"施村文化研究"。所有文稿内容不限，条理不拘，洋洋洒洒四五万字。其中汤炳良同志撰写的文史、故事、散文就有2万多字。这些资料汇集到村委会，编成书稿成了难题。

　　3年前，我从工作岗位退休，未曾想到，此时千军村热心人士刘承桃同志通过熟人找到了我，向我咨询编书事宜，并介绍我与千军村党总支书记和几位退休教师相识，请我帮助指导编辑千军村历史文化的册子。

　　我生长在乡镇，下放当过农民，家乡土地与城山相连，既是历史文化的研究者，也是20世纪六七十年代农村历史的亲历者，并且从事县志、党史和文史研究工作几十年，编过几本册子散落民间，邀我参与其事，原因不言而喻。

　　几位先生淳朴善良，虔诚求助，让我感动、敬佩。对编纂《峨山千军历史与文化》工作提提建议帮点忙，我不好推辞。后来央我主编，实属赶鸭子上架，但并非"棍子"驱赶和诱惑，而是他们的心灵呼唤，同时也出于对他们困难的同情。说是"主编"，可供选择编辑的资料太少太少，最后"主编"又变成了"主笔"。无奈不惜衰朽献几年，发挥余热再奔波。为了完善章节布局，增添书稿分量，必须挖掘历史、查阅资料、采访调查、甄别整理、扩充内容，最后才能编纂成册，形成书稿。

　　接此重任，就成了我头等大事，就想加快速度早日完成书稿。策划架构，编写目录大纲，采访调查，搜集资料忙个不停。时不分早晚昼夜，事不分你我公私，也不问酬劳待遇，连续工作，一心一意，只想早日成书，了却心愿。其间，为采集资料，多次到档案馆、峨山镇、千军村查阅资料，到农户家中、田间地头调查、采访、拍照、电话、微信咨询更为频繁。在翻阅各类历史资料过程中，只要查找到有关千军城山的丁点信息，都非常惊喜地记录下来、添进去。一有时间就打开计算机，敲击键盘，撰文插图、核对修改，几易其稿也不能满意。虽文风不够雅致，也无华丽言辞，但确实是用心、用情，尽责、尽心、尽力。修改完文稿最后一遍，如释重负。过经3年不懈努力，《峨山千军历史与文化》终于完稿，成为正规出版物。辛苦和劳累是肯定的，能发挥余热，为社会做点贡献，倍感欣慰。

此书编写期间，得到峨山镇党委和镇政府的高度重视，镇党委书记盛翠红亲自为本书作序；千军村的王津华、汤俊道、俞启明、鲁守玉、俞乃华、汤余良、张成才等各界精英，对本书的编写工作给予热情鼓励；在千军村村委全力支持下，有汤炳良、汤家玉、汤家恒、施镜澄、杨玉林、刘承桃等同志协助和所有受访者的积极配合，是我得以完成此项工作的动力和信心，在此表示诚挚谢意！

编者欲为繁昌文化传承做点贡献，然自己文化水平之浅薄，综合知识之匮乏，书中难免讹误、错漏之处，恳请读者批评指正。愿这些资料能给人们提供一个了解繁昌乡村历史文化的窗口，成为传承乡村历史文化的载体，为研究、宣传繁昌乡村历史文化做点贡献！

以此抛砖引玉，期待繁昌更多的同类作品问世。

伍先华

2022 年 10 月 30 日

本书部分作者简介

汤炳良 男，繁昌区峨山镇千军门楼村人，自 1975 年 2 月开始在城山小学从事教学工作，并担任多年小学校长职务。2016 年 2 月在峨山第二小学退休。

施镜澄 男，繁昌区峨山镇千军村上施村人，一直从事教育工作，担任多年小学、中学校长职务，在繁昌第三中学退休。

汤家玉 男，繁昌区峨山镇千军村汤后村人，曾经在千军小学、城山小学、峨山中学从事教学工作，研究生毕业后被特招入伍，进入军事院校工作。

程占柏 男，繁昌区峨山镇千军王村人，曾在城山村小学从事教学工作，后高考入芜湖师专，毕业后在本县乡镇中学从事教学工作，在峨山初中退休。

汤家恒 男，繁昌区峨山镇千军门楼村人，曾经在城山小学担任民办教师、代课教师；并在村委会、峨山铅锌矿任职，并于 2000 年 2 月任村支书兼村委会主任。2004 年 5 月退休。

刘鸿来 男，繁昌区峨山镇千军李湾村人，曾担任城山小学代课教师。

刘承桃 男，繁昌区峨山镇千军姚杨董村人，初中毕业后入职县食品公司，后就职于某企业。

汤家旺 男，繁昌区峨山镇千军门楼村人，高中毕业后外出经商。